마음을
움직이는
99가지
원리

아무도 말해주지 않는 경영학 법칙 2

마음을 움직이는 99가지 원리

김수욱 지음

좋은땅

머리말

　첫번째 책을 출간 후 만 10년의 시간의 흘렀다. 처음 글을 쓸 당시 이 정도의 이론과 효과들이면 거의 모든 세상의 법칙들이 언급되었다고 생각을 하였다. 하지만 두번째 책을 준비하는 동안 나의 생각은 철없는 망상이라는 것을 깨달았다. 이 지구상에 50억 인구가 있는 것처럼 우리 삶에도 50억 개 이상의 법칙이 존재한다는 것을 알았다.

　"자살"을 거꾸로 읽으면 "살자"가 되고, "역경"을 거꾸로 읽으면 "경력"이 되며, "인연"을 거꾸로 읽으면 "연인"이 된다. "내 힘들다"를 거꾸로 읽으면 "다들 힘내"가 되듯이 삶은, 학문은 조금만 시선을 달리 생각하면 우리에게 전혀 다른 의미로 다가온다. 하지만 아쉽게도 그 의미를 깨닫고 실행하기까지는 많은 시련과 시간이 소요된다. 진정한 삶의 의미를 깨우치기 전까지 사람들은 수많은 학습비용을 유·무형적으로 지불하게 된다. 그래서 책이란 이러한 소모적인 낭비를 줄일 수 있는 가장 효율적인 도구중의 하나라고 생각한다. 그리고 그 책속에 담겨 있는 자연의 법칙, 삶의 효과, 마음의 영향들을 이해하고 적응한다면 좀더 건강하고 유익한 인생의 그림을 그릴 수 있을 것이다.

경영학의 재무관리를 전공한 사람으로서 자본의 조달과 운용이라는 합리적인 계획하의 계량적인 통제는 수치적인 제어를 할 수는 있지만 근본적인 예방과 관리는 할 수 없다는 한계점을 알게 되었다. 그 이유는 기업의 근간을 이루는 것은 사람이고 그 사람에 의해 결과가 도출되기 때문이다. 따라서 사람의 마음을 움직이는 것이야 말로 진정한 성공을 위한 계획과 관리의 시작이라고 할 수 있다. 하지만 현실은 말과 같이 쉽지는 않다. 다양한 환경과 계층의 사람의 공존하는 세상에서 뚜렷한 기준과 법칙이 있는 설득과 공감의 방법은 존재하지 않는다. 그러나 사람은 지성인이기에 끊임없이 더 발전되고 향상된 삶을 추구하기 위해서 우리는 지속적으로 최상의 합의점을 찾기 위해 갈구하여야 한다.

심리학에서 메타인지(MetaCognition)란 용어가 있다. 이는 자신의 인지적 활동에 대한 지식과 조절을 의미하는 것으로 내가 무엇을 알고 모르는지에 대해 아는 것에서부터 자신이 모르는 부분을 보완하기 위한 계획과 그 계획의 실행 과정을 평가하는 것에 이르는 전반을 의미한다. 쉽게 말해 사고방식을 통제, 조절하는 정신적 과정을 말한다. 예시로 특정 사람들을 대할 때 자신의 편견을 인식하는 것, 동료와 껄끄러운 대화를 나누면서 점점 화가 나는 것을 계속 인식하고 있는 것, 동료가 나보다 더 자질이 있다는 것을 마지못해 인정하기 때문에 탐나는 과제를 그에게 기꺼이 넘겨주는 것 등을 들 수 있다. 보다 높은 수준의 메타인지에서는, 인간과 다른 동물 사이의 차이가 훨씬 더 극명해진다. 오직 인간의 두뇌만이 '사느냐 죽느냐, 그것이 문제로다'를 가늠할 수 있다는 것이다.

그래서 내가 이 책에서 추구하고자 하는 것은 한 가지이다. 세상에 진리는 누구나 알고 있다. 운동을 열심히 하고 적게 먹으면 살이 찌지 않는다. 꾸준히 공부하고 노력하면 좋은 성적을 낼 수 있다. 성실하게 부지런히 돈을 모으면 부유해 질 수 있다. 그런데 비만이 많고 공부를 포기한 사람도 부지기수다 또한 부자도 그리 많지 않다. 알고 있어도 하지 않는 것이다. 나는 이 책을 읽고 난 후 설탕을 먹어 보지 않고도 맛이 달다는 것을 깨달았으면 하는 바람이고 매를 맞지 않아도 매를 맞으면 아프니 매을 맞을 상황을 만들지 않았으면 하는 의미이다. 그래서 이 책을 통해서 삶의 어리석은 선택을 하지 않고 현명하고 올바른 방향 설정을 하여 자신의 효율적인 이력을 만드는 데 도움이 되었으면 하는 소망이다. 그래서 성공하는 사람들이 많은 사회가 되었으면 하는 희망을 가지고 싶다.

이 지면을 빌어 삶의 지혜를 가르쳐 주시고 올바른 길을 안내해 주신 아버지 김영완 님과 어머니 강윤순 님에게 다시 한번 감사와 사랑의 말을 올리고 싶다. 그리고 진정한 사랑으로 응원하고 굳건한 믿음으로 지지해 주고 있는 나의 아내 이은숙 님에게 뜨거운 사랑과 가슴 깊은 감사를 보낸다. 이제는 인생의 진로를 결정한 훌륭한 의사가 될 첫째 김대환, 존경받는 교수가 될 둘째 김지환. 나의 아들로서 바르고 성실하게 자라 주어 너무 감사하고 고맙고 사랑한다. 끝으로, 나 자신도 아들로서 남편으로서 아빠로서 형, 동생, 친구로서 어떠한 역할이든 부끄럽지 않도록 꾸준히 세상의 빛과 소금이 되어 선한 영향력을 주는 사람이 되어 살아가도록 노력하고자 한다.

서문

사자소학에 이런 말이 있다. '積善之家(적선지가)는 必有餘慶(유필여경)'이요. '선행을 쌓은 집안은 반드시 뒤에 경사가 있고', '不善之家(불선지가)는 必有餘殃(필유여앙)'이니라. '악행을 쌓은 집안은 반드시 뒤에 재앙이 있다'. '損人利己(손인이기)면, 終是自害(종신자해)'니라. '남을 손해보게 하고 자신을 이롭게 하면 결국에는 자신을 해치는 것이고', '禍福無門(화복무문)하야 惟人所召(유인소소)'니라 '재앙과 복은 특정한 문이 없어 오직 사람이 불러들인 것이다' 하였다. 그리고 성경에도 비슷한 구절들이 있다. '복 있는 사람은 악인들의 꾀를 따르지 아니하며 죄인들의 길에 서지 아니하며 오만한 자들의 자리에 앉지 아니하고(시1:1)', '네 이웃 사랑하기를 네 몸과 같이 하라(약2:8)'. '사람은 자기가 심은 대로 거둘 것입니다(갈6:7)'.

이렇듯 사람의 삶에는 자신이 말하고 행한 모든 일들이 나에게 다시 돌아오기 마련이다. 그래서 공자는 인격의 발달 과정을 논어(論語)의 '위정편(爲政篇)'을 통해 나이에 따른 마음가짐으로 가르치고자 하였다. 우리에게는 나이에 맞는 생각과 행동을 해야 될 필요성이 있다. 그것이 우리가 말하는 어른이고, 어른이라면 나잇값을 하는 것이 우리네 삶의 바탕이었다. 공자의 말처럼 나이에 맞게 마음가짐을 길러 인격을 수양하는 사람이 몇이나 있을까. '나만 아니면 돼'라는 이기심을 갖기도 하고 갑의 회유와 겁박을 이기지 못할 때도 있다. 무작정 행동하고 무심코 말하기도 한다. 이제는 부메랑이 뒤통수를 치기 전에 한번 뒤돌아볼 때이다. 인연들에 상처를 주지는 않았는지 소중한 가족에게 소홀하지는 않았는지 말이다. 지금까지 걸어온 경로를 보아야 앞으로의 방향도 설정할 수 있는 것이다. 앞으로의 지침이 뒤에 있었을지도 모른다.

맹자(孟子)의 '공손추(公孫丑)'상(上)에 발묘조장(拔苗助長)이라는 말이 있다. 중국 송(宋)나라에 어리석은 농부가 있었는데 모내기를 한 이후 벼가 어느 정도 자랐는지 궁금해서 논에 가 보니 다른 사람의 벼보다 덜 자란 것 같아 농부는 궁리 끝에 벼의 순을 잡아 빼 보니 약간 더 자란 것 같아 몹시 기뻐하였다. 그러나 이튿날 논에 가보니 벼는 이미 하얗게 말라 죽어 있었다. 농부는 벼의 순을 억지로 뽑으면 더 빨리 자랄 것이라고 생각해 그런 어처구니없는 일을 하였던 것이지만, 자라지 않은 어린 벼를 뽑아 놓으면 당연히 말라 죽기 마련이다. 삶에서 진정 무엇이 중요한지 그것을 위해 내가 어떻게 나잇값을 할지 생각해 보자.

목차

머리말   5
서문   8

I. 지학(志學)

1. 코이의 법칙 [Koi's Law]   17
2. 살리에리 증후군 [Salieri syndrome]   19
3. 낙수효과 [Trickle-down]   21
4. 선순환 [Virtuous circulation] 법칙과 악순환 [Vicious circulation] 법칙   24
5. 햄릿 증후군 [Hamlet Syndrome]   26
6. 블랭킷 증후군 [Blanket syndrome]   29
7. 설단현상 [Tip of the tongue Phenomenon]   31
8. 죄수의 딜레마 [Prisoner's dilemma]   33
9. 플린효과 [Flynn Effect]   36
10. 레세페르 [자유방임주의, 自由放任主義, laissez-faire]   38
11. 압전효과 [Piezoelectric effect]   41
12. 코호트 효과, 동시대집단 효과 [동년배 효과, 同時代 出生集團 效果, Cohort Effect]   44
13. 광차문제, 트롤리 딜레마 [鑛車問題, trolleyproblem]   47
14. 3의 법칙 [The rule of 3]   50
15. 친숙성의 오류 [Error of Familiarity]   52
16. 호킹지수 [Hawking Index]   53
17. 각인효과 [刻印, Imprinting]   55

II. 이립(而立)

18. 프로도 경제 효과 [Frodo Economy effect] — 59
19. 뮌하우젠 증후군 [Münchausen syndrome] — 61
20. 고센의 법칙 [Gossen's laws] — 64
21. 결심중독 [RAS : Resolution addiction syndrome] — 69
22. 쿠바드 증후군 [Couvade syndrome] — 72
23. 스마일마스크 증후군 [Smile Mask Syndrome] — 74
24. 파랑새 증후군 [Bluebird syndrome] — 77
25. 노시보 효과 [Nocebo Effect] — 78
26. 티핑 포인트 [Tipping Point] — 81
27. 스월 효과 [Swirl effect] — 84
28. 아도니스 증후군 [Adonis syndrome] — 87
29. 카우보이 자본주의 [Cowboy capitalism] — 89
30. 플리바게닝 [사전형량조정제도, Plea Bargaining] — 91
31. 시그모이드 곡선 이론 [Sigmoid Curve] — 93
32. 활주로 이론 [Theory of the runway] — 95
33. 펜스 룰 [Pence Rule] — 96

III. 불혹(不惑)

34. 기저 효과 [Base effect / 基底效果] — 100
35. 맥거핀 효과 [MacGuffin Effect] — 102
36. 컬리 효과 [Curley effect] — 104
37. 카그라스 증후군 [Capgras syndrome or Capgras delusion] — 106
38. 앨리스 증후군 [Alice in Wonderland syndrome] — 109
39. 제3자 효과 [the third-person effect] — 110

40. 아포페니아 [Apophenia]   *112*

41. 악마의 변호인 [Devil's Advocate, 레드팀 Red Team]   *115*

42. 멈 효과 [Mum effect]   *116*

43. 사과 이론 [Apology theory]   *118*

44. 가면 증후군 [Imposter syndrome]   *121*

45. 소격 효과 [Eestrangement effect, 疏隔效果]   *123*

46. 보이지 않는 고릴라 [Invisible gorilla]   *124*

47. 적교 효과 [吊橋, Suspension Bridge Effect]   *127*

48. 화폐환상 [Money illusion]   *128*

49. 루시퍼 효과 [Rucifer Effect]   *130*

IV. 지천명(知天命)

50. 오쿤의 법칙 [Okun's law]   *134*

51. 불확정성 원리 [不確定性原理, Uncertainty principle]   *136*

52. 피셔의 분리정리 [Fisher's Separation]   *138*

53. 끌어당김의 법칙 [Law of Attraction]   *142*

54. 바그너 법칙 [Wagner's law]   *145*

55. 붉은 여왕 가설 [The Red Queen hypothesis]   *147*

56. 스트라이샌드 효과 [Streisand effect]   *151*

57. 환골탈태의 법칙 [換骨奪胎 法則]   *154*

58. 오셀로 증후군 [Othello syndrome]   *157*

59. 요나 콤플렉스 [Jonah complex]   *160*

60. 벤치의 법칙(대기 선수)과 청바지의 법칙   *164*

61. 상호적 이타주의 [Reciprocal altruism]   *167*

62. 프리맨 쉘던 증후군 [Freeman Sheldon Syndrome]   *169*

63. 감각순응 [Sensory adaptation]   171
64. 스톰트루퍼 효과 [stormtrooper effect], 사악한 사수 법칙 [Principle of Evil Marksmanship]   173
65. 생존자 증후군 [Layoff-Survivor Sickness]   175

V. 이순(耳順)

66. 리플리 증후군 [Ripley Syndrome]   178
67. 구매력평가설 [Purchasing-power parity doctrine, 購買力評價說]   180
68. 갈라파고스 신드롬 [Galapagos syndrome]   185
69. 공정성 이론 [Equity theory, 公正性理論]   187
70. 넛지 이론 [Nudge theory]   189
71. 라론 증후군 [Laron syndrome]   191
72. 유동성 선호 이론 [liquidity preference, 流動性選好]   193
73. 프레골리 증후군 [Fregoli syndrome]   195
74. 탈리오의 법칙 [lex talionis]   197
75. 몬더그린(mondegreen) 현상   199
76. 앵커링 효과 [Anchoring effect]   201
77. 램프 증후군 [Lamp Syndrome]   203
78. 줄리의 법칙 [Jully's law]   205
79. 귀인 이론 [Attribution theory]   206
80. 250명의 법칙   209
81. 스탕달 증후군 [Stendhal syndrome]   210

VI. 고희(古稀) 종심(從心) 칠순(七旬)

82. 리마 증후군 [Lima Syndrome]   *215*

83. 침묵의 나선 이론 [Die Theorie der Schweigespirale / Spiral of Silence Theory]   *217*

84. 팻 핑거 [Fat Finger]   *220*

85. 스마일 커브의 법칙 [Smile curve]   *222*

86. 빈 둥지 증후군 [Empty nest syndrome]   *223*

87. 구축 효과 [Crowding-out effect, 驅逐效果]   *225*

88. 메디치 효과 [Medici effect]   *227*

89. 사회적 비교이론 [Social comparison theory, 社會的 比較理論]   *230*

90. 무드셀라 증후군 [Methuselah syndrome]   *233*

91. 순교자 증후군 [Martyr syndrome]   *235*

92. 리셋 증후군 [Reset syndrome]   *236*

93. 쿨리지 효과 [Coolidge effect]   *239*

94. 마차 바퀴 현상, 역마차 바퀴 현상, 스트로브 효과 [Strobe effect]   *241*

95. 베스테르마르크 효과 [Westermarck-ilmiö 베스테르마르크일미외]   *243*

96. 펫로스 증후군 [Pet Loss Syndrome]   *245*

97. 갓 콤플렉스 [God Complex]   *246*

98. 대수의 법칙 [Law of large numbers, 大數 法則]   *248*

99. 도플러 효과 [Doppler effect]   *250*

맺음말   *253*

Ⅰ. 지학(志學)

　말 그대로 해석을 하면 '학문에 뜻을 둔다'는 말이다. '지학(志學)'은 '지우학(志于學)'에서 유래된 말로서 공자와 같은 지성인도 태어나면서부터 지식을 알게 된 것이 아니라 어려서부터 학문에 뜻을 두고 부지런히 갈고 닦은 끝에 이루었음을 강조한 부분이다. 사실 어린 공자의 삶은 매우 불우하였다. 그렇기 때문에 그에게 학문은 미래의 꿈을 실현시켜 줄 수 있는 단 하나의 희망이자 꿈이었을 것이다. 그렇기 때문에 학문에 뜻을 둔다는 것은 전공을 선택하고 진로를 결정하는 과정이다.
　이 시기의 학생들은 예나 지금이나 미래의 운명을 결정짓는 첫 선택의 기로에 서 있는 순간이다. 대부분의 사람들은 자신의 꿈을 위해 노력하거나 방향을 설정하지만 그렇지 못한 사람들도 부지기수이다. 그 이유는 자신이 왜 공부를 해야 하고, 왜 무언가 노력을 해야 되는지를 구체적으로나 현실적으로 알지 못하기 때문이다. 불확실한 미래에 대한 두려움은 남녀노소를 막론하고 사람들의 눈을 가리고 귀를 막게 한다. 그렇기 때문에 최소한 '왜'라는 질문에 대해 스스로 '답'을 할 수 있는 배움과 노력을 기울여야 할 것이다. 그렇지 않은 자는 그리 길지 않은 시일 내에 자신의 물음에 대한 질문과 그 대답을 위한 생각을 하지 않은 것에 반드시 후회를 할 것이기 때문이다.

1. 코이의 법칙 [Koi's Law]

얼마만큼 큰 꿈을 꾸느냐에 따라 인생도 달라진다. 관상어 중에 "코이"라는 잉어가 있다. 작은 어항에 넣어두면 5~8cm밖에 자라지 않지만 커다란 수족관이나 연못에 넣어 두면 15~25cm까지 자라며, 강물에 방류하면 90~120cm까지 성장을 한다. 동일한 물고기인데도 어항에서 기르면 조그만 물고기가 되고 강물에 놓아 기르면 커다란 대어가 되는 신기한 물고기이다. 이처럼 처해진 환경에 따라 크기나 규모가 달라지는 현상을 "코이의 법칙"이라고 한다. 옛말에 "말은 태어나면 제주도로 보내고 사람은 서울로 보내라"라는 말이 있다. 어떤 유전 인자를 가지고 태어났더라도, 자라나는 환경에 따라 성과를 나타낼 수 있는 차이가 있다. 그래서 주위에 영향을 받아 이루고자 하는 목표의 수준을 높게 설정하는 것이 더 중요하다. 목표가 뚜렷하면 의지, 행동, 습관, 생활 양식, 각오가 달라진다. 이러한 내부적인 동기가 충만하면 마치 물이 흘러 넘쳐 스스로 흘러갈 곳을 찾아 가는 것과 같이 자신의 힘으로 길을 만들어 가게 될 것이다. 물고기도 노는 물에 따라 크기가 달라지듯이 사람 또한 매일 만나는 사람들과 주변 환경과 생각의 크기에 따라 자신이 발휘할 수 있는 능력과 꿈의 크기가 달라지게 된다.

글로벌 문화산업은 한국 대중문화의 시대라고 봐도 무방할 것 같다. 2020년 봉준호 감독의 기생충(PARASITE)은 아카데미 시상식에서 6개 부문 후보로 지명됐고, 4대 부문(작품상, 감독상, 각본상, 국제영화상)을 수상했다. 넷플릭스에서 방영된 '킹덤'과 '오징어게임'은 세계 시장의 돌풍을 불러일으키며 조선시대의 '갓'을 아마존 인기템 '킹덤 햇(Kingdom Hat)'과 '츄리닝', '전통게임', '굿즈' 등을 재탄생시켰다. 뿐만 아니라, 유튜브 전 세계 누적 조회수 1위(약 75억 5천만 뷰) 콘텐츠인 아기상어(Baby Shark)는 미국 빌보드 메인 싱글차트인 핫 100에서 32위를 차지하였다. 2012년 7월 발표한 싸이의 '강남스타일'이 '댄스·일렉트로닉 스트리밍 송스' 차트에서 정상을 차지했고 빌보드 메인 차트인 싱글차트 '핫 100'에서 7주 연속 2위를 차지했으며, '댄스·일렉트로닉 스트리밍 송스' 등 일부 장르별 차트에서 1위를 차지했다. 2013년 데뷔한 그룹 방탄소년단(BTS)의 성공은 K팝의 위상과 인지도를 세계에 알리게 되었다. '중소의 기적'이라 불렸던 소속사 빅히트엔터테인먼트는 현재 국내 엔터 시총 1위의 초대형 기획사 하이브로 거듭났다. 이뿐만 아니라 2025년 워싱턴포스트(WP)는 '어떻게 한국의 김밥은 위안을 주는 음식에서 글로벌 센세이션이 되었나'라는 제목의 기사에서 2022년 방영한 드라마 '이상한 변호사 우영우'의 주인공 우영우가 김밥을 먹는 장면이 전 세계인들에게 김밥을 열광시키게 하는 영향을 끼쳤다고 봤다. 당시 이 드라마는 넷플릭스를 통해 전 세계에 공개된 뒤 7주 연속 비영어 프로그램 1위에 오르며 해외 시청자들에게 인기를 끌었다. 2023년 8월에는 미국 식료품점 트레이더조스에 냉동 야채 김밥이 출시됐다가 몇 주 만에 품절 사태를 일으켰다. 대형 마트 코스트코에도 비슷한 상품이 나왔고 독일과 호주, 남아프리카공화국에도 김밥집이 생겼다. 한식의 역사와 관련한 글을 다양하게 써온 미 빙햄튼대 로버트 구 교수는 "김밥의 세계화는 아주 인상적"이라며 "'이상한 변호사 우영우'가 제대로 촉매 역할을 했다"고 짚었다. 아시아 동쪽의 작은 나라 한국의 문화와 음식 등은 세계 무대라는 커다란 어항을 만나서 그 역량을 최대한 발휘할 수 있는 계기가 되었다. 물론 이러한 결과를 얻기까지는 많은 노력과 역경이 있었겠지만 우리가 꿈을 크게 꾸고 그 꿈을 향해 꾸준히 나아간다면 커다란 코이가 되어 큰 물에서 헤엄치는 결과가 나올 것이라고 생각한다.

2. 살리에리 증후군 [Salieri syndrome]

주변에 자신과 비슷하거나 같은 직종에 근무하는 사람들에게 열등감을 느낀 나머지 자신이 그들을 이길 자신이 없으며, 앞장설 용기조차 없으면, 조력자로서만 활동할 수밖에 없다는 생각을 가지게 된다. 영화 〈아마데우스〉를 보면 '안토니오 살리에리'는 평생 '볼프강 아마데우스 모짜르트'에 대한 열등감에 시달리다가 질투심을 이기지 못해 끝내 '모짜르트'를 독살하게 된다.

이 영화가 등장한 이후 극단적인 2인자의 심리 상태를 이르는 용어로 '살리에리 증후군'이란 말이 광범위하게 쓰이게 되었다. 주변 사람들에게 열등감이나 질투심을 느끼는 심리 상태를 '살리에리 증후군'이라 지칭한다. 1984년에 발표된 영화 〈아마데우스〉는 피터 셰퍼가 쓴 동명의 소설을 스크린으로 옮긴 것이다. 소설과 영화에서 '살리에리'는 '모짜르트'를 질투한 나머지 살해하는 것으로 묘사된다. 그러나 이는 사실이 아니다. '살리에리'가 '모짜르트'를 질투했는지 여부는 알 수 없지만 그가 '모짜르트'를 살해했다는 어떤 증거도 남아 있지 않다.

다만 '모차르트'가 죽었을 때 그가 '모차르트'를 살해했다는 소문이 떠돈 적은 있다고 한다. 영화에서 음악 역사상 최고의 천재로 꼽히는 '모차르트'는 '살리에리'에게 도저히 따라잡을 수 없는 적수로 등장한다. '모차르트'가 '살리에리' 앞에 나타나던 때 '살리에리'는 오스트리아의 궁정 악장이자 전속 작곡가였던 데 비해 '모차르트'는 신출내기 후배 음악가에 불과했다.

'살리에리'는 1788년부터 36년 동안 궁정 악장으로 일하면서 43편의 오페라를 작곡했는데, 그에 의해 작곡된 오페라들은 18세기 말 전 유럽에서 갈채를 받았다. 그의 오페라는 빈 사람들에게 '모차르트'의 오페라 '돈 조반니'보다 높은 인기를 끌었다고 한다. '살리에리'는 '하이든'과 친교를 맺었고, '베토벤'에게는 대위법을 가르쳤다. '살리에리'와 '베토벤'은 한편으로는 스승과 제자, 다른 한편으로는 존경하는 음악 동료로서의 관계를 맺었다. '슈만'과 '리스트' 또한 '살리에리'를 스승으로 모시고 배운 적이 있다. 그래서 실제에 있어서는, '살리에리'는 '모차르트'를 자신의 라이벌로 여기지 않았다고 한다. 살아 있을 당시 '모차르트'는 후대에 이름을 떨친 것에 비하면 비교적 큰 존중을 받지는 못하는 음악가였고, 따라서 '모차르트'에 비해 훨씬 지위가 높고 부유했던 그가 '모차르트'를 질투할 이유가 없었던 것이다.

열등감은 시달려야 될 스트레스나 병이 아니다. 우리 마음속에 있는 일종의 욕심의 발현이다. 그 욕심이 우리를 병들게 하고 힘들게 하는 것이다. 그렇다면 굳이 스스로를 아프게 만들 필요가 있을까 싶은 생각이 든다. 생각을 조금만 바꾼다면 보다 아름답고 건강한 삶을 영위할 수 있을 것이다. 옛 우리말에 '사돈이 땅을 사면 배가 아프다'라는 표현을 한다. 사실 사돈이 땅을 사면 축하를 해 주는 것이 맞다. 유재석과 박명수를 모르는 사람은 거의 없을 것이다. 박명수는 스스로 유재석의 2인자라는 표현을 사용한다. 그는 1인자라 불리는 유재석 옆에서 그의 장단에 발을 맞추어 프로그램의 재미를 배가시키는 역할을 한다. 그가 자신을 살리에르 중후군에 가두어 놓았다면 이러한 역할은 절대 찾지 못하였을 것이다. 그가 만들어 낸 보조자로서의 2인자는 승패에 연연한 패배자가 아닌 새로운 영역을 개척한 그는 유재석의 2인자라는 수식어보다는 '유재석, 박명수' 콤비라는 새로운 수식어를 창조하였다. 2017년 7월 15일자 서울경제 뉴스에 따르면 개그맨 브랜드 평판 조사 결과, 1위 박명수, 2위 유재석, 3위 이경규로 분석되었다. 사람의 앞날은 모르는 것이다. 영원한 1위도 없으며 영원한 2위도 없다. 자신의 긍정적인 정신과 건전한 사고는 시간이 걸릴지라도 언젠가는 자신이 가고자 하는 곳으로 자신을 이끌어 줄 것이라 믿는다.

3. 낙수효과 [Trickle-down]

우리 경제의 기본은 '낙수효과(Trickle-down)'를 전제 조건으로 하는 체제였다. 예를 들어, 재벌과 고소득층에게 더 많은 돈을 벌 수 있게 해 주면 그 돈이 물처럼 흘러내려 가 서민과 저소득층도 잘 살게 된다는 주장이다. 그래서 정부와 경제 단체들은 이 낙수효과 이론을 재벌과 부유층에 더 많은 돈을 몰아 주는 경제 정책을 정당화하는 중요한 근거로 사용해 왔다.

그런데 이 주장을 정면으로 뒤집는 중요한 연구 결과가 IMF(국제통화기금)에서 나왔다. IMF가 1980년부터 2012년까지 전 세계 159개국의 방대한 자료를 분석한 결과, 소득 상위 20%의 소득이 1%P 늘어나면 경제 성장률이 0.08%나 줄어드는 것으로 나타난 것이다. 이에 비해 소득 하위 20%의 소득이 1%P 늘어나면 5년 동안 경제 성장률을 0.38%나 끌어올리는 것으로 나타났다. 결국 부자들의 소득이 늘어나면 낙수효과에 의해 가난한 사람들의 소득도 늘어나는 것이 아니라 오히려 경제 성장률이 추락했고, 저소득층의 소득이 늘어날 때 경제 성장이 더욱 가속화되는 것으로 나타났다. 낙수효과가 실행되지 않는 이유를 2가지 측면에서 살펴볼 수 있다. 첫째, 낙수효과를 믿는 사람들은 소수의 부자들이 경제 성장의 과실을 독차지하더라도 서민들은 철저하게 자신의 이익만 따지기 때문에 자신에게 조금이라도 이익이 돌아온다면 주어진 임금만 바라보며 열심히 일할 것이라고 주장한다. 그러나 인간은 자신이 큰 손해를 보게 되더라도 공정함을 추구하는 경향이 있다. 호주의 경제학자 리사 캐머런(Lisa Cameron)은 인도네시아 사람을 대상으로 매우 큰 액수의 최후통첩 게임[1]을 실시했다. 당시 인도네시아에서 서민들의 1개월 치 월급에 해당하는 20만 루피아를 제안자와 응답자가 나누어 가지도록 하였다. 그 결과 제안자들은 평균적으로 42%인 8만 루피아 정도를 응답자에게 제시했고, 응답자들은 대부분 이를 받아들였다. 그러나 제안자가 응답자에게 25% 미만을 제시한 경우에는 거의 모든 제안이 거부되었다. 25%라도 2만 루피

---

1) 경제학 실험을 게임의 형식으로 제시한 것으로, 첫 번째 사람에게 일정한 돈을 주고 두 번째 사람과 이를 나누도록 하는데, 두 번째 사람은 첫 번째 사람의 제안을 수락할 수도 있고 거절할 수도 있다.
제안을 받아들이면 제안된 금액대로 두 사람이 나누어 가지지만 만일 첫 번째 사람이 제안한 액수를 두 번째 사람이 거절하면 두 사람 모두 돈을 한 푼도 받지 못하는 조건이 부여된 게임이다. 또한 게임은 단 한 번만 시행된다.

아나 되기 때문에 인도네시아인의 1주일 치 봉급에 해당하는 큰 돈임에도 불구하고, 응답자들은 불공정한 수준의 제안을 단호히 거부한 것이다. 사람들은 인간이 공정함을 전혀 추구하지 않고 눈앞의 자기 이익만 따지는 이기적인 존재로 간주한다. 극소수의 부자들이 과도한 몫을 챙겨가도 이에 아랑곳하지 않고 떨어지는 낙수에 감사하며 자기 일만 한다는 비현실적인 가정을 해야만 낙수효과를 설명할 수 있기 때문이다. 하지만 실제 인간은 정당한 몫을 받지 못하면 일에 대한 의욕을 잃고 최선을 다할 수 없게 된다.

둘째, 부의 편중이 자본주의 경제의 가장 중요한 버팀목인 '소비기반'을 무너뜨리고 있기 때문이다. 김낙년 동국대 경제학과 교수의 연구 결과, 우리나라에서 상위 10%의 소득이 전체 소득에서 차지하는 비중이 무려 46%에 이르는 것으로 나타났다. 이는 미국의 48%보다는 낮지만, 일본의 41%나 프랑스의 33%보다 훨씬 높은 수준이다. 더 심각한 문제는 한국의 고도 성장기였던 1979년부터 1995년까지 상위 10%의 소득 비중은 30% 정도에 머물렀지만, 시간이 갈수록 급속도로 높아지고 있는 것이다. 그런데 2013년을 기준으로 우리나라 사람들은 소득의 73%를 소비에 쓰고 있는 반면, 소득 상위 10%는 고작 58%만 소비에 쓰고 있는 것으로 나타났다. 그런데 지금처럼 소비 부진이 경제를 짓누르고 있는 상황에서 부유층이 차지하는 몫이 이렇게 급속도로 불어나면, 경제 전체적으로 소비가 줄어들어 투자가 감소하고 일자리가 사라지는 악순환이 시작될 수밖에 없다. 우리나라의 경제 성장 속도가 둔화된 시기와 부의 집중이 심화된 시기가 일치하는 것은 바로 이 때문이다.

미국의 대공황 시대였던 1934년, 미 연방준비제도이사회 의장에 취임

했던 매리너 에클즈(Marriner Eccles)는 이 같은 상황을 포커판에 비유했다. 포커판에서 계속 한 명만 돈을 따서 판돈을 모두 독식하게 되면 더 이상 게임을 유지할 수 없는 극단적인 상황에 이르게 된다. 이런 상황에서 유일한 승자가 게임을 계속하려고 돈을 잃은 사람에게 돈을 빌려주고 게임이 다시 진행되면 당장은 빌린 돈 때문에 판돈이 훨씬 더 커진 것처럼 보이겠지만, 사실은 모두 빌린 돈으로 유지되는 허상에 불과하다. 그런데 아무리 더 많은 돈을 빌려주어도 한 사람만 돈을 따는 상황이 끝없이 계속되면 포커판은 결국 깨지게 된다. 에클스는 바로 이 빚으로 유지되던 위태로운 포커판이 멈추면서 세계 대공황이 엄습했다고 비유적으로 설명하였다.

에클스의 비유처럼 아무리 빚으로 틀어막는다고 해도 극소수의 부자들만 돈을 따는 시스템이 계속되고 이를 강화하는 정책을 지속한다면 그 경제는 결코 지속 가능할 수가 없다. 포커판이 멈추게 되면 일반 국민들은 물론 그나마 돈을 따 왔던 소수의 부유층들도 손해를 피하기 어려울 것이다.

4. 선순환 [Virtuous circulation] 법칙과 악순환 [Vicious circulation] 법칙

'될 놈은 되고 안 될 놈은 안 된다'는 말이 있다. 유독 하는 일마다 잘되는 사람과, 반대로 하는 일마다 꼬이는 사람이 있다. 선순환은 좋은 일이 자꾸 되풀이되며, 좋은 결과를 낳는 방향으로 자꾸 반복되는 현상을 말한다. 악순환은 반대로 어떠한 악조건이 그 자체로서 종결되지 않고 다른 악조건의 원인이 되고, 그 결과가 다시 본래의 악조건을 지속·강화시키는 현상으로 상황이 계속해서 악화되는 것이다. 경제학에서 선순환은 경제 요소의 순환 과정 중 어느 한 요소의 성장으로 인해 모든 요소들이 성장하며 순환하는 방식을 말한다. 예를 들어 생산이 많아지면 분배(소득)가 많아지고 이는 소비를 증가시켜 결국 교환(거래)을 증가시킬 것이다. 반면 악순환은 그 반대의 개념이다. 그러나 선순환과 악순환은 별개의 개념이 아니라 순환 과정 중에 서로 전환될 수 있다. 악순환을 끊기 위해 경제의 모든 요소를 부양시켜야 하지만 경우에 따라서는 한 가지 요소만을 부양시켜 일시적으로 특정 경제 요소를 부양시킬 수도 있다. 또한, 경제 요소는 유한하기 때문에 영원한 선순환과 악순환은 없다. 그래서 한정된 경제 요소를 원활하게 순환시키는 것이 중요하다. 삶에 있어 자신의 역할에 충실하면 선순환의 사이클을 따를 것이다.

학생이라면 학업에 충실하는 것이 본인의 역할일 것이며, 학업에 충실하면 본인이 희망하는 분야를 전공할 수 있을 것이고, 좋아하는 직업을 얻을 수 있을 것이다. 결과적으로 자신이 이루고자 하는 목표를 향해 나아갈 수 있을 것이다. 반대로 본인의 역할에 충실하지 않는 직장인일 경우 자신이 하는 일에 저평가를 받게 될 것이고, 상사의 질타를 받아 스트레스가 쌓여 결국 불행한 삶이 지속될 것이다. 그래서 누구나 선순환을 유지시키고 악순환의 고리를 끊고자 한다면 최소한 자신의 본분에 충실해야 된다.

일본의 대표적인 인재 개발 컨설턴트인 아이하라 다카오 HR어드밴티지 대표가 쓴 신간 『왜 성공하는 사람만 성공할까』는 하는 일마다 잘되는, 이른바 '하이퍼포머(High Performer)'들의 특징을 분석했다. 이 책에 따르면 하이퍼포머들이라고 해서 입사 초기부터 지속적으로 높은 성과를 올리는 경우는 드물다. 하이퍼포머 대부분은 특정한 계기를 통해 그 나름의 성과를 내는 패턴을 확립하고 이를 바탕으로 선순환을 시작해 이를 지속적으로 유지해 나가는 특징이 있다.

다카오는 하이퍼포머들이 선순환 구조를 만드는 노하우를 찾고자 하였다. 비록 하는 일, 처한 환경, 타고난 성격에 따라 다를 수 있지만 대부분의 하이퍼포머에게 공통적으로 나타나는 행동 패턴을 발견하였다. 저자는 그것을 '선순환 법칙과 악순환 법칙'이라는 큰 흐름으로 정리하고 더 나아가 '5가지 불변의 성공 법칙'으로 세분해서 소개한다. 대부분의 하이퍼포머는 첫째, 실패를 훈련하고 둘째, 작은 행동을 계속하고 셋째, 동료의 성공을 돕고 넷째, 우연한 성과에 기뻐하지 않고 다섯째, 환경이 바뀌면 바로 적응한다. 이 5가지 행동 패턴 중 하나 또는 둘 이상의 조합이 바로 선순환 기점을 만든다. 그렇게 일단 선순환이 이뤄지면 순환 구조의 특성상 고성과 패턴이 더욱 강화된다. 대부분의 하이퍼포머는 자신의 일을 사랑하는 사람들이다. 그리고 즐겁게 일하려고 노력한다. 고성과자인지 아닌지를 판별하려면 그 사람에게 자신의 일에 대해 물어보기만 해도 된다. 긍정적 측면을 언급하는 사람은 고성과자이며, 부정적 측면을 언급하는 사람은 고성과자가 아닐 가능성이 크다.

5. 햄릿 증후군 [Hamlet Syndrome]

영국의 극작가 윌리엄 셰익스피어의 희곡 《햄릿(Hamlet)》에서 유래한 말로 결정장애를 유발하는 성향을 나타내는 말이다. 그래서 햄릿 증후군은 선택을 어려워하는 소비자의 심리 경향을 일컫는다. 햄릿 증후군의 원인으로는 개인적인 측면과 사회적인 측면이 있다. 부모에게 의존하는 수동적인 환경에서 성장한 사람일수록 결정을 내리기 어려워하는 성격이 될 수 있다. 대량 생산으로 인해 소비자의 선택 가능성이 넓어진 것도 소비자의 햄릿 증후군과 연관성이 있다고 할 수 있는 이는 정해진 비용 내에서 기회비용을 줄이기 위해 고민하다 보면 선택이 어려워지기 때문이다.

온라인 기술의 발달도 햄릿 증후군의 확산에 영향을 미쳤다. 인터넷으로 대상에 대한 정보를 쉽게 얻을 수 있게 되면서 오히려 쉽게 결정하지 못하는 소비자가 늘었기 때문이다. 이런 이유로 최근에는 선택을 어려워하는 소비자를 위한 큐레이션 서비스(Curation Service)나 개인 컨설팅 서비스 등의 산업도 확대되고 있다. 이를 극복하기 위해서는 첫째, 의사 결정 시 명확하고 확실한 목표를 세우는 것이 좋다. 예를 들어 아파트와 단독 주택 둘 중에 하나에 투자한다면, 두 가지 투자안의 명확하고 확실한 목표를 비교 분석해서 경제적으로 이익이 되는 곳에 투자를 한다. 둘째, 실패에 대한 두려움을 버려야 된다. 결정장애의 원인은 실패를 두려워하기 때문이다. 선택의 결과가 긍정적일 수만은 없다. 하지만 결과는 상황에 따라 다른 방법으로 해결하거나 극복할 수 있다는 자신감을 가져야 된다. 단시간 결과에 일희일비하지 않고 장기적인 안목으로 생각한다면 결코 실패라는 상실감을 갖지 않게 된다. 끝으로 선택에 따른 성공에 자신감을 갖고 새로운 선택에 희망을 갖는 사고방식이다. 이러한 방식은 전설적인 주식 투자의 달인 워렌 버핏도 사용한 방법으로 그는 철저하게 분석한 회사의 주식은 장기적인 관점에서 예의 주시하며 자신의 올바른 선택으로 인한 성공을 다른 투자에도 적용함으로써 천문학적인 주식 투자 수익률을 기록하였다.

결론적으로 자신이 선택한 의사 결정은 신중함을 기반으로 하되 긍정적인 마음가짐으로 기다린다면 그 끝은 본인이 의도한 방향으로 귀결된다는 것이다. 우리나라의 명절도 비슷하겠지만 서양의 명절인 크리스마스에는 대부분의 친한 사람들 사이에서 선물을 주고받는다.

그런데 일부 유쾌한 경제학자들은 크리스마스 선물을 하는 것은 들이는 돈에 비해 효용 가치가 떨어지는 바보짓이라고 지적했다. 월스트리트 저널(WSJ)에 따르면 크리스마스 연휴를 앞두고 온라인을 통해 판매된 전체 선물의 4분의 1에 달하는 194억 달러(약 22조 6천억 원) 상당이 반품될 것으로 추정하였다. 그래서 경제학자들은 이에 따라 선물을 할 경우 현금이나 상품권, 펀드 등 유동자산이 가장 효율적이라는 입장이다. 사실 크리스마스 선물에 반대하는 경제학자들의 주장은 뿌리가 깊다. 미국 경제학자 조엘 월트보겔이 1993년 발표한 논문 '크리스마스의 자중손실(自重損失)'에 따르면 크리스마스 선물의 실제 가격과 비교해 이를 받은 사람들이 평가한 효용 가치는 1달러당 71.5센트에 불과한 것으로 나타났다. 이는 월트보겔이 예일대학 재직 당시 86명의 학생을 상대로 설문 조사를 거쳐 얻어 낸 결론이다. 월트보겔은 논문에서 "선물을 받는 사람은 선물 가격에 해당하는 현금으로 스스로 소비를 하는 경우보다 훨씬 더 궁색한 처지에 놓이게 된다"고 말했다. 2009년 사회경제학 저널에 실린 논문에서 크리스마스 선물을 받은 사람이 평가한 품목별 가격 대비 효용 가치를 보면, 책은 74%, 신발은 92%, 주방용품은 77% 등이었다. 논문은 "어떤 종류의 선물도 받는 사람의 복지에 현저한 이득을 주지 않았다"면서 선물은 상당한 시장 실패라고 지적했다. 경제학자 중에는 누가 가장 최악의 선물을 주는지 조사한 이들도 있다. 2012년 경제학자 2명이 독일 대학생을 상대로 설문 조사를 벌인 결과, 조부모로부터 받은 선물의 효용 가치가 가장 떨어지는 것으로 조사됐다. 그러나 경제학자들 스스로는 '선물 무용론'을 실천하지는 않는 것으로 밝혀졌다. WSJ가 경제학자 54명을 상대로 조사를 벌인 결과, 51명은 사랑하는 사람들을 위한 선물을 샀다고 답했고, 3명은 처음에는 안 샀다고 주장했다가 나중에는 샀다는 것을 인정했다. 이론적으로 명확한 결과에 대한 산술적인 수치가 나오지만 인간의 마음은 결코 어느 하나로 특정 지어질 수는 없는 것이다. 즉, 누구든 선택에 대한 결정은 많은 고민을 하게 마련이다.

6. 블랭킷 증후군 [Blanket syndrome]

만화영화 스누피에서 '라이너스'라고 하는 캐릭터가 가진 '블랭킷 증후군'은 '라이너스'처럼 자신이 소중히 하는 물건이 곁에 없으면 불안하고 초조해지는 의존증이다. 집착을 하는 물건으로는 담요뿐만 아니라 인형, 이불, 옷 등 많은 물건들이 있으며, 어른이 되면서 증상이 누그러진다. 전문가들에 따르면 만 3세경 사라지는 증후군이나 4~5살까지 가는 경우도 있으며, 이 증후군을 고쳐 주기 위해 물건을 버리거나 아이와 분리시키기 위해 위압을 가하는 행동은 아이들에게 스트레스와 심지어 정신 질환으로도 갈 수도 있기 때문에 해서는 안 된다. 그래서 '물건'에 대한 애착을 '부모'에게 전환시키는 행동을 하는 것이 중요하다. 이런 증상이 있는 아이에게는 늘 곁에 부모가 있음을 말해 주고 아이를 안심시켜 준다면 자연스레 증상이 개선된다. 가끔 성인에게 하나의 대상에 집착 수준으로 의존하는 현상이 일어나기도 한다. 주로, 스마트폰이나 SNS에 심하게 의존하게 되는데, 서로 주고받은 위로와 칭찬 몇 마디에 희열을 느껴 잠시라도 눈을 떼지 못하는 인간관계에 대한 집착으로 진행될 수 있다. 끊임없이 SNS에 자신의 근황을 올리고 타인의 관심을 받으려는 행동은 애정 결핍의 전형적인 모습으로 의존적 인격 장애로 변질될 수 있다. 대부분의 취준생들은 편안하고 해고될 걱정 없는 공무원이나 많은 사람들이 부러워하거나 인정한다고 생각하는 기업에 근무하고자 한다. 그러한 심리는 충분히 이해도 가고 공감도 간다. 하지만 그러한 조직은 나에게 편안함을 제공하는 인형, 이불, 옷 등이 아니다. 그저 남에게 좋게 보이는 내 만족일 뿐이다. 변화하는 조직 사회에서 노력하지 않는 공무원은 퇴보되고 낙오될 수밖에 없다. 또한 기업은 자선 단체가 아니기 때문에 회사에 입사를 했다고 해서 정년까지 업무를 보장해 주지 않는다. 오히려 회사의 목표와 이윤 창출을 위한 끊임없는 자기 개발을 요구한다. 그렇기 때문에 누군가에게 보여 주기 위한 직장을 찾기보다는 내가 발전시키고 성장시킬 수 있는 회사를 찾아보는 것이 현명한 방법이다. 그리고 나와 더불어 성숙해 가는 조직 안에서 보람과 기쁨을 찾는 일을 해야 된다. 우리는 봄에 씨를 뿌려야 가을에 추수를 할 수 있다는 것을 알고 있다. 그렇기 때문에 씨를 뿌리지 않는다면 수확의 기쁨은 당연히 없을 것이라는 것 또한 알고 있어야 된다.

7. 설단현상 [Tip of the tongue Phenomenon]

인간의 단기 기억 용량은 생각보다 크지 않고 다른 자극에 민감하게 반응하기 때문에 책을 읽으려고 서재에 갔는데 무슨 책을 읽으려고 했는지 기억이 나지 않거나 갑자기 드라마나 영화 제목, 주인공 이름을 기억해 내지 못하는 현상을 말한다. 설단현상은 미국 심리학의 창시자 제임스(William James)가 처음 언급했으나 이 현상을 'tip of the tongue'이라고 부른 것은 1966년 하버드 대학의 브라운(Roger Brown)과 맥닐(David McNeil)이었다. 'tip of the tongue'은 우리말로 '혀끝에서 빙빙 돈다'라는 뜻이다. 보통 사람은 순간적으로 7가지 정도만 기억할 수 있고 그 기억은 평균 18초 동안 지속된 후 뇌 속에서 사라진다. 이때 외부 자극, 즉 누가 옆에서 무언가 물어본다거나 순간 다른 걸 보고 생각하게 되면 기존에 유지하고 있던 단기 기억들이 지워진다. 흔히 이런 현상의 원인을 나이 탓으로 인한 건망증으로 생각하지만, 인간의 기억은 도서관처럼 종류별로 저장되어 있는데 순간 기억이 나지 않는 것은 그 기억이 잠시 제자리에 꽂혀 있지 않기 때문이다. 그래서 시간이 지나거나 힌트를 조금만 얻어도 기억이 금방 다시 떠오르는 경우가 많다. 신경심리학자들은 단기 기억력을 유지하기 위해서는 계속해서 속으로 되뇌이고 메모하는 습관을 들이는 것이 좋고, 또 잊어버렸다고 해서 계속 그것만 생각하지 말고 차라리 다른 생각을 하는 것이 잃어버린 기억을 다시 떠올릴 수 있는 좋은 방법이라 하였다.

인간의 기억 능력만 빠르게 사라지는 것은 아닌 것 같다. 소비자들의 소비 패턴도 굉장히 빠르게 변화하고 있다. 특히 패션 분야는 제품의 라이프 사이클 빛의 속도로 변하고 있다. 이러한 현상에 발 맞추기 위해서 인공 지능(AI)과 증강 현실(AR) 기술을 활용하는 글로벌 기업이 늘고 있다. 빠르게 변하는 유행을 반영해 신상품을 만들고, 손님 취향에 맞는 옷을 추천해 재고를 줄이고자 하는 것이다. 중국 전자상거래기업 알리바바는 홍콩에 '패션 AI 스토어' 매장을 열었다. 탈의실 안 스마트 미러 앞에서 블라우스를 입으면 AI가 고객의 스타일에 맞는 다른 블라우스를 추천한다. 치마, 신발, 액세서리 등 블라우스와 어울리는 다른 제품까지 추천해 준다. 고객이 입은 옷의 색, 스타일, 팔 길이 등을 카메라로 읽어 들인 뒤 AI로 분석해 새 스타일을 제안하는 것이다. 알리바바는 자체 보유한 옷 이미지 50여만 개를 AI 분석에 활용하고 있다. 의류산업 진출을 시도하고 있는 아마존은 개개인 사진을 분석해 새로운 옷 스타일을 디자인하는 알고리즘을 지난해 개발했다. 인스타그램이나 페이스북에 올라온 옷 이미지나 아마존 인공 지능 카메라인 '에코룩'으로 찍은 이미지를 바탕으로 새 디자인을 제시한다. 의류 브랜드인 타미힐피거는 올 초 IBM과 AI 활용 프로젝트를 시작했다. 이 시스템은 유행하는 옷 패턴·스타일을 디자이너에게 제공할 뿐 아니라 제품과 패션쇼에 대한 소비자 심리 분석 작업을 할 수 있다. 구글도 AI를 활용한 패션 디자인 알고리즘을 개발 중인 것으로 알려졌다. 이러한 인공 지능 기술이 도입되면 패션에 대한 걱정이 줄어드는 현상뿐만 아니라 쉽게 잊어버리는 사항들을 거울에서 매일 아침 메모로 보여 주거나 반복적으로 발생하는 중요한 행사들은 인공 지능이 알려 주는 시대가 될 것이다.

8. 죄수의 딜레마 [Prisoner's dilemma]

게임이론에 등장하는 고전적 사례인 '죄수의 딜레마(prisoner's dilemma)'는 용의자의 딜레마라고도 한다. 예를 용의자에서 기업으로 바꾸어, 신규사업에 진출하는 기업 A가 취할 수 있는 전략은 적은 금액의 광고비를 쓰는 전략 a1과 많은 금액의 광고비를 쓰는 전략 a2이며, 역시 기업 B가 취할 수 있는 전략은 적은 금액의 광고비를 쓰는 전략 b1과 많은 금액의 광고비를 쓰는 전략 b2가 있다면, 각 기업이 어떠한 전략을 선택에 따라 네 가지 결과가 나올 수 있다.

구분		기업 B	
		전략 b1(적은 광고비)	**전략 b2**(많은 광고비)
기업 A	**전략 a1**(적은 광고비)	확률 (80, 80)	확률 (1, 100)
	전략 a2(많은 광고비)	확률 (100, 1)	확률 (40, 40)

만약 두 기업이 모두 적은 광고비만을 쓰는 전략을 선택한다면 각 기업은 80%의 성공을 확신하는데, 두 기업이 모두 많은 광고비를 쓰는 전략을 쓰는 경우에는 각 기업의 성공 확률은 40%로 줄어들게 된다. 그러나 제시된 확률 구조를 검토해 보면 기업 A가 전략 a2(140=100+40)를 선택했을 때 상대방이 어떠한 전략을 쓰는지에 관계없이 전략 a1(81=80+1)을 선택할 때보다 더 큰 확률의 합을 가질 수 있다. 반대로 기업 B의 경우에도 많은 광고비를 쓰는 전략 b2가 우월전략이 된다는 것을 알 수 있다. 그런데 이 행렬에서는 두 기업이 모두 적은 광고비만 쓰는 전략(a1과 b1)을 선

택할 때 각 기업의 내쉬 균형[2]의 상태에서 보다 더 큰 보수를 얻는 것으로 나타나 있다. 다시 말해 a2와 b2 대신에 a1과 b1을 선택함으로써 둘 다 이득을 보는 '파레토 개선(Pareto improvement)[3]'이 가능하다는 뜻이고 A기업의 경우 a2와 B기업의 b2의 짝으로 대표되는 내쉬 균형이 파레토 효율적이지 못하다는 것이다.

구분		죄수 B	
		부인	고백
죄수 A	부인	확률 (80, 80)	확률 (1, 100)
	고백	확률 (100, 1)	확률 (40, 40)

이 행렬의 예를 죄수로 바꾸어 보자. 죄수 두 명이 죄를 전부 고백하면 석방될 확률이 40%, 죄수 두 명이 전부 부인하면 석방될 확률이 80%, 한 명은 고백하고 한 명은 부인할 경우 고백한 사람은 100% 석방, 부인한 사람은 1%의 석방 확률이고 상대방의 의도를 알고 있다면 고백을 하는 것이 내쉬 균형이 된다. 하지만 둘 다 고백을 한다면 둘 다 부인한 것보다 석방 확률이 낮아진다. 그래서 둘 다 부인하는 것이 우월전략(dominant strategy)이 된다. 그런데 죄수의 딜레마에서 이 같은 결론을 도출하는 데 두 가지 사실이 중요한 전제 조건이 있다. 첫째, 두 죄수는 격리시켜 심문하기 때문에 상호 의사 전달을 통한 협조(cooperation)가 불가능하다. 둘

---

2) Nash equilibrium : 상대의 전략을 예상할 수 있을 때 자신의 이익을 최대화하는 전략을 선택하여 형성된 균형 상태.
3) 하나의 자원배분상태에서 어느 누구에게도 손해가 가지 않게 하면서 최소한 한 사람 이상에게 이득을 가져다주는 변화.

째, 이와 같은 상황은 단 한 번만 실시된다. 이윤 창출이 목적인 기업의 경우 이러한 전략을 인지하고 있지 않더라도 담합을 통해서 자신들의 이익을 극대화하는 예는 많이 볼 수 있다.

  이러한 죄수의 딜레마 이론은 정부의 존재 이유를 정당화하는 근거로서 규제와 협동이라는 정부 역할의 중요성을 설명할 수 있는 이론으로 제시되기도 한다. 아담 스미스 등 자유주의 시장 경제 이론가들은, 각 행위자들이 자신의 이익을 극대화하기 위해 행동하는 경우 비록 정부의 역할이 없더라도 시장이라는 보이지 않는 손에 의해 균형이 달성되어 사회적으로 가장 바람직한 결과가 나오게 된다고 주장한다. 하지만 각 행위자들이 타인과의 협동을 무시하고 자신만의 이익을 극대화하기 위해 행동하는 경우에는 모든 사람에게 최악의 결과가 생긴다. 이러한 최악의 결과를 방지하기 위해 결국 정부 또는 국가라는 외부의 행위자가 개입하여 법률, 제도, 세금 등의 방법으로 각 행위자의 행동을 강제해야만 사회적으로 바람직한 결과가 도출될 수 있다. 민간기업들의 담합을 대부분의 정부는 불공정 거래로 제재를 하고 있다. 그렇지만 정부의 입장에서는 기업들이 담합을 하는지 하지 않는지를 알 수 없다. 그렇다면 기업과 정부 사이에 위와 같은 도표의 행렬 성립이 가능해진다. 정부의 입장에서 보면, 파레토 개선이 불가능한 내쉬 균형이 되게 하는 간단한 방법이 도출된다. 기업이 담합을 할 경우 가장 큰 피해가 가도록 만들면 된다. 이러한 간단한 방법이 있지만 현실적으로는 제도화하지는 않고 있다. 기업이 없어지게 되면 그 피해는 일할 곳이 없어지게 된 그 기업에 근무하는 근로자들이 고스란히 피해를 입기 때문이다. 실례로 2024년 배달플랫폼과 입점업체들이 수수료 부담 완화 방안 등을 놓고 수차례 논의를 이어 갔지만, 합의에 이르지 못했다. 자신의 이익 앞에서 상대방과 협력을 한다는 것은 이익의 총량을 줄이는 것이란 생각을 하기 때문이다. 산유국의 감산 논의가 매번 평행선을 달리는 것과도 비슷한 맥락으로 해석된다. 산유국들이 감산에 합의하면 모두 이득을 볼 수 있지만, 한 나라라도 이를 어기면 이익을 홀로 챙길 수 있기 때문이다. 국제사회의 끝없는 군비 경쟁 역시 각자 합리적인 선택을 하지만, 결국 바람직하지 않은 결과를 낳는 것도 대표적인 사례다.

9. 플린효과 [Flynn Effect]

1980년대 초반 뉴질랜드의 심리학자 제임스 플린(James Flynn)이 국가별 IQ지수의 변동 추세를 조사하면서 밝혀진 이론으로 세대가 진행됨에 따라서 IQ(Intelligence Quotient)가 증가하는 현상을 말한다. 플린은 미국의 신병 지원자들의 IQ 검사 결과를 분석해 신병들의 평균 IQ가 10년마다 3점씩 올라간다는 사실을 발견했으며, 1987년 14개국으로 대상을 확대 실시한 조사에서도 비슷한 결과를 얻었다. 벨기에·네덜란드·이스라엘에서는 한 세대, 즉 30년 만에 평균 IQ가 20점이 올랐고, 13개국 이상의 개발 도상국에서도 5~25점 증가했다는 보고서가 발표되었다. 이러한 IQ의 증가로 인하여 실질적인 지적 능력이 향상되었는가 하는 점에서는 의견이 엇갈리고 있으나 플린은 인간 집단에 특별한 유전체적 변화가 없이 짧은 시기에 그렇게 큰 진화적 변화가 나타날 수는 없다고 하였다. 그는 IQ의 증가가 지적 능력의 발전에서 기인한다기보다는 정신적 활동을 점점 더 많이 요구하는 현 사회 현상의 반영으로 보고 있다. 다른 학자들 사이에서도 이에 대한 여러 가지의 설명이 제시되고 있는데, 대체로 IQ 향상의 원인을 시각 매체의 증가와 IQ 테스트의 반복 효과, 교육의 확대, 영양 섭취의 증가, 조기 교육 등으로 추정하고 있다. 특히 일부에서는 질병의 감소를 커다란 요인 중의 하나로 보고 있는데, 최근의 연구 결과도 질병이 두뇌의 기능과 긴밀히 연결되어 있음을 보여 주고 있다. 따라서 질병의 감소가 직접 두뇌 기능을 개선하지는 못하지만 최소한 기능의 저하를 막음으로써 플린효과에 기여하는 것이라는 주장도 제기되고 있다. 기업의 IQ가 증가한다는 것은 기업이 진화한다는 말로 대신할 수 있다. 진화에 성공한 기업은 4가지 특징을 가지고 있다. 첫째, 변화에 기민하게 대응하는 역량이다. 변화에 적응한 기업만이 살아남고 다양한 위기를 극복하는 과정에서 기업이 장수를 하게 된다. 둘째, 핵심 경쟁력에 집중. 지속적인 성장에 성공한 기업 또한 예외 없이 핵심 기술이나 사업에 집중하고 경쟁 역량을 선별해 다른 기업들과의 차별화에 성공했다. 셋째, 생존과 번영의 축적된 노하우를 세대를 거쳐 전이했다. 많은 투자와 노력을 통해 얻은 성공 노하우 혹은 경영 철학을 조직 전체에 내재화하고, 흔들리지 않는 조직 문화로 구축해야만 실패를 되풀이하지 않을 수 있다. 찰스 다윈은 경쟁에서 이기고 환경에 잘 적응하는 생물만이 살아남아 진화의 기회를 얻는다는 '자연 선택'을 진화의 메커니즘으로 강조했다. 하지만 최근에는 협력을 통해 진화한 사례가 속속 밝혀지면서 경쟁 논리만으로는 생물의 진화 과정에서 일어난 모든 것을 설명할 수 없다는 인식이 확산되고 있다. 기업 또한 다양한 개체들이 모여 이룬 유기적 공동체이기 때문이다. 기업 경영은 끊임없이 변화하는 환경 속에서 생존 영역을 확장하고 지속적 번영을 추구하기 위한 방법을 찾아가는 과정이다. 중국의 전자상거래 기업 알리바바는 기업공개(IPO)를 하면서 생산자와 소비자 등 플랫폼에 참여하는 개개인이 알리바바의 토대이며 이들의 활발한 활동이 가치 창출의 원천이라는 경영 철학을 강조하였다. 1993년 제임스 무어의 하버드비즈니스리뷰에 기고한 논문에서 "기업을 하나의 산업에 속한 것으로 이해해서는 안 되며 다양한 산업에 걸친 비즈니스 생태계 속에 존재하면서 상호 영향을 주고받으며 함께 진화하는 객체로 이해해야 한다"고 주장하였다.

정보기술을 기반으로 한 산업 간 융·복합은 '4차 산업혁명'이라는 이름으로 비즈니스 생태계의 진화를 촉발하고 있다. 금융, 제조, 유통, 서비스 등 거의 모든 산업의 비즈니스 인프라가 디지털화하는 시대에 접어들면서 기업의 자체 역량만으로 비즈니스를 영위하는 것은 불가능해졌다. 실제 많은 기업들이 단일 기업으로서의 한계를 절감하고 기업 간 동맹을 활발히 구축하고 있다. 또 새로운 비즈니스 생태계를 창출하고 그 위에서 발생하는 다양한 상호 작용을 통해 수익을 창출하는 플랫폼 비즈니스에 대한 관심이 급증하고 있다. 앞으로 기업은 비즈니스 생태계를 건설하거나 발전을 주도하든지, 아니면 생태계의 일원으로서 적극적 동맹관계를 통해 발전을 모색하는 선택을 할 수밖에 없다. 그래서 비즈니스 생태계에서 협력을 통한 진화의 원칙이 중요해지는 이유다.

10. 레세페르 [자유방임주의, 自由放任主義, laissez-faire]

이 용어의 유래는 불분명하지만 대체로 1756~78년경 프랑스에서 활동했던 중농주의자로 알려진 경제학자들과 연관이 있다고 보고 있다. 레세페르는 프랑스어로 '그냥 내버려 두어라'라는 뜻이으로 '레세페르 레세알레(Lasissez faire, laissez aller)-길을 열어 주고 방임하라'에서 유래된 말이다. 그리고 19세기 애덤 스미스 및 존 스튜어트 밀에 의해 '자유방임주의 경제사상'으로 대중화되었다. 레세페르는 사유 재산과 기업의 자유를 옹호하고, 국가의 역할은 질서와 안보 유지로 제한하며 개인은 정부의 간섭 없이 자유로운 경제 활동을 할 수 있어야 한다는 경제이론인 동시에 정치 이념이다. 하지만 고전 경제학의 기본 원리인 자유방임 주의는 자본주의 사상의 토대가 되었지만 1929년 10월 뉴욕 주식 시장이 붕괴되면서 시작된 대공황으로 인해 그 개념이 흔들리게 되었다. 특히, 케인스는 '자유방임주의의 종언'에서 고전경제학의 기본 원리인 자유 방임주의가 효력을 상실했다고 주장하며 현대 경제학을 탄생시켰다. 그는 시장 경제의 최대 해악은 위험·불확실성·무지이며, 특정 개인들과 거대 기업이 불확실성과 무지를 이용하여 이익을 얻고, 그 결과 극단적인 부의 불평등이 생기고 고용이 불완전해지며, 사업가들의 합리적인 기대마저 충족되지 못하여 효율과 생산에 차질이 발생하였다. 그래서 케인스는 제3의 경제 주체인 정부가 개입하는 것이 필수적이라고 주장하였다. 특히 그는 직접적인 수요를 창출하는 재정 정책을 적극적으로 펼쳐야 한다고 강조했다. 정부가 국·공채를 발행하여 자금을 확보한 뒤 각종 공공투자 사업을 벌임으로써 유효 수요를 창출해야 경제 위기에서 탈출할 수 있다는 것이다. 이러한 해법은 루스벨트 대통령에 의해 대공황을 해결하기 위한 주요 정책으로 채택되고, 2차 세계대전 이후 미국의 핵심 경제 운영 원리로 더욱 체계화되었다.

그러나 1970년대 스태크플레이션[4]의 발생으로 케인즈 학파는 세계적으로 영향력을 잃었으며 밀턴 프리드먼을 중심으로 한 신자유주의 경제학파(시카고학파)가 등장하게 되었다. 그러나 이 이론도 2007년 서브프라임 위기로 세계경제가 위기에 빠지자 정부의 개입을 촉구하는 케인즈 경제학이 다시 주목을 받기 시작했다. 조순 전 총리(서울대학교 명예교수) 역시 "지나친 자유방임주의 때문에 미국 금융시장에서 논리적 타당성이 없는 많은 파생상품들이 쏟아졌고 이로 인해 미국인들은 환상에 젖었다"며 "이들은 마치 부자가 됐다는 착각을 했지만 파생상품들의 거품이 걷히면서 미국 자산의 3분의 1이 사라지고 실물 경제에도 타격을 입히게 됐다"고 말했다. 또한 "자유경제원리에 대한 종교적 맹신이 결국 시장에 거품을 불러 일으켜 위기를 초래했다"며 "이로 인해 자꾸만 작은 정부를 강조하다 보니 정부의 능력과 기능이 과도하게 약화됐다"고 지적했다. 그러나 이러한 주장 역시 급속하게 변화하는 세계 시장 경제로 인하여 국가의 경제 정책에 대한 새로운 대안이 필요하다. 예를 들어, 창업 초기 기술을 기반으로 하는 기업을 '스타트업'이라 한다. 스타트업이란 말은 전 세계 공통으로 대규모의 기득권을 가지고 있는 기업들이 흔히 할 수 없는, 위험성은 크지만 성공할 경우 높은 기대 수익이 예상되는 '신기술'과 '아이디어'를 현실화하는 사람들이라는 의미로 받아들여지고 있다. 하지만 용어의 정의와는 달리, 정부의 규제로 인해 기업 환경은 스타트업이 제대로 뿌리를 내리기 힘든 상태이다. 우리나라의 경우 기존에 없던 새로운 형태

---

[4] 경기 침체로 인한 실업과 물가 상승으로 정부가 재정 지출을 확대하고 통화 공급을 늘려도 기업의 투자는 부진하고 물가 상승만 초래했다.

의 서비스들은 기존의 고전적 사업자들의 공격적 견제를 받을 뿐만 아니라, '규제'라는 이름의 족쇄하에서만 움직일 수 있는 기업 환경이 조성돼 있기 때문이다. 우리나라가 유독 스타트업에 대한 법적 규제가 강한 가장 큰 이유는 '보호'다. 규제 밖의 사업자들로부터 소비자와 기존 사업자들이 피해를 받게 되는 현상을 막고자 적극적인 보호 차원에서 강한 규제를 시행하고 있는 것이다. 그리고 이런 보호 차원의 규제가 필요한 산업이 분명히 존재한다.

하지만 기본적으로 합리주의를 원칙으로 하는 민주주의 제도에서는 경제적, 사회적 활동은 개인과 민간의 차원에서 수행되는 것이 이상적이다. 그러나 공공 문제의 범위가 확장됨에 따라 정부의 직접적인 관여가 필요한 영역이 점차 늘어 가고 있는 것 또한 현실이다. 시장의 방임으로 인해 불거지는 독과점은 정부의 직접적인 규제가 없으면 사실상 막아 낼 수 없는 문제며, 규제의 미비로 인해 사행성 오락(바다이야기)과 비현실적인 투기(불법 가상화폐) 같은 사회적인 문제가 다시금 발생될 가능성도 무시할 수 없다. 국내에서 4차 산업혁명에 기반을 둔 새로운 서비스, 참신한 스타트업이 제대로 사업을 영위하지 못하고 있지만 공공의 이익을 위한 규제를 하되 신규 산업 창출을 위한 새로운 사업은 규제없이 시작할 수 있도록 경제적 토대를 마련해 주는 것이 경제 원리를 넘어서는 국가의 미래를 위한 올바른 정책이다.

11. 압전효과 [Piezoelectric effect]

압전효과(piezoelectric effect)는 결정 구조를 가진 재질 내에서 기계적-

전기적 상태 사이의 상호 작용을 통해 나타나는 것으로 특정 재질에 기계적 변화(압축 혹은 인장)를 주면 전기적인 신호가 발생하고, 거꾸로 전기적인 신호를 가하면 기계적인 변화가 발생하는 것이다. 쉽게 설명하면, 압력을 전기로 바꾸는 효과를 말한다. 수정, 전기석 등과 같이 압전효과를 나타내는 소자를 압전소자라 하는데, 압전소자는 매우 다양한 분야에서 사용되고 있다. 압전소자가 가장 먼저 사용된 것은 1917년 1차 대전 중 프랑스의 과학자들에 의해 개발된 초음파 잠수함 탐지기이다. 먼저 초음파 신호를 탐지기에서 발생시키고, 이 신호가 잠수함 등 수중 물체에 부딪쳤을 때, 되돌아오는 신호를 탐지하기 위하여 얇은 석영 결정을 압전소자로 사용하였다. 이후, 이러한 압전소자의 응용은 폭발적으로 증가하기 시작하였다. 가장 잘 알려진 응용 분야는 전기 라이터이다. 라이터를 켜기 위해, '딸깍' 하고 엄지로 스프링 버튼을 누르면, 라이터 내부의 작은 망치가 압전소자를 때리게 된다. 이때 압전소자에서 발생한 높은 전압의 전기가 미리 만들어 둔 전기회로 내 작은 간극에 스파크(spark)를 발생시킨다. 이 스파크를 이용해 가스를 점화시키는 것이 전기 라이터의 원리이다. 또 다른 응용의 예로 신호를 받아들이는 센서가 있다. 압전소자는 음파 형태의 압력신호를 감지하여 전기신호를 발생시킬 정도로 정밀하고 민감한 반응을 나타낸다. 이를 이용하여 음성신호를 전기적 신호로 변환시켜 주는 센서 즉, 마이크의 제작이 가능하다.

또한, 앞서 언급한 군사용 음파 탐지 센서에의 적용도 가능하며, 더 나아가 의료용 혹은 산업용 비파괴검사(Non-destructive testing) 센서에도 적용이 가능하다. 압전소자는 마이크로 고정밀 모터, 잉크젯 프린터의 분사기, 디젤 자동차의 연료 분사기, 엑스레이 셔터 등 소형의 정밀기계와 관련된 산업 전반에 다양하게 활용되고 있다. 측정이 어려운 미세한 변형을 측정과 기록이 쉬운 전기신호로 바꿔 주고, 이와는 반대로 눈에 보이지 않는 전기력을 원하는 만큼의 정밀한 물리력으로 변환시켜 주는 압전소자는 앞으로도 그 응용분야가 계속 넓어질 것으로 예상된다. 초소형 발전 장치를 개발하려는 노력은 각계에서 진행되고 있다. 압전소자를 깐 신발을 신고 걷기만 하면 전기를 얻을 수 있는 식이다.

기계적인 효과는 제어될 수 있을 때 최상의 효과를 내지만 제어할 수 없고 예측할 수 없는 기업의 자극은 소비자들의 외면을 받을 수 있다. 미국의 국민식당이라는 아이홉(iHop)의 주메뉴는 팬케이크, 와플, 오믈렛 등이다. 아이홉이라는 이름도 International House Of Pancakes에서 따왔다. 그런데 이 회사가 햄버거를 더 많이 팔기 위해서 회사명을 iHop에서 iHob으로 바꾸겠다고 선언했다. 그래서 일부 매장에서는 간판을 교체하는 모습을 공유하기도 하였다. 그런데 고객들은 충격과 혼란에 빠졌다. 그 전에도 햄버거를 팔기는 했지만 고객들이 아이홉을 찾았던 이유는 팬케이크 때문이었다. 많은 미국인들은 아이홉을 50년 이상 최고의 팬케이크 프랜차이즈 레스토랑으로 기억한다. 그래서 iHop에서 iHob으로 바꾸면 팬케이크를 좋아하는 고객도 햄버거를 좋아하는 고객도 아이홉에 가지 않을 것이라는 비난이 폭발하였다. 논란이 커지자 회사는 햄버거 신메뉴 마케팅 일환으로 일시적으로 간판을 바꾼 것뿐이라고 해명했지만 고객들은 iHob이 'International house of Betrayal(국제 배신의 집)'이라며 분노하였다. 피자헛(Pizza Hut) 역시 2008년에 파스타에 주력할 목적으로 파스타헛(Pasta Hut)으로 사명을 바꾸려 하였다는 사실은 잘 모를 것이다. 댈러스 본사의 간판도 피자헛에서 파스타헛으로 교체하였다. 피자헛 역시 많은 고객들의 불만과 매출 감소로 인해 사명 변경을 즉각 철회하였다.

ING생명 역시 오렌지라이프로 사명을 변경하였다. ING생명의 사명 변경은 네이밍 계약이 만료돼서이다. 사명을 변경한 대표적인 보험사로는 ABL생명(구 알리안츠 생명)과 DB손해보험(구 동부화재)를 꼽을 수 있다. ABL생명은 전신 알리안츠생명이 중국안방보험그룹에 인수돼 더 이상 '알리안츠' 브랜드를 사용하지 못해 변경했다. DB손해보험과 DB생명의 전신 동부화재와 동부생명은 상표권을 지닌 계열사 동부건설이 사모펀드로 넘어가면서 네이밍을 더 이상 쓸 수 없게 된 케이스이다. 내·외부적 요인으로 발생한 사명 변경은 위험이 큰 시도이자 고객들에게 압전효과를 나타낼 수 있는 정책이다. 그래서 사명 변경 후 회사 이미지와 목표를 새롭게 설정하여 성공 가도를 달릴 수 있지만 반대로 고객들의 반발과 비난으로 영업 타격 등 부정적 결과를 초래할 수도 있다. 그래서 최소한 소비자에게 신선한 자극을 일으켜 새로운 사업을 확장하려 한다면 최소한 반응에 순응하는 고객들의 선호도를 먼저 파악하고 자극을 가해야 된다.

12. 코호트 효과, 동시대집단 효과 [동년배 효과, 同時代 出生集團 效果, Cohort Effect]

코호트란 고대 로마 보병대의 1단위(300~600명)를 지칭하는 세부 조직 단위를 일컫는 단어이다. 이들은 함께 훈련하고 생활하여 전쟁에서는 높은 내부적 동질성을 갖는 특징이 있다. 독일의 심리학자 Paul B. Baltes는 인간 발달에 관한 연구 방법으로 사회적·역사적 영향을 밝히기 위하여 이 분석을 하였다. 연구 결과 동시대 출생집단은 사회적·문화적·역사적으로 거의 비슷한 경험을 하며 살아가기 때문에 가치관, 인생관, 교육 수준이나 문화적 혜택 그리고 여러 가지 사회적 태도에 있어서 공통점과 유사성을 가지고 있었다. 인간의 생로병사(生老病死)에도 개인차와 함께 이 효과가 작용한다. 같은 음식을 먹고 비슷한 환경에서 나란히 나이 먹은 사람들끼리 생로병사 패턴이 동질화되는 현상이다. 동년배 효과에는 기아·흡연·전염병 등 개인의 생명에 직접적인 타격을 가하는 요소는 물론 빈곤·이혼·경제 공황처럼 간접적인 영향을 미치는 요소까지 모두 녹아 들어 있다고 한다. 통계 분석을 통해 미래의 사망 원인을 예측할 수 있는 것도 동년배 효과 덕분이다.

재무 관리에서도 특정 기업을 비교할 때 동종업계를 기준으로 재무 상태, 영업력, 생산성 등을 비교하며, 한 업체의 운영, 전략, 인사, 가격 정책 등이 동종업계에 전파되고 비슷하게 실행된다. 직장인들이 기업을 이직할 때에도 동종업계의 급여 수준을 기준으로 Starting salary를 협상하며, 제품을 구매할 때에도 동종 제품을 비교 대상으로 가격, 수량, 함량 등을 확인한다. 마케팅에서 종종 사용하는 시장 세분화 방법 중 하나가 코호트 분석(cohort analysis)으로 코호트는 특정한 경험을 공유하는 소비자 세대를 말한다.

하버드대의 분류에 따르면 2차 세계대전 종전 후인 1945~1964년 태어난 소비자 그룹을 Baby Boomer(베이비부머)라고 부르는데, 이들은 TV로 디즈니의 미키마우스와 도널드덕을 보며 자라난 세대로, 미국과 옛 소련의 냉전, 베트남 전쟁, 비틀스, 달 착륙 등의 경험을 공유하며, 'X세대'는 1965~1984년 태어난 사람들로, 교육 수준이 높고 개인의 자유, 인권, 관용

등의 가치를 중시하며 공산주의 붕괴, 동서독 통일 등의 경험을 공유했고. 1985~2004년 태어난 그룹은 'Y세대(Gen Y)'라고 하는데, 이들은 인터넷과 모바일, 소셜미디어 등을 통한 연결성과 사회 참여 의식이 매우 높은 세대이다. 그리고 1980년부터 1994년생까지를 일컫는 밀레니얼(M) 세대와 1995년부터 2000년 출생자를 뜻하는 Z세대를 합쳐 MZ세대라고 부르는데, 통계청 기준 MZ세대는 2019년 기준 약 1700만 명으로 한국 인구의 약 34%를 차지한다. MZ세대는 디지털 환경에 익숙하고, 트렌드에 민감하며 이색적인 경험을 추구하길 좋아하며, 특히 SNS 활용에 능숙한 MZ세대는 유통시장에 강력한 영향력을 발휘하고 있다. 그래서 같은 세대의 동년배는 공유할 수 있는 가치와 문화가 있기 때문에 서울시와 전남 광주에서는 노년들의 어려움과 자살을 예방하기 위하여 동년배의 상담사가 활동하고 있다. 그리고 서울시와 고양시는 은퇴 후 재취업 상담을 젊은 사람보다는 같은 고민을 겪었던 동년배 상담사에게 논의하는 채용 박람회를 실시하고 있다. 그래서 만 50세부터 64세까지 중장년층 지원을 위해 박람회 부스의 컨설턴트는 모두 서울시의 취업·창업상담과 전직 지원 컨설턴트 교육을 수료한 50대 이상 중장년층으로 구성하였다. 예부터 상점들은 한곳에 모여 상권을 형성하고 있으며, 또한 전국에서 비슷한 품목을 판매하는 아울렛 등을 많이 볼 수 있다. 특히 패션 사업은 동종업계가 뭉쳐 있어야 시너지 효과를 낼 수 있기 때문이다. 소비자들이 여러 종류의 신발, 옷, 액세서리 등을 한곳에서 비교한 후 구매하고자 하는 심리를 가지고 있기 때문이다.

13. 광차문제, 트롤리 딜레마 [鑛車問題, trolleyproblem]

트롤리 딜레마는 '다수를 구하기 위해 소수를 희생하는 것이 도덕적으로 허용되는가'라는 도덕적 사고의 실험으로 이에 관련된 4가지 질문이 있다. 대답의 전제 조건은 다른 방법을 쓸 여유는 없고, 법적 책임은 지지 않는 것을 전제하며, 도덕적인 견해만을 가지고 "허용된다"와 "허용되지 않는다"로 응답할 수 있다.

첫 번째, 광차가 운행 중 이상이 생겨 제어 불능 상태가 되었다. 이대로는 선로에 서 있는 5명이 치여 죽는다. 그런데 다행히도 갑돌이가 이 전철기[5]의 옆에 있고, 전철기를 돌리면 전차를 다른 선로로 보냄으로써 5명을 살릴 수 있다. 하지만 문제는 그 다른 선로에 사람이 한 명이 있어서 그 사람이 치여 죽는다. 어느 쪽도 대피할 시간은 없다. 이때 도덕적 관점에서 갑돌이가 전철기를 돌리는 것이 허용될까?

두 번째, 앞의 문제와 동일하게 폭주 중인 광차가 달리고 있다. 달리는 열차 앞에는 5명이 있고 달아날 틈이 없다. 그러나 을돌이가 과선교[6]에 있다. 뭔가 무거운 물체를 떨어뜨려 광차를 탈선시키면 5명을 구할 수가 있다. 그런데 문제는 을돌이의 근처에 있는 무거운 물체라고는 열차를 탈선시킬 수 있는 뚱뚱한 사람이 있을 뿐이다. 도덕적 관점에서 을돌이가 그 뚱뚱한 사람을 밀어 떨어뜨리는 것이 허용될까?

---

5) 철도에서 차량이나 열차를 다른 선로로 이동시키기 위하여 두 선로가 만나는 곳에 장치한 기계 장치
6) 역 구내에서 본역사와 승강장을 연락하기 위해 철도 선로 위를 넘어 가설한 교량. 여객의 통행을 목적.

세 번째, 앞의 문제와 동일하게 폭주중인 광차가 달리고 있다. 달리는 열차 앞에는 5명이 있고 달아날 틈이 없다. 다행히도 병돌이가 전철기의 옆에 있지만, 분기한 선로는 5명을 지나기 전에 다시 합류한다. 그러나 분기된 선로에는 뚱뚱한 사람이 있어, 그 사람을 광차에 치이게 함으로써 5명을 구할 수 있다. 이때 도덕적 관점에서 병돌이가 전철기를 돌리는 것이 허용될까?

네 번째, 앞의 문제와 동일하게 폭주 중인 광차가 달리고 있다. 달리는 열차 앞에는 5명이 있고 달아날 틈이 없다. 다행히도 정돌이가 전철기의 옆에 있지만, 분기한 선로는 5명을 지나기 전에 다시 합류한다. 하지만 분기된 선로에는 커다란 쇳덩이가 있어 광차는 쇳덩이에 부딪혀 멈추겠지만, 쇳덩이 앞에는 사람이 한 명 있어 피하지 못하고 죽을 것이다. 이때 도덕적 관점에서 정돌이가 전철기를 돌리는 것이 허용될까?

질문들의 다른 점은 첫 번째 질문은 한명의 죽음이 행위자가 직접 의도한 결과가 아니라 일종의 부작용으로 생각할 수 있는 데 반해 두 번째 질문에서는 행위자의 직접적인 의도에 의해 한 명이 죽는다는 것이다. 세 번째 질문 역시 첫 번째 질문과 마찬가지로 누군가를 직접 죽음으로 몰아 넣는 것이 아니다. 그러나 두 번째 질문과 마찬가지로 그 죽음은 부차적 결과가 아니고 행위자의 의도의 결과이다. 네 번째의 문제는 세 번째와 거의 같지만, 한 명의 죽음은 행위자의 의도된 결과가 아니고 부차적 결과이다. 네 가지 질문을 요약하면 5명을 살리기 위해 한명을 죽여도 되는가는 문제가 된다. 공리주의적인 관점에서는 한명을 희생해서라도 5명을 구해야 하지만, 의무론을 따르면 누군가를 다른 목적을 위해 이용해서는 안 되기 때문에 아무것도 해서는 안 된다. 광차의 문제는 딜레마를 합리적으로 설명할 수 있는 논리학적 지침은 존재하지 않는다는 것이다.

생물학자 마크 하우저는 위의 상황과 유사한 30가지의 상황을 제시하고 그에 대해 어떤 판단을 왜 내렸는가에 대한 온라인 조사를 실시했다. 그 결과, 질문들의 차이점을 올바르게 인식하고 스스로의 판단 기준으로 삼았음을 증명하지 못한 사람이 응답자 500명 중 70%였다. 또 5,000명 이상이 응답한 테스트에서는 처음 질문에 대해 89%가 허용된다고 한 데 반해, 두 번째 질문에는 단 11%만이 허용된다고 답했으며, 세 번째와 네 번째 질문에 대해 허용된다고 응답한 비율은 56%와 72%였다. 응답자의 교육 정도, 종교적 배경, 민족 등은 응답 결과에 거의 영향을 주지 않았다. 신경윤리학자 조슈아 그린에 따르면 특히 두 번째 질문에서는 다른 질문에서는 그다지 반응하지 않았던 뇌의 부분이 반응했다고 한다. 이는 사람을 직접 죽일 때 강한 부정적 반응을 보이는 것이라고 한다. 타임지의 기사에 따르면, 조사 대상의 85%가 5명을 구하기 위해 1명을 밀어 떨어뜨리는 행동은 할 수 없다고 답했다고 한다. 또 사고를 막아 내기 위해서 사람을 죽이는 경우는 없다. 따라서 실제로 위와 같은 상황이 발생하면 5명이 죽도록 방치할 가능성이 높다. 현실의 기업에서는 공리주의나 도덕적 관념조차 존재하지 않는다. 필요에 따라 인력을 조정하기 때문이다.

삼성전자는 1997년 1월, 외환위기의 파고가 밀려오던 시점부터 시작해서 3년간에 걸쳐 약 2만 4천 명을 구조 조정했다. 이는 삼성에 노조가 없었기 때문에 가능한 일이었다. AI나 로봇 등과 같은 첨단기술이 보편화되면서 골드만삭스는 2,000명을 해고했고, 한때 600명에 달하던 주식 매매 트레이더가 이젠 소프트웨어를 유지·관리하는 엔지니어 단 2명으로 대체됐다. 영국 은행 로열뱅크오브스코틀랜드(RBS)도 로보어드바이저를 도입하고 투자 자문 부문에서 550명의 인력을 감축했으며, 인터넷 뱅킹의 확산으로 최근 5년 동안 국내 500여 개의 오프라인 은행 지점이 사라졌고, 이 기간에 4대 은행을 떠난 직원은 7,000명에 육박한다. 한국의 조선 산업은 지난 수년간 호황을 누렸지만 중국의 추격과 주변 국가들의 견제 속에서 신규 수주 급감으로 인한 매출액 저하에 따른 이익의 곤두박질이 심각한 사태를 불러왔다. 현대중공업은 일감이 떨어진 해양사업사업본부서 2,000여 명 규모의 희망퇴직을 실시했다. 실직은 새로운 도전이 될 수 있지만 대부분의 근로자에게는 실직은 사형 선고나 다름없다. 기업의 본질적인 목적이 이윤 추구이기에 구조 조정에 도덕적 관념을 들이대기에는 앞뒤가 맞지 않는 이야기지만, 최소한 조직을 위해 희생한 근로자에게 살아갈 수 있는 최소한의 회생 방안을 제공해 주는 인력 구조 조정 방안이 필요하며 정부 역시 보여 주기 식 정책이 아닌 실직자를 위한 실질적인 자구책을 강구해야 된다.

14. 3의 법칙 [The rule of 3]

우리는 매일 숫자를 접하며 살아가고 있지만 그중에서 가장 많이 사용하는 숫자는 3이다. 그래서 라틴 명언 중에 '셋으로 이루어진 것은 모두 완벽하다'는 말이 있다. 동양사상에서 보면 세상은 천지인(天地人)으로 구성되어 있으며, 시간은 과거, 현재, 미래로 되어 있고, 논리도 서론, 본론, 결론을 거친다. 하물며 밥도 아침, 점심, 저녁을 먹고, 몸은 3대 영양소(탄수화물, 지방, 단백질)가 필요하다. 국가 권력도 3권(입법부, 행정부, 사법부) 분립의 원칙이 적용되고 있고 우주의 구성은 시간·공간·물질이며, 나무도 뿌리·줄기·잎 3가지로 구성되어 있다. 빛의 삼원색은 빨강·초록·파랑이며, 색의 삼원색은 빨강·파랑·노랑이다. 물체의 상태도 고체·액체·기체 3가지로 완성된다. 유명한 컨설턴트인 스티븐 코비도 "외부 자극에 대한 반응을 잠시 멈추고(Stop) 생각을 한 다음(Think) 선택하라(Choose)"라고 강조하였고 에이브러햄 링컨은 게티즈버그 연설에서 '국민의, 국민에 의한, 국민을 위한 정치'를 주장하며 '국민'이라는 단어를 3번 연달아 강조했다. 이외에도 스티브 잡스나 오바마도 3의 법칙을 이용한 연설을 잘 하는 것으로 유명하다.

EBS에서 재미있는 실험을 하였다. 많은 사람들이 오고가는 횡단보도에서 한 사람이 손가락으로 하늘을 가리켰다. 하지만 사람들은 아무도 거들떠보지 않고 지나갔다. 그래서 한 사람을 더 투입하여 두 번째 사람도 첫 번째 사람과 같이 손가락으로 하늘을 가리켰다. 몇몇 사람들이 쳐다보기 했지만 별로 신경쓰진 않았다. 그리고 세 번째 사람을 투입하여 세 명이 하늘을 향해 손가락을 가리키자 횡단보도를 건너던 사람들의 80% 이상이 모두 하늘을 바라보았다. 또 하나의 실험은 양주시 축제 현장에서 무료 경품 행사를 진행하였다. 한두 사람을 세웠을 때는 서로 경품을 받으려고 아수라장이 되었지만 세 명이 줄을 서 있는 다음부터는 모든 사람들이 질서정연하게 차례를 기다렸다. 이는 동조에서 나타나는 결과로 첫 번째 사람이 혼자 주장을 하고 두 번째 사람이 맞장구를 쳤을 때보다 세 번째 사람이 동조를 했을 때 다른 사람들 역시 집단적으로 동화되어 가는 현상이다. 인간의 뇌는 3일 후, 3주일 후, 3개월 후를 기준으로 서서히 기억을 잊어버린다. 이것을 '기억상실 라인'이라고 하는데 이를 마케팅에 활용한다면 효과적일 것이다. 예를 들어, 처음 방문한 고객들에게 3일 전, 3

주 전, 3개월 전에 문자 또는 전화를 걸어 재방문을 요청한다면 고객들의 기억들에 계속 남게 할 수 있다.

15. 친숙성의 오류 [Error of Familiarity]

간편한 것을 좋아하는 인간의 특성으로 인해서 낯선 것보다는 친숙한 대상을 더 선호하는 경향을 말한다. 이러한 현상은 도박을 즐겨 하는 사람들에게서 흔히 볼 수 있다. 그런데 가장 큰 문제는 경기 승패에 돈을 거는 스포츠 도박으로 청년층은 물론 어린 중고등학생들조차 열풍처럼 스포츠 베팅에 빠지며 중독자가 되어 가고 있다는 사실이다. 우선 이들은 스포츠 베팅을 도박이라고 생각하지 않고 그냥 스포츠를 즐기는 것이라고 생각하며, 자신이 스포츠를 좋아하고 잘 알고 있기 때문에 조금만 연구하면 큰 돈을 딸 수 있을 것 같다는 잘못된 믿음을 갖고 있다는 것이다. 더 큰 문제는 도박이 인간의 뇌에 미치는 영향이다. 인간의 뇌는 큰 자극에 중독되면 작은 일상의 자극에는 반응을 보이지 않는다. 그래서 큰 자극인 도박에 빠지면 도박 이외의 모든 일상에서의 일은 재미를 잃게 된다는 것이다. 비슷한 사례로 마약에 빠진 사람은 마약을 근절하기 어렵다. 마약보다 더 큰 자극이 없기 때문이다. 기업들은 소비자들의 이런 심리를 이용하여 신규 경쟁자의 시장 진입을 방어하는 데 사용하기도 한다. 예를 들어 "빨래엔 OO", "닭고기는 OO", "과자는 역시 OO" 등 사람들의 머릿속에 자연스럽게 특정 상품의 리듬이나 이미지를 각인시켜 놓고 마트에서 물건을 살 때 당연하게 해당 제품을 구매하도록 하는 식의 마케팅 전략이다. 이러한 소비 패턴이 형성이 되면 신규 제품을 가지고 시장에 진입하는 경쟁 회사는 쉽게 소비자들의 행동을 바꾸지 못한다. 한번 각인된 소비자들의 특정 제품에 선호는 그 기업이 부정한 짓을 저지른다든지, 특정 사회적 이슈로 부각되지 않는 이상 변하지 않기 때문이다. 이 인식을 부수기 위해서는 과거에는 엄청난 마케팅 비용으로 소비자들에게 접근하는 방법을 사용하였지만 지금은 SNS, 블로그 등을 통하여 일시에 때려 부수려고 하는 방식이 아닌 점진적으로 소비자들의 인식 속에 스며들기 위해 노력하는 전략을 사용하고 있다. 인간관계에서도 마찬가지다. 친숙하다는 말로 가장 존중해야 될 사람을 상처 주기 쉽다. '우리는 친하니까 이 정도 일은 이해해 주겠지', '이 정도는 용인해 줄 정도로 우리는 친하니까'라고 생각한다면 그건 나만의 착각이다. 인간의 마음은 정형화되어 있지도 않고 다 똑같지도 않다 더욱이 상황에 따라 기분에 따라 환경에 따라 제각각이다. 우리가 흔히 듣는 말 중에서 공기처럼 소중한 것이 없지만 우리는 그 소중함을 잊고 산다고 한다. 우리 곁에 있는 배우자, 동료, 친구, 선배, 후배 그 누가 되었든 우리는 친숙한 사람에게 더 친절하고 예의를 갖추어서 그의 마음이 상하지 않게 배려하고 관심을 가져야 된다. 자칫 사람의 마음은 한순간의 실수로 멀어져 갈 수 있기 때문이다.

16. 호킹지수 [Hawking Index]

스티븐 호킹이 타계했을 때 그의 책을 찾는 주문이 쏟아졌다. 대표 저서 『시간의 역사』는 이틀 새 1,200부나 팔렸다. 출판사는 재고가 바닥나자 부랴부랴 증쇄에 돌입했다. 이 책은 우주와 물질, 시간과 공간의 역사를 본격적으로 다룬 우주과학서다. 1988년 초판 발간 후 전 세계에서 1,000

만 부 이상 팔린 스테디셀러다. 그러나 책을 끝까지 다 읽은 독자는 생각보다 많지 않다. 미국 수학자 조던 엘렌버그의 데이터 분석에 따르면 100명 중 6명 정도에 불과하다. 엘렌버그는 전자책 단말기 킨들의 온라인 통계와 각종 자료를 활용해 '잘 읽히지 않는 책'을 가려냈다. 그 결과 '시간의 역사'를 구입한 사람이 1,000만 명 이상인데도 완독한 독자는 6.6%밖에 안 되는 것으로 나타났다. 그가 여기에서 착안해 개발한 것이 '호킹 지수(Hawking index)' 또는 '읽지 않는 책 지수(Unread Book Index)'라고 한다. 어떤 책을 구매한 뒤 끝까지 읽었는지 여부를 수치로 나타낸 것이다. 낮은 지수는 중도에 책을 덮었다는 것을 의미한다. 그가 두 번째로 꼽은 '읽지 않는 책'은 자본주의와 불평등 문제를 거론한 토마 피케티의 '21세기 자본'으로 2.4에 그쳤다. 이보다 더한 책은 힐러리 클린턴의 비망록 '힘든 선택들'로 1.9였다.

    호킹지수는 현실을 정확하게 반영한 것은 아니다. 사람들마다 편차가 있을 수 있고, 지금 읽지 않았다고 영원히 읽지 않는 것도 아니기 때문이다. 책상에 올려 놓았다 관심이 새롭게 일어날 때 다시 읽을 수도 있고, 조금씩 조금씩 몇 달에 걸쳐 읽을 수도 있다. 그리고 꼭 책을 꼭 끝까지 읽어야 하는 것도 아니다. 책장을 넘겨 작가의 책머리를 보거나 목차를 읽고 그 책에서 인생의 통찰을 배웠다면 그 사람이 그 책을 읽지 않았다고 할 수 없다. 그리고 책을 읽기 위해 책을 구매한 사실 그 자체만으로도 책의 세계 속에 들어간 것이라고 할 수 있다. 어렵고 힘들지만 책을 읽겠다는 의지를 행동으로 보여 준 것이기 때문이다. 책을 완독해서 독서한 책의 숫자를 늘리는 것이 진정한 독서가 아니라 단 한 권의 책이라도 그 책을 통해서 진정한 인간으로서 가져야 되고 행동해야 될 규범들을 깨우치고 실행한다면 백 권의 독서보다 한 권의 독서가 더 보람 있고 가치 있다. 기업들은 연말이 되면 무슨 무슨 대상에서 몇 년간 1등, 어떠 어떠한 지수에서 1위 등 지수와 등급을 자랑스럽게 광고를 한다. 하지만 정작 소비자들의 그 광고의 지수와 의미에 공감을 많이 하지는 않는 것 같다. 잠재적인 고객층에게 제품과 판매품에 확신을 줄 수 있다는 점에서 광고 효과가 있고 과거 소비자들은 TV에 나오는 제품이나 유명한 사람이 권장하는 제품은 무조건 믿고 사는 풍조가 있었다. 하지만 문화가 바뀌고 세대가 변하면서 소비자들은 똑똑해지고 제품은 다양해졌다. 이는 비교하고 선택할 수 있는 제품들이 다양해졌다는 의미로 더 이상 어설픈 광고로 소비자들의 지갑을 열기에는 한계가 있다는 것이다. 기업들이 진정한 의미로 고객들에게 접근을 한다면 그들의 마음을 열 수 있는 마케팅이 아니라 서비스나 품질로 다가서야 될 시기이다.

17. 각인효과 [刻印, Imprinting]

오스트리아 학자 로렌츠(Konrad Lorenz)는 인공부화로 갓 태어난 새끼 오리들이 태어나는 순간 처음 본 움직이는 대상을 자신의 어미 오리로 생각하고 그 대상을 따라다니는 것을 발견하였다. 이러한 현상을 부모 각인(filial imprinting)이라 하는데, 로렌츠는 생후 초기에 나타나는 본능적인 행동을 각인(imprinting)효과라고 불렀다. 각인이 되기 위해서는 자극에 노출되는 시기가 매우 중요하며 이를 결정적 시기(critical period)라고 한다. 각인효과는 새에게 특히 많이 나타나지만, 최근에는 포유류와 어류 그리고 곤충에서도 각인효과가 있다는 사실이 입증되고 있다. 어린 동물들은 처음으로 눈과 귀 그리고 촉각으로 경험하게 된 대상을 부모로 생각하고 따라다니게 된다. 오리는 생후 17시간까지가 가장 민감한 시기이고, 보통 새들은 생후 50일 동안 경험한 대상을 부모로 알고 쫓아다닌다.

사람의 경우 첫사랑에 대한 각인효과는 새끼 오리와 같은 각인효과는 적용되지 않는다고 한다. 인간의 심리는 동물과 달리 자신이 형성한 이미지에 각인될 뿐, 실제 외적 대상에 의해 각인되는 것은 아니기 때문이다. 그래서 첫사랑은 내재되어 있는 사랑의 원형의 이미지를 깨우는 역할을 할 뿐이고 남자들이 평생을 두고 그리워하는 것은 첫사랑 아니라 바로 자기 안에 내재된 사랑의 원형이다. 공자는 '논어 요왈편(堯曰篇)' 2장에서 리더로서 반드시 익히고 행해야 되는 '다섯 가지 미덕과 네 가지 악덕'을 제시하였다. 어느 날 자장(子長)은 스승인 공자에게 어떻게 해야 좋은 지도자가 될 수 있는지 물었다. 공자는 물음에 대한 답으로 다섯 가지 미덕을 제시하였다. 첫째, 사람들에게 은혜를 베풀되 낭비함이 없어야 한다. 둘째, 사람들에게 일을 시키면서 원망을 사는 일이 없어야 한다. 셋째, 마땅히 목표 실현을 추구하되 개인적인 탐욕을 부려서는 안 된다. 넷째, 어떤 상황에서도 태연함을 잃지 않되 교만하면 안 된다. 다섯째, 위엄이 있되 사납지 않아야 한다. 또한, '네 가지 악덕'도 제시하였다. 첫째, 일을 제대로 가르쳐 주지 않은 채 엄벌하는 것이다. 이를 지도자의 잔학(殘虐)이라 한다. 오만하고 관용이 부족해 아랫사람을 잔인하게 다루는 자다.

둘째, 일에 경계할 점을 미리 일러 주지 않고 성공만 요구하는 것이다. 이를 지도자의 횡포(橫暴)라 한다. 일의 핵심은 전수해 주지 않으면서 잘못한 책임을 아랫사람에게 돌리는 부류이다. 셋째, 지시는 늦게 하고 일의 달성은 사납게 독촉하는 것이다. 이것을 지도자의 도둑질(賊)이라 한다. 일이 안 되면 책임을 뒤집어씌우고, 다행히 결과가 좋으면 자기의 공으로 삼으니 도적이나 다름없다. 넷째, 마땅히 주어야 할 것을 놓고 온갖 생색을 내며 주는 것이다. 이런 자는 지도자가 아니라 창고지기 유사(有司)에 불과하다. 마치 자신이 포상을 사적으로 베푸는 것인 양 인색하게 굴고, 줄 때에도 줄 듯 말 듯한다. 그러면서 아랫사람의 마음을 시험하며 공(公)으로 사(私)를 확인하려 드는 자이다. 그 그릇의 크기가 소소한 소모품 창고 열쇠를 흔들며 으스대는 자의 크기에 지나지 않는다. 훌륭한 지도자로 각인되는 것은 그냥 되는 것이 아니다. 악덕은 행하지 아니하고, 미덕을 힘써 행해야 기억 속에 남을 수 있는 진정한 지도자가 되는 것이다. 최근 소비자들의 경우 각인효과에 굉장히 민감하다. 한번 나쁜 기업으로 찍히면 그 회사의 모든 제품에 대하여 불매 운동을 하거나 집단 시위를 벌이는 일도 다반사다. 그래서 기업들은 소비자들에게 긍정적이고 좋은 각인을 시켜 주기 위해 많은 사회 공헌 활동 등을 하고 있다. 많은 학계의 연구 자료를 보면 윤리적으로 청렴하고, 투명한 지배 구조로, 아름다운 사회 활동을 하는 기업들은 지속가능경영 수치가 다른 기업에 비하여 높게 나타난다. 그리고 그러한 경영 철학을 가진 기업들의 수명이 100년이 넘게 이어져 오고 있다. 좋은 기업으로 각인되기는 사실 쉽지 않다. 끊임없는 선행을 통해 홍보를 해야 되면 이것이 구전이 되고 소비자들에게 회자가 되어 사회적인 이야깃거리가 되기까지 많은 시간과 돈이 들어간다. 하지만 굳이 어떤 기업의 누구라고 지목하지 않아도 한번 소비자들의 뇌리에 부정적인 이미지를 각인시킨 기업은 외면받거나 손가락질을 받는다. 이는 결국 기업 폐쇄의 위기 상황까지 초래하게 된다.

II. 이립(而立)

공자가 30세에 자립하였다는 데서 나온 말로, 마음이 확고하게 도덕 위에 서서 움직이지 않는다는 뜻이다. 오스트리아 출신 작가인 잉게보르흐 바흐만의 단편소설집에 「삼십세」는 "30세에 접어들었다고 해서 어느 누구도 그를 보고 더 이상 젊지 않다고 말하지는 않으리라"는 유명한 구절로 시작된다. 이름 없는 화자인 '그'는 29세 생일날부터 30세에 이르는 1년간의 사건들과 의식의 갈등을 서술한다. 서른 살의 문턱을 넘어서면서 많은 이들이 삶의 함정에 빠져 자신의 정체성, 삶에 대한 신념, 사회와의 관계 설정 등에 대해 어떠한 형태로든 회의와 불안에 시달린다. 서른 번째 생일을 앞두고 치열한 1년의 삶을 살아 낸 '그'는 말한다. "내 그대에게 말하노니, 일어서서 걸으라. 그대의 뼈는 결코 부러지지 않았으니." 이러한 현상은 동서양이 비슷하게 발생하는 것 같다. 영원한 가인 김광석은 '서른 즈음에'라는 노래를 통해 하루가 지나감을 담배 연기가 멀리 퍼진다 표현하고, 담배 연기처럼 그냥 흘러가는 인생에 의미를 부여하고자 하였다. 사실 30살은 청춘의 이상과 삶의 현실 속에서의 모순을 경험하고 상처를 받는 시기이다. 하지만 대부분 배우자를 찾고 가정을 꾸려 자신이 선택한 지난 삶에 의해 앞으로 나아가야만 하는 시기이다. 하지만 청춘과 장년의 사이에 걸쳐져 제2의 주변인의 시기를 겪는 때이기도 하다.

18. 프로도 경제 효과 [Frodo Economy effect]

영화 한 편으로 국가 경제를 좌지우지할 수 있는 시대가 되었다. 엔터테인먼트 산업, 그중에서도 영화 산업의 중요도가 갈수록 커지고 있다. 인류의 역사만큼이나 오래된 스토리텔링 산업은 그동안 그 매체가 대화(verbal), 그림(Image), 문자(text), 영상(video), 디지털(digital)로 진화되고 발전해 왔다. 영화로 대표되는 동영상 스토리텔링 산업은 무성 영화, 애니메이션을 거쳐 영화 3D 영화의 형태로까지 발전했다.

다양한 이야기와 상상력을 현란한 영상으로 보여 주는 영화는 많은 사람들을 매료시켰다. 더구나 한번 만들면 영화관은 물론, 비행기, 케이블TV, 비디오 가게, DVD, 포털 등 다양한 매체를 통해 배급되기 때문에 수익 창출이 다양하게 이뤄지고 있다. 또한, PPL(Product placement)을 통하여 특정 브랜드 상품을 영화 장면에 노출하거나 배우들이 대사 중에 언급하면서 기업으로부터 간접 광고 수익을 올리기도 한다. 그리고 영화가 대히트를 치는 경우 관람객들이 그 영화 장면의 감동을 직접 느끼기 위해 영화 촬영지를 방문하면서 지역 관광에도 크게 도움을 주고 있다. 그래서 해당 지역은 영화 촬영이 끝난 후에도 영화 촬영 세트장을 그대로 보존하기도 한다. 이처럼 영화 산업은 성공 확률이 높지 않음에도 상당한 부가가치를 가지고 있는 산업으로 평가받고 있다.

'프로도(Frodo)'는 제76회 아카데미 시상식에서 작품상을 비롯해 11개 부문을 휩쓴 영화 〈반지의 제왕〉의 등장인물이다. 이 영화는 뉴질랜드의 대자연을 배경으로 촬영하여 영화의 흥행으로 인하여 많은 관광객들이 뉴질랜드를 찾아가게 되는 효과를 유발시켜, 뉴질랜드가 관광수입으로 인한 막대한 경제적 파급 효과를 얻게 돼 이를 '프로도 경제 효과(Frodo Economy Effect)'라 부른다. 인구 400만 명에 불과한 뉴질랜드는 영화 〈반지의 제왕〉을 통해 영화 제작 당시 제작팀이 뉴질랜드 현지에서 2억 5,000만 달러를 썼으며 영화 제작에 필요한 엑스트라 등 1만 5,000여 명의 직접적인 고용 효과를 창출했다. 그 결과 뉴질랜드는 총 3억 6,000만 달러의 경제적 효과를 거뒀다. 영화 개봉된 후, 뉴질랜드는 세계에서 가장 가보고 싶은 관광지로 손꼽히며 매년 엄청난 수의 관광객을 불러 모으게 됐다. 영화 한 편으로 인해 뉴질랜드의 국가 이미지가 크게 상승했는데 이를 광고 효과로 산출하자면 4,800만 달러에 이른다. 그와 더불어 뉴질랜드를 방문하는 관광객이 연평균 5.6% 증가해 38억 달러에 달하는 관광 산업을 창출하고 있다. 더불어 〈반지의 제왕〉 영화 제작 이후로 뉴질랜드는 영화 촬영 및 포스트 프로덕션을 중심으로 영화 제작의 중심지로 부상했다. 웨타디지털을 비롯해 세계 최고 수준의 디지털 콘텐츠 제작 기술을 보유함은 물론이고 미국 할리우드 영화의 촬영지로 각광을 받게 됐다. 우리나라 영화 〈실미도〉의 일부도 뉴질랜드에서 촬영했다. 뉴질랜드의 영화 산업은 연 1조 7,000억 원의 수익을 창출하고 있고, 4,500억 달러의 해외 투자도 유치했다. 이처럼 뉴질랜드가 영화 산업의 중심지로 뜨게 된 데에는 피터 잭슨 감독 및 제작자의 역할도 컸지만 뉴질랜드 정부의 지원도 한몫했다. 중앙 정부는 세금 감면, 보조금 지급, 홍보 비용 1,870만 달러 지출은 물론이고, 정부 내에 제작지원 전담부서도 설치해 적극적으로 지원했다.

비디오게임으로 1996년 일본에서 닌텐도 게임용 소프트웨어로 출시된 포켓몬은 전 세계적으로 인기를 끌며 피카츄와 같은 캐릭터들이 아이들뿐만 아니라 성인들 사이에도 엄청난 사랑을 받았다. 이로 인해 피카츄 인형, 카드, 게임기 등이 불티나게 팔렸으며 특히 '포켓몬 고(Go)'라는 모바일 게임은 출시 후 전 세계적으로 선풍적인 인기를 끌며 이와 관련된 산업들이 발달하였다. 2013년 디즈니 애니메이션 영화 〈겨울왕국(Frozen)〉은 아이들에게 엄청난 인기를 끌며 엘사 드레스, 인형, 장난감 등 영화와 관련된 모든 제품들이 불티나게 팔렸다. 덕분에 디즈니는 엄청난 수익을 올렸으며, J.K. 롤링의 소설 해리포터는 영화의 흥행으로 미국의 유니버셜 스튜디오에서 특별전시관을 운영하며 매년 수백만 명의 방문객을 유치하고 있다. 2020년 영화 〈라라랜드〉의 흥행은 로스앤젤레스(LA)를 아름다운 영화 속의 한 장면으로 바꾸었다. LA관광청에 따르면 2017년 LA를 다녀간 여행객은 전년 대비 5% 늘어난 8,490명으로 역대 최고치를 기록하였다.

19. 뮌하우젠 증후군 [Münchausen syndrome]

주로 신체적인 징후나 증상을 의도적으로 만들어 내서 자신에게 관심과 동정을 이끌어 내는 정신과적 질환으로서 1951년 미국의 정신과 의사 리처드 애셔(Richard Asher)가 의학저널 'The Lancet'을 통해 처음으로 이 증세를 묘사했다.

'뮌하우젠'이란 병명은 18세기 독일의 군인이자 관료였던 폰 뮌하우젠 남작(Baron Karl Friedrich Munchausen, 1720~1797)에서 유래되었다. 폰 뮌하우젠 남작은 18세기 독일 낭만주의에 흠뻑 물들어 있던 전형적인 한량이었다. 주변 사람들의 주목을 받고자 하나둘씩 해 보지도 않은 무용

담을 꾸며 내기 시작했는데, 이를 흥미 있게 여긴 루돌프 라스페(Rudolf Erich Raspe, 1736-94)는 그를 소재로 『허풍선이 뮌하우젠 백작의 놀라운 모험(Die Abenteuer des Baron Münchhausen)』이라는 이야기를 출판하였다. 그런데 이 책이 폭발적인 인기를 얻었고, 수많은 독자들의 과장이 덧붙여지면서 점점 더 황당무계하고 기기묘묘한 모험담으로 변모해 갔다. 미국의 개성 넘치는 영화감독으로 1991년에 베네치아국제영화제 은사자상을 수상한 테리 길리엄(Terry Gilliam)은 1988년 이 이야기를 영화로 제작하여 놀라운 시각적 언어로 풀어냈으며, 많은 매니아층을 형성하기도 했다. 그래서 리처드 애셔 박사는 끊임없는 허풍과 과장, 진지하게 자신의 경험이라고 주장하는 부분이 환자들의 증세와 일치한다고 보고 뮌하우젠 남작의 이름을 병명으로 만들었다.

어려서부터 부모가 없거나 부모로부터 배척을 당했던 경험을 가진 사람들이 뮌하우젠 증후군을 보이는 경우가 많다. 질환의 주된 증상으로는 우울과 자살사고·기억 상실·환각 등의 심리적 징후와 증상이 있는 것과, 구토·복통·발열 등의 신체적 징후와 증상이 있는 것으로 구분된다. 유명한 천재 물리학자이자 루게릭병을 앓고 있는 스티븐호킹도 뮌하우젠 증후군 사례 피해자 중 하나이다. 그의 두 번째 아내 일레인은 주위의 동정과 관심을 받으며 스티븐호킹을 지극정성으로 간호하였지만 일부러 호킹을 넘어지게 하고 상처를 입히는 등 뮌하우젠 증후군 의혹이 불거져 세상 사람들을 놀라게 만들었다. 1993년 '아픈 척의 달인'으로 기네스 북에 오른 맥로이라는 남자가 있다. 맥로이는 아픈 곳이 없는데도 100여 군데의 병원을 돌아다니며 400번의 쓸데없는 수술을 받고 400달러를 썼다. 그 이유는 단지 '관심'을 받고 싶었기 때문이다. 외로웠던 맥로이는 다친 자신을 신경 써 주는 의사와 간호사의 손길에서 사랑을 느끼는 '뮌하우젠 증후군' 환자였다. 약혼자에게 파혼을 당한 뒤 암에 걸렸다는 거짓말로 항암 치료를 받는 척 연기했던 실라라는 여인 역시 자신을 생각해 주는 주변 사람들의 동정과 관심이 좋아 스스로 머리를 자르고 체중을 줄이며 암 환자 연기를 했다. 그녀는 자신에 대한 관심이 조금씩 줄어들면 자해까지 하는 등 극단적인 방법까지 동원했다.

마냥 화려해 보이는 연예인들은 누가 봐도 행복한 모습이다. 인기와 부, 명예를 동시에 거머쥔 톱스타들이 남부러울 일은 없어 보인다. 하지만 이들의 '보이지 않는 고충'은 꽤 염려스러운 수준으로 뮌하우젠 증후군의 예를 가장 많이 찾을 수 있다. 최근 방송에서 보도된 바에 따르면 연예인 80% 이상이 이미 우울증 경험이 있는 것으로 알려졌다. 무대가 활동 공간인 이들에게 가장 두려운 것은 설 무대를 잃어버리는 것. 밀려드는 허무함과 좌절감을 극복하지 못하면 우울증에 빠지는 것은 시간 문제다. 문제는 가수들에게 자주 발생한다. 스타성이 중시되는 가요계에서 가수들의 활동 수명은 점차 짧아지고 있다. 인기가 떨어지는 것은 한 순간이고 회복은 더욱 힘들다. 화려한 스포트라이트를 받다가 무대 설 기회조차 잃어버리는 이들이 부지기수이다. 그런 그들이 정신적 타격을 피하기란 결코 쉽지 않다. 연예인들은 인기를 먹고 산다. 인기를 있는 것과 없는 것이 확실한 연예계에서 살아남기 위한 고민이 연예인을 심적으로 힘들게 하는 가장 큰 이유 중 하나다. 그래서 늘 대중의 관심을 받기 위해 톡톡 튀는 행동과 스타일 등을 고수한다.

온라인 판매업체 미미쿠키는 충북 음성군의 작은 가게로 시작했다. 유기농 재료, 무방부제로 만들어 아기에게 먹여도 안전하다고 홍보해 왔다. 아들의 태명 '미미'를 회사명으로 짓고 '부부가 직접 만든다'며 엄마들의 신뢰를 얻었다. 인터넷 카페를 통해 '없어서 못 파는 쿠키'가 됐지만 결국 대형마트 제품을 재포장해 판 것으로 밝혀졌다. 코스트코에서 145원인 쿠키를 400원에, 4,000원짜리 SPC삼립 롤케이크를 7,500원에 포장만 바꿔 되팔았다. 이들에게 날개를 달아 준 건 확인할 수 없는 SNS와 댓글, 대형 식품업체는 광고에 건강 또는 의학적 효과를 명시할 수 없다는 정부 규제이다. 미미쿠키 후기에는 '가족 중에 암 환자가 있는데, 이 쿠키만 드십니다', '아토피로 3년째 고생하는 딸에게 먹여도 안전하네요' 등이 수백 개나 달려 있다. 거짓말을 통한 판매는 결국 사기죄로 판명이 되어 대표자는 구속이 되고 업체는 사라졌다.

20. 고센의 법칙 [Gossen's laws]

소비자의 합리적 선택(효용극대화 행위)을 설명하기 위한 한계효용체감의 법칙(고센의 제1법칙), 한계효용균등의 법칙(고센의 제2법칙), 희소성의 법칙(고센의 제3법칙)을 통칭하는 말이다. 독일(프러시아) 경제학자인 고센(Hermann Heinrich Gossen)은 1854년 저서『인적 거래의 법칙 및 인적 행위의 귀납적 규칙에 관한 연구』에서 처음으로 한계효용이론을 제시했다. 그러나 복잡한 수식으로 표현된 고센의 연구 결과는 당시 역사학파가 주도하던 독일 경제 학계로부터 인정받지 못하고 사장되었다. 1878년 영국의 경제학자 제본스(William Stanley Jevons)는 자신의 저서『정치경제 이론(The Theory of Political Economy)』의 서문에서 "고센이 이미 경제이론의 일반원칙 및 방법론을 연구한 것은 명백한 사실이다. 내가 이해하는 한, 경제이론에 관한 고센의 접근 방법은 나의 연구에 비해 훨씬 더 일반적이고 완전하다."고 극찬하였다. 사람들은 재화를 소비함으로써 효용(utility) 또는 만족감(satisfaction)을 얻는다. 따라서 재화 소비량이 점차 늘어남에 따라 소비자가 얻는 총 효용(total utility)도 증가하는 것이 보통이다. 여기에서 총 효용은 재화의 소비량 전체로부터 소비자가 얻는 누적효용(cumulative utility)을 의미한다. 한계효용(MU : marginal utility)은 재화 소비량을 한 단위 증가시킬 때, 소비자가 그 한 단위 소비로부터 추가적으로 얻는 효용을 말한다. 즉, 한계효용은 순증(純增, 실질적인 순전한 증가) 개념이다. 예를 들어, 배가 고파 똑같은 라면 세 개를 순차적으로 먹는다면, 첫 번째 라면은 3,000의 효용을, 두 번째 라면은 2,900의 효용을, 세 번째 라면은 2,800의 효용을 준다고 가정한다. 이 경우 세 개의 라면이 주는 효용은 순증 개념의 효용이므로 정확히 표현하자면 한계효용이다. 그래서 세 개의 라면을 다 먹고 나서 느끼는 총 효용은 8,700이다.

여기서 한계효용체감의 법칙(고센의 제1법칙)은 라면을 먹는 개수에 따라 라면으로부터 얻는 한계효용이 점차 감소하는 현상이다. 이는 정말 배고플 때 먹은 라면의 효용과 조금 덜 배고플 때 먹은 라면의 효용을 다르고 첫 번째보다는 두 번째가 조금 덜 효용이 증가하기 때문이다. 한계효용균등의 법칙(고센의 제2법칙)은 라면을 먹을 때 김밥을 넣어 먹는다면 라면과 김밥의 한계효용이 동일하게 먹을 때 효용극대화가 달성된다. 예를 들어, 우리는 가지고 있는 돈(돈이 정말 많은 사람을 제외하고는 한 끼 식사에 지출할 돈의 금액을 고려하여 식사를 한다)에서 최대한 기쁨을 누릴 수 있는 음식을 소비하며 살아간다. 내가 100,000원을 가지고 있고 이 돈으로 특정 시점에서 3,000원인 라면과 2,000원인 김밥을 각각 20

개씩 먹는다고 가정해 보자. 이러한 소비 행위는 쓸 수 있는 돈(가용예산 - 3,000(라면) × 20개 + 2,000(김밥) × 20개 = 100,000원을 충족한다. 그런데 이 소비자에게 라면 1개는 3,000이라는 한계효용을, 김밥 1개는 2,500이라는 한계효용이 있다고 가정하자. 물론 1번째의 라면과 김밥의 한계효용은 각각 3,000과 2,500보다 큰 숫자일 것이며, 한계효용체감의 법칙에 따라 감소 추세를 보였을 것이다. 그러면 나는 어떻게 소비 패턴을 조정하는 것이 조금이나마 소비로부터 얻는 총 효용을 높이는 방법일까 고민을 한다면, 라면 1개 구입비가 3,000원이므로 1원의 한계효용은 1이다[3,000(한계효용)/3,000원]. 김밥 1개 구입비가 2,000원이므로 1원만큼만 소비했다고 한다면, 한계효용은 1.25이다[2,500(한계효용)/2,000원].

같은 돈 1원이 유발하는 한계효용이 라면보다 김밥에서 더 높은 상황이라면 나는 당연히 소비 단위당 추가적 효용이 큰 김밥의 소비를 늘리고, 소비 단위당 추가적 효용이 작은 라면의 소비를 줄여야 된다. 그래야 총 효용을 늘릴 수 있다. 그런데 이와 같은 소비 패턴을 계속 유지하는 한, 한계효용체감의 법칙에 따라 소비량이 늘어나는 김밥의 한계효용은 점차 낮아지고, 반대로 소비량이 줄어드는 라면의 한계효용은 점차 올라간다. 소비자는 더 이상 고민할 필요가 없는 순간까지 이와 같은 소비 패턴을 유지함으로써 총 효용을 최대화할 수 있다. 그러한 순간은 1원 지출이 유발하는 한계효용이 라면과 김밥에서 같아질 때이다. 따라서 라면과 김밥만 소비하는 경우, 효용극대화 달성을 위한 조건은 다음과 같다.

[라면의 한계효용/라면의 가격] = [김밥의 한계효용/김밥의 가격]

효용극대화 달성을 위한 조건은 구매하는 분식의 개수가 2개 이상인 경우에도 같다. 즉, 튀김이 추가되거나, 순대, 떡복이가 추가되어도 내가 각 재화를 1원만큼 소비한다고 할 경우, 그로부터 얻는 한계효용이 모든 재화에 걸쳐 동일하게끔 각 재화를 소비할 때 효용극대화가 달성된다. 이러한 사실을 한계효용균등의 법칙(law of equi-marginal utility)이라고 하며, 소비대상이 n개의 재화일 경우 다음과 같은 수식으로 표현한다.

[라면의 한계효용/라면의 가격] = [김밥의 한계효용/김밥의 가격] = [튀김의 한계효용/튀김의 가격] = [순대의 한계효용/순대의 가격] = [떡복이의 한계효용/떡복이의 가격]

끝으로 희귀한 것은 반드시 경제적 가치를 가진다는 희소성(고센의 제3법칙)의 법칙이다. 한계효용균등의 법칙을 설명하기 위해서는 한계효용의 개념과 함께 재화의 가격이 전제되어야 한다. 가격은 수요와 공급의 법칙에 의한 경제적 가치(economic value)의 측정수단이다. 희소성(scarcity)은 인간의 모든 욕망을 충족시키기에 그 어떤 것도 충분할 수 없음을 의미한다.

따라서 희소성은 필연적으로 경쟁을 동반한다. 인간의 욕망은 끝이 없고, 원하는 것이 한정 되어 있기 때문이다. 그런데 경제적 가치가 전혀 없는 것을 위해 경쟁하는 경우는 없다. 즉, 희소한 것은 반드시 경제적 가치를 가진다. 이것이 고센의 제3법칙이다.

고센의 법칙이 현실에서는 종교적인 가치를 지배하는 경우도 있다. 소를 성스러운 대상으로 숭배하는 인도가 쇠고기 수출국 세계 1위에 등극했다. 미 CNN 방송은 2014년 세계 최대 쇠고기 수출국은 인도라고 보도했다. 미 농무부(USDA)에 따르면 인도는 브라질, 호주와 같이 상대적으로 쇠고기 산업이 더 확립된 공급자들보다 쇠고기 수출량에 있어 우위를 보였다. 인도는 총 208만2000톤의 쇠고기를 수출해 1위에 올랐으며 브라질

이 190만9000톤으로 2위, 호주가 185만1000톤으로 3위를 차지했고, 4위 미국은 116만7000톤으로 현저히 낮은 수출을 기록했다. 13억 인도 인구의 80%가 따르는 힌두교는 소를 성스러운 존재로 숭배한다. 때문에 소를 도살하는 행위는 인도의 대부분의 주에서 금지됐으며, 숭배 대상인 일반 소를 도살할 경우 실형이 선고된다. 그럼에도 인도가 타 국가들보다 쇠고기 수출량에 앞서는 이유는 버팔로(물소) 때문이다. 인도의 쇠고기 수출 중 대부분은 물소들로 이루어진다. 물소는 미 농무부(USDA)에서 소의 일종으로 분류되며 인도의 소 도살 금지법에 해당되지 않는다. 인도의 물소 고기는 보통 쇠고기보다 더 쫄깃쫄깃하고 값도 더 싸다. 보통 아시아, 중동권과 같은 국가들의 수요가 큰 편이다. 인도는 비교적 싼 물소 고기 가격으로 국제 시장에서 가격 경쟁력이 높아지고 효율성 증대로 도살이 늘어나면서 호주·브라질 등을 제치고 세계 최대 쇠고기 수출국가로 부상했다. 이처럼 인도 쇠고기 무역 고속 성장하며 현재 쌀보다 더 높은 수출액을 인도에 안겨 주고 있다. 작년 인도의 물소 연 수출액은 총 48억 달러로 45억 달러의 연 수출액을 기록한 쌀을 앞섰다. 한편 인도 쇠고기 주요 수출국은 베트남을 선두로, 말레이시아, 이집트, 사우디아라비아이며, 특히 베트남에는 매년 40%의 인도 쇠고기가 수출되고 있다. 쇠고기 최대 소비국인 중국 또한 인도 쇠고기의 주요 수출 공략지 중 하나이다. 이러한 현상이 발생하는 가장 큰 이유는 고센의 1법칙과 2법칙이 주변국들에게 적용되기 때문에 발생한 현상으로 볼 수 있다.

21. 결심중독 [RAS : Resolution addiction syndrome]

자신의 지난 행동을 합리화하고 죄책감을 피하기 위해 습관적으로 결심하는 사람들에게서 보이는 증상으로 자주 결심과 실패를 반복하다 보면 중독이 된다. 무슨 계획이든 내일부터라고 생각하는 사람은 대부분 실패한다. 결심중독에 걸리는 이유는 다음부터라는 자가당착에서 벗어나지 못하기 때문이다. 그래서 결심중독에 빠진 사람들은 끊임없이 결심한다.

결심만으로도 나쁜 습관이 모두 사라진 것 같고 결심하고 나면 마음이 편해지니까. 심리학자 최창호가 쓴 『결심중독』이라는 책을 보면 결심중독에 빠진 사람들은 '타조'와 같다. 타조는 사자에게 쫓겨 압박감을 느낄 때 더 빨리 달리기 위해 노력하는 게 아니라 멈춰 서서 모래에 얼굴을 처박아 버린다. 모래 깊숙이 머리를 박고 자신을 쫓던 사자가 보이지 않기 때문에 사자로부터 탈출했다고 착각한다. 당장 적이 보이지 않아 타조는 안도하지만 이내 따라온 사자에게 처참하게 잡아먹히는 것은 순식간이다. 타조가 머리를 박고 사자를 못 본다고 해서 사자가 사라지는 것은 아니기 때문이다. 결심중독에 빠진 사람들도 마찬가지이다. 결심한다고 해서 자신의 나쁜 습관이 고쳐지는 게 아닌데 결심만으로 지금까지 가지고 있던 나쁜 습관들이 고쳐졌다고 믿는다. 어떤 계기로 인해, 무언가 결심을 했다면 결심을 유지하기 위해 최선을 다해야 한다. 지켜지지도 않은 결심으로 자기 자신을 위로하는 사람은 모래에 머리를 박은 타조처럼 언젠가는 사자에게 잡아먹힐 것이다. 타조가 사자로부터 벗어나는 유일한 방법은 모래에 머리를 박는 것이 아니라 뒤 따라오는 사자를 잊지 않고 전력질주 하는 것이다. 자신의 나쁜 습관으로부터 벗어나는 유일한 방법은 결심하는 것이 아니라 결심을 시작해서 나쁜 습관으로부터 최대한 빨리 벗어나는 것이다. 결심은 끝이 아니라 새로운 시작이고 매번 새로이 결심하는 것이 아니라 한번 결심한 것을 끝까지 지키는 것이다. 조직 경영에 있어서 자신의 결심을 끝까지 유지하고 지속하는 것 역시 매우 중요한 부분이다. 경영학에서 중요시하는 3대 요소는 종업원, 고객, 주주 이익이다. 이 가운데 어느 것을 최우선으로 하는지는 경영자의 중요한 선택 항목이다. 대부분은 '고객이 왕이다'라는 말에서 유추할 수 있듯이 고객 제일 주의를 내세운다. 하지만 조금만 고민해서 생각해 본다면 3대 요소는 서로 밀접하게 맞물려 있다는 것을 알 수 있다. 예를 들어 종업원들이 기업에 만족하여 생산성을 향상시키고 제품의 품질을 높인다면 고객들은 당연히 이 회사의 제품을 망설임 없이 구매할 것이며 매출 증가는 주주에게 배당할 수 있는 이익의 증가로 연결된다. 이러한 실제 사례는 주변의 식당에서 쉽게 볼 수 있다. 음식을 주문했을 때 친절한 종업원의 서비스와 응대는 다시 찾게 되는 가게로 기억되고 단골이 많아지면 음식점은 번창할 것이다. 미국의 한 기업 CEO가 신입 사원 최종 면접에서 이런 질문을 했다. "3개월 동안 했던 농담 가운데 가장 재미있었던 것을 얘기해 나를 웃겨 보세요" 면접에서 이런 질문을 한 이유는 '조직은 재미있어야 한다'라는 사우스웨스트 항공의 허브 켈러허 회장의 경영 철학 때문이다. 그는 웃음과 유머가 넘치는 조직 분위기는 직원들의 만족도를 높이고 자발적인 참여와 창의력을 이끌어 낼 수 있다고 생각했으며, 종업원이 행복하고 만족하여 밝은 에너지가 충만할 때 최고의 서비스를 고객들에게 제공할 수 있으며, 행복은 느낀 고객은 다시 그 회사를 찾게 되므로 결국은 주주를 행복하게 할 수 있다는 신념 때문이다. 실제로 그는 스스로 오찬장에서 엘비스 프레슬리로 변장해 웃음바다를 만들기도 했으며, 리더의 권위를 내던 지고 웃음을 회사에 퍼트려 '신바람 나는 직장' 분위기를 이끌어 내는 경영을 펀(FUN)경영을 추구하였다. 사우스웨스트항공은 저가 항공임에도 불구하고 '고객 불만이 제일 적은 항공사', '시간을 잘 지키는 항공사' 등의 순위에서 매년 1~2위를 차지하고 있다. 무려 44년 동안 연속 흑자를 기록하는 진기록도 세우고 있다. 1967년 켈러허 회장이 중고 보잉 737기 3대로 저가 항공사를 창업했을 때 주위에서는 그를 비웃었다. 초창기에는 사업에 어려움을 많이 겪기도 했지만 켈러허 회장은 자신의 신념을 굽히지 않았고 오히려 끊임없이 종업원들의 처우 개선과 복지 증진을 위해 노력했다. 2001년 911 테러가 발생하여 미국의 모든 항공사들 실적이 바닥일 때에도 이 회사만은 흑자를 기록하였다. 그는 포춘지와의 인터뷰에서 어머니의 교훈이 평생의 가르침이 되어 종업원을 고객처럼 여기는 사우스웨스트 항공 정신의 기본이 되었다고 말했다. 기업을 만든 것은 사람이다. 그래서 기업의 경쟁력은 사람이다. 그 사람은 소모품이 아니다. 자산(Asset)이자 원천(Resource)이다. 기업이 위기에 처했을 때 가장 먼저 떠올리는 것은 인력 감축이다. 위기 상황에 필요한 것은 소모품을 제거하고 새로운 경영 정책을 세우는 것이 아니라 똘똘 뭉쳐 어려움을 극복하고자 하는 기업 문화를 발전시키고 유지하는 것이다. 그러기 위해서는 평소에 노사가 끈끈한 유대감을 가지고 있는 기업 문화를 형성시키는 일이 중요하다.

22. 쿠바드 증후군 [Couvade syndrome]

아내가 임신했을 경우 남편도 입덧, 요통, 체중 증가, 메스꺼움과 같은 육체적·심리적 증상을 아내와 똑같이 겪는 현상을 말한다. '쿠바드(혹은 꾸바드)'라는 말은 '알을 낳다'라는 뜻의 프랑스어 'couver'에서 유래된 말로 쿠바드 증후군이라는 용어는 영국의 정신분석학자인 트리도우언(Trethowan)이 사용한 것이다. 이 증상은 남성이 여성의 눈치를 봐야 되는 모계사회나 처가살이가 보편적인 집단에서 많이 발생한다. 남편으로서 고통받는 아내의 어려움을 정신적으로 분담하려는 의도도 있겠지만, 남편이 아내 및 아내 혈족의 울타리 안에서 아내 뱃속에 있는 아이의 아버지가 자신임을 주위로부터 인정받으려는 욕구, 엄마가 양육권을 독점하는 것을 막으려는 의도 등이 극단적으로 표출된 것이라 볼 수도 있다.

지구촌에 남아 있는 쿠바드 풍습으로 남아메리카 원주민 사회의 남성은 아내의 임신 말기와 출산 직후의 잡다한 금기사항을 지켜야 하고, 아마존 북서부 위토토족 남성은 자식이 태어나기 전까지 고기를 먹지 않거나 사냥 무기에 절대 손을 대지 않는 관습을 실천한다. 이는 출산한 아내와 동일한 상태의 환경을 조성하여 아내의 고충을 이해하고 산후 급격히 떨어진 면역력에 대처하고 정상적인 부부 간의 관계를 조절하여 산모를 보호하고 태어난 후손을 보호하기 위한 일련의 조치들로 이해된다. 이와 비슷한 의도로 한국의 경우 평안도 박천이라는 지방에서 '지붕지랄'이라는 풍습이 있었다. 부인이 진통을 시작하면 남편은 지붕 위에 올라가 비명을 질렀다. 마침내 아내가 아기를 낳으면 남편은 고의적으로 지붕에서 굴러 떨어졌다.

2007년, 영국의 브레넌 박사(Dr. Arther Brennan)는 임신한 아내를 둔 남성

282명을 대상으로 연구를 진행하였다. 이 증후군은 임신 3개월에 가장 심각하며 점차 약해지다가 임신 말기가 되면 다시 심해지는 특징이 있다. 생물학적으로 쿠바드 증후군을 겪는 남성들은 양육과 젖샘을 자극하는 프로락틴의 수치가 높아지고, 성욕을 자극하는 테스토스테론 수치는 급격히 떨어진다. 이는 임신한 여성이 분비하는 페로몬에 의해 남성의 신경화학물질이 변화된 것이다. 예비 아빠들은 복통, 구토, 체중 증가, 허리 통증 등의 심리적·신체적인 변화를 경험했다. 이러한 증상은 간혹 출산 때까지 계속되기도 했다. 어떤 남성은 아내가 진통이 시작되자 자신도 엄청난 진통을 느꼈다고 말했다.

고용노동부에 따르면 한국 남성의 육아 휴직은 2008년 이후 매년 50%씩 증가 추세라고 한다. 이러한 현상은 쿠바드 증후군으로 인해 발생된 것이 아니라 정부 정책의 영향으로 남녀의 육아에 대한 고통을 분담함으로써 가사 노동에 대한 효율적인 해결 방안을 모색하고자 한 것이다. 하지만 다른 한편으로는 아이에 대한 아버지들의 사랑의 표현이 과거보다는 더 자유롭고 적극적으로 변했다고 볼 수 있다. 과거 가부장적 문화에서 아버지는 자녀 양육에 관심이 없고 무관심하다고 여겨졌지만, 쿠바드 증후군으로 볼 때 남성 인간의 본능은 그렇지가 않다고 본다. 표현의 방법과 정도의 차이가 있겠지만 아버지라고 불리우는 남성들은 태생적으로 표현에 익숙하지 못하다. 고대사회에서는 목숨을 걸고 사냥을 해야 했으며, 중세사회에서는 부족을 지키기 위해 목숨을 걸고 싸워 왔으며, 현대 사회에는 돈을 벌어 가족을 부양하기 위해 목숨을 걸고 직장을 지켜 왔다. 그들이 자녀 사랑에 대한 애정이 기본적으로 없을 수가 없다. 다면 그 사랑을 지키고 유지하기 위해 자신의 목숨을 걸고 근본적인 위협과 위험에 대한 방어에 몰두하다 보니 본능적인 표현을 할 시간이 부족해지고 그러다 보니 표현의 방법에 서툴러질 수밖에 없었다. 사실 사랑에 대한 표현을 누가 가르쳐 주었다면 아니 대대로 전통적으로 내려오는 관습이 있었다면 그 방법은 아주 진화되고 진보된 방법으로 후손에게 전달되었을 것이다. 마치 사냥에 나가서 죽지 않고 먹잇감을 잡아 오는 방법이나, 전투에 나가서 이기는 방법, 직장에서 버려지지 않는 방법을 알고 있는 것처럼. 아버지라는 부류는 자식을 사랑하지 않는 것이 아니라 그 사랑하는 마음을 제대로 전달할 수 있는 방법을 모르는 것뿐이다.

23. 스마일마스크 증후군 [Smile Mask Syndrome]

밝은 모습을 보여야 한다는 생각 때문에 감정이나 화를 제대로 발산하지 못해 발생하는 숨겨진 우울증으로 겉으로는 웃지만 속은 울고 있는 '숨겨진 우울증'이다. 정도가 심하면 자살까지 시도하게 되며, 인간의 기본적 욕구가 감소되는 등의 증상이 나타난다. 일반적으로 업무 혹은 인간관계로 인한 스트레스와 억압으로 인해 발생하며, 주로 연예인, 세일즈맨, 직장인들에게 나타나는 가면성 우울증이다. 그래서 마음속에 있는 화를 숨기고 어떤 상황이든 웃을 수밖에 없는 직업을 가진 서비스직에 종사하는 대부분의 사람들은 '스마일마스크 증후군'을 겪는다. 이 증상이 심해지면 자살을 시도하게 될 수도 있고, 장기간 방치하면 회사도 집도 다 팽개치고 어디론가 사라지고 싶다는 충동을 느끼는 '정신 가출 증후군'이라는 새로운 증후군을 얻을 수도 있다.

취업포털 사람인에 따르면 직장인 41%가 스마일마스크 증후군에 시달리고 있는 것으로 조사됐다. 업무를 하면서 쌓인 스트레스로 우울하지만 대인관계를 위해 억지로 웃어야 하는 항공기 승무원, 판매원, 전화상담원

등 감정노동자들에게서 빈번하게 나타나는 것으로 알려졌다. 그래서 'GS칼텍스'는 '마음 이음 연결음' 캠페인을 통해 사람들의 마음을 움직이고자 하였다. 대표적 감정노동직인 전화상담원은 하루에 수십 번 언어폭력과 갑질 등에 시달리고 있으며 이러한 문제를 해결하기 위해 과거에는 전화상담 업무의 어려움을 강조하는 내용이 대부분이었다. 그러나 '마음 이음 연결음'은 통화를 기다릴 때 나오는 연결음에 상담원의 아버지, 남편, 자녀들이 "사랑하는 우리 엄마가 상담드릴 예정입니다, 잠시만 기다려 주세요"라는 멘트가 흘러나오도록 했다. 말 한마디의 효과는 대단했다. 이 프로젝트가 시행된 후 상담원들의 스트레스는 70%에서 25%로 감소했으며 고객들로 존중받는 느낌이 든다고 답한 상담원은 0%에서 25%로 크게 늘었다.

스마일마스크 증후군을 극복하려면 우선 자신이 처한 현실을 받아들이는 자세와 거절이 필요한 경우에는 당당히 거절할 수 있는 자신감이 필요하다. 또 스트레스를 풀 수 있는 취미나 운동을 시작하고, 과중한 업무를 잠시 접어 두고 여행을 떠나는 등 휴식을 취하는 것도 좋다. 가족이나 친구에게 마음을 터놓고 도움을 청하는 것도 하나의 방법이고, 최후의 수단은 전문의에게 상담받고 약물치료에 들어가야 한다. 그러나 현실의 치유는 쉽지가 않다. 처해진 환경이 절박하고 주위의 교우관계가 힘들며, 금전적인 여유까지 어렵다면, 극단적인 선택으로 내몰리는 경우가 허다하다. 가장 필요한 건 무엇보다 자기 자신에 대한 사랑이다. 누군가를 위해 내몰려진 현실에서 자신에 대한 사랑이 없다면 자신감이 없을 것이고 결국 삶의 동력조차 메마르기 때문이다. 한마디의 말보다 단돈 십만 원이 더 절실해지는 세상에서 지금 당장의 십만 원을 벌기 위해 자신에 대한 사랑을 포기하기보다는 시간이 조금 걸리더라도 1년 뒤에 백만 원을 벌기 위해 지금의 나를 사랑하는 것이 필요하다.

* 스마일마스크 증후군 자가 테스트

매우 그렇다-3점, 그런 것 같다-2점, 가끔 그런 것 같다-1점, 전혀 그렇지 않다-0점

번호	질문	0점	1점	2점	3점
1	나는 인생에 실패자라는 생각이 든다.				
2	나의 미래는 비관적이다.				
3	내 일에 죄책감이 든다.				
4	나로 인해 잘못이 시작되었다.				
5	내 삶이 만족스럽지 않다.				
6	나는 슬프다.				
7	자살을 생각해 본다.				
8	오직 나에게만 관심이 있다.				
9	타인과 비교 시 나는 못났다.				
10	내가 실망스럽다.				
11	화가 난다.				
12	집중이 안된다.				
13	의욕이 없다.				
14	쉽게 피로하다.				
15	건강에 자신이 없다.				
16	식욕이 없다.				
17	몸무게가 줄어든다.				
18	불면증이 있다.				
19	눈물이 난다.				
20	내 자신이 싫다.				

- 20문항 각각의 점수를 합계하여 도출된 값의 결과는 아래와 같다.

0~10점 : 우울증 증세 없다. / 11~20점 : 약간 우울증이 있다. / 21~30점 : 우울증. / 30점 이상 - 병원 진료 필수.

24. 파랑새 증후군 [Bluebird syndrome]

　벨기에의 극작가 모리스 마테를링크(Maurice Maeterlinck)의 동화 '파랑새'는 남매인 치르와 미치르가 베리뉴느 할머니의 아픈 딸이 병이 낫고 행복하게 하기 위해 행복을 가져다준다는 파랑새를 찾으러 험난한 여행을 떠나지만 끝내 파랑새를 찾지 못하고 돌아온다. 그러나 아침에 잠에서 깬 다음 그토록 찾아 다녔던 파랑새는 집 안에 있었다는 내용이다. 이 증후군은 빠르게 변하는 현대 사회에 발맞추지 못하고 현재의 일에는 흥미를 못 느끼면서 미래의 막연한 행복만을 추구하는 병적인 증상을 말한다. 한 직장에 안주하지 못하고 여기저기 옮겨 다니는 젊은 직장인들 사이에서 많이 발생한다. 삼성경제연구소의 연구 결과에 따르면 학력 수준과 맞지 않는 '하향 지원'을 하거나, 전공과 적성보다는 일단 취업하고 보자는 '묻지마 지원'을 한 신입 사원일수록 파랑새 증후군을 더 잘 겪는다고 발표했다. 이 증후군을 겪는 사람은 현실에 만족하지 못해 불만 가득한 나날을 보내며 스스로 스트레스를 받으며, 결혼 생활에 있어서도 자신이 그려 왔던 상상과 현실이 맞지 않으면 결국 포기하고 다른 이상을 찾아 떠나는 현상도 한 예라고 할 수 있다. 조직에서 이 증후군에서 벗어나려면 내 일에서 만족하는 방법을 찾아 실천해 보는 게 좋다. 자신의 강점을 활용해 일에 대한 재미를 찾고, 목표를 공유하고 성장을 자극해 줄 사람을 찾으며, 직장에서 믿을 수 있고 속 마음을 터 놓을 수 있는 수 있는 동료, 선배, 친구를 찾아서 함께 대화를 하거나 공통된 취미 활동을 하는 것이 좋다. 결혼 생활의 경우 배우자와 하루에 1시간씩 대화를 하되 무조건 들어 주고, 이해해 주고, 동의해 주는 방식을 취한다면 개선될 여지가 있다. 현대의 병은 사람과의 관계 속에서 발생하는 '마음의 병'이 대부분이다. 열등감, 상대적 박탈감 등의 강박관념은 내가 원하는 승리를 가져오는 것이 아니라 내가 원하지 않는 패배를 불러온다. 이것은 악순환이 반복되기 때문이다. 누구나 자신의 개성이 있고 각자의 재능이 다르다. 상대방에게 인정받고 더 높은 금전적, 사회적 지위를 원한다면 100미터 달리기에서 상품이 놓인 단상을 향해 달려가는 것이 아니라 결승선을 향해 달려가야 되는 것처럼 필요한 부분을 얻기 위해서는 지금을 인내하고 참고 견디며 시간을 투자해서 궁극적으로 올라서고자 하는 정상으로 향해 가야 된다.

臨淵羨魚不如退而結網(임연선어불 여퇴이 결망)라는 말이 있다. '연못가에서 물고기를 보고 부러워하느니 그 고기를 잡기 위해 그물을 만들어라'라는 말이다. 즉, 앉아서 헛되이 행복을 바라기보다는 실질적이고 직접적으로 행복을 얻을 수 있는 방법을 강구하라는 말이다. 이 말은 '淮南子(회남자) 說林訓(설림훈)'에 나오는 말로 같은 내용의 말이 '漢書(한서) 董仲舒傳(동중서전)'에도 있다. "못에 가서 고기를 부러워하는 것이, 물러나 그물을 만드는 것만 같지 못하다." '文子(문자) 上德篇(상덕편)'에는, "강에 가서 고기를 욕심내는 것이 돌아와 그물을 짜는 것만 같지 못하다"고 했다.

25. 노시보 효과 [Nocebo Effect]

노시보(Nocebo)는 라틴어로 '당신을 해칠 것이다'라는 말로서, 의사의 말이 환자에게 부정적인 감정이나 기대를 유발하여 아무런 의학적 이유 없이 환자에게 악영향이 발생하는 현상을 말한다. 예를 들면 전문의가 '이 약을 먹으면 배가 아플 것입니다'라고 말하면 환자는 그 약이 아무런 효과가 없을지라도 실제로 배가 아플 것이라고 믿는 것이다. 보스톤의 Brigham & Women's Hospital의 한 정신과 의사는 노시보에 대한 논문에서 치료의 부작용이나, 일어날지 모르는 약의 부작용에 대한 '환자의 예상'이 치료 결과에 매우 심각한 영향을 준다고 보고했다. 34명의 대학생에게 그들의 머리 위로 전류가 지나가며(실제로는 전류가 흐르지 않았다) 그 전류가 두통을 일으킬 수 있다는 말을 했더니, 그중 2/3 이상이 두통을 호소했으며, 옻나무에 알러지가 있는 청소년들에게 눈을 가리고 밤나무 잎를 문지르면서 옻나무 잎이라고 말하자 몇 분 후, 팔이 빨갛게 변하고, 군데군데 발진이 생겼다. 대부분의 경우에 실제 옻나무와 접촉한 팔은 거의 반응하지 않았다. 또다른 연구에 따르면, 심장병에 걸리기 쉽다고 믿고 있는 여성이 그렇지 않은 여성에 비해 동일한 위험인자를 가졌음에도 불구하고 사망률이 4배나 높았고, 수증기를 마시는 천식 환자에게 수증기에 화학 자극제나 알러지 성분이 있다고 말했더니, 절반 이상의 환자가 호흡 곤란을 일으켰으며, 12명에게서는 전형적인 천식 발작이 일어났다. 이러한 현상은 전문가의 말을 맹신하는 경향이 강할수록 크게 작용한다. 대중들은 특정 분야의 전문가라는 사람들의 이야기를 동조하는 성향이 있다. 주식 분석가들의 부정적인 기업 보고서에 부하뇌동 하여 주식을 처분한다거나, 컨설턴트들의 평가에 의해 부동산 등을 매각하는 현상을 쉽게 볼 수 있다. 기업 현장에서는 전문가라고 자칭하는 경영 컨설턴트들의 보고서에 대하여 '세상은 빠르게 변하는데, 미리 짜 놓은 계획만 적용하기를 우기면서 바쁜 현장 사람들에게 보고서만 생산해 내기를 강요하는 일'

이라는 비판을 한다. 경영 전략의 이론과 기법들은 유명 컨설팅 업체의 고위직 연봉의 원천이며, 뻔한 결론을 꾸미는 데 필요한 어려운 용어들의 나열에 불과하다고 생각되기 때문이다.

그도 그럴 것이 생산과 영업 현장의 목소리가 솔직하게 반영되지 않은 우아하고 장대한 전략 계획이 사내 정치의 꼼수에 쓰이는 일이 곳곳에 많이 있고 이것을 내실 없는 포장만 그럴싸한 컨설팅 보고를 적용하여 망한 회사도 제법 많다. 사실 경영 전략의 주요 내용이 널리 알려지면서 이제는 강·약점 분석(SWOT)을 활용한 전략 계획이나 블루오션 같은 내용은 기업 현장에서는 일상 용어가 됐다. 이런 개념들은 사실 하늘에서 뚝 떨어진 '델피의 신탁[7]'도 아니어서 사업 확장이나 신규 사업 진출을 위한 비법 문서로 쓰이기보다 홍보 자료를 꾸미는 데 쓰일 때가 많다. '핵심 역량'이 대표적인 예로, 잘되면 핵심 역량을 제대로 분석한 것이고 망하면 핵심 역량을 벗어났기 때문이라고 한다. 핵심 인재와 자금력이 핵심 역량이라고 주장하지만 사실 경영학의 기본 개념에는 '좋은 사업에는 사람과 돈이 모인다'는 가정이 있다. 니틴 노리아 하버드대 교수와 로버트 에클스 하버드비즈니스스쿨 교수의 연구에 따르면, 정보통신의 발달에 따라 기업 조직이 수평적으로 바뀌고 의사 결정의 단계도 줄어든다는 연구를 진행하던 중 조직의 적나라한 현실은 '이론적 기대'와 달리 크게 달라지지 않았다는 것을 발견했다. 그래서 아예 연구의 기본 방향을 바꿔 '전략 계

---

7) 델피는 아폴론 신전이 모셔진 파르나소스산(Parnassos, 2,200m)의 신탁(神託-신들의 명령)으로 중국의 신탁이 거북이 등을 태워서 나타난 형상으로 해석했다면 델피의 신탁은 시문이나 참나무잎의 소리나 조각상 머리의 끄덕임 같은 암시, 물고기의 헤엄 등으로 애매하게 나타났다고 전한다.

획, 구조 조정, 조직 구조 개편, 사업 포트폴리오' 등의 이론이 기업 현실을 우아한 말로 포장하는 수사적 역할을 수행하며, 이러한 언어가 행동과 정체성을 이끄는 실천적 의미를 가질 수도 있다는 결론을 제시했다. 헨리 민츠버그 캐나다 맥길대 교수는 전략 계획이 오히려 실제로 일하는 사람의 생각을 의사 결정에서 배제하는 관료제적 도구가 돼 버리는 점을 지적한 바 있다.

만병통치약이라고 주장하는 약이 대부분 사기이고 요란하게 포장한 과자가 먹을 것 없듯이 경영 전략의 개념과 기법도 환상은 금물이다. 우아한 말에 휘둘려 쓸데없는 짓이나 잔뜩 벌이면 곤란하지만 제대로 들어맞는 곳에 필요한 만큼 쓰면 도움이 된다. 그럴듯한 말이라고 비난하기 전에 그런 말이 갖는 힘도 인정해야 한다. 전략 계획이 억지로 짜 맞춘 숫자로 사람들을 얽매는 짓이 될 수도 있지만 창의적 생각과 행동이 경영자의 전략 방향과 통합해 가는 과정으로 쓰인다면 제 나름의 역할을 하는 셈이다.

26. 티핑 포인트 [Tipping Point]

예상하지 못한 일이 한꺼번에 몰아닥치는 극적인 변화의 순간으로 어떤 상황이 처음에는 천천히 진행되다가 어느 순간 갑자기 모든 것이 급격하게 변하기 시작하는 순간을 뜻한다. 예를 들어, 인기가 없던 제품이 어떤 일을 계기로 폭발적인 인기를 끌게 되는 극적인 순간이 바로 티핑포인트다. 말콤 글래드웰[8]은 "티핑포인트"란 예상하지 못한 일들이 갑자기 폭

---

8) 「티핑 포인트」 말콤 글래드웰(Malcolm Gladwell) 21세기북스: 1963년 9월 3일생으

발하는 바로 그 지점을 일컫는다고 묘사했는데, 그의 책이 베스트셀러가 되면서 이 용어도 함께 유명해졌다. 티핑 포인트는 사회적 유행, 대박상품, 베스트셀러, 성공 브랜드 등 소위 '뜬 것' 뒤에는 모두 티핑 포인트를 충족시키는 전략이 있으며, 이 모든 것들이 놀랍게도 최소한의 노력, 비용, 시간으로 해결될 수 있음을 설명하였다. 여기서 티핑 포인트란 어떤 아이디어나 경향, 사회적 행동이 바이러스처럼 순식간에 전염되는 마법의 순간을 의미한다. 책에서 소개하는 티핑 포인트를 완성시키기 위한 3가지 법칙은 '소수의 법칙', '고착성 요소', '상황의 힘'이다. 첫 번째, '소수의 법칙'은 커넥터(Connector), 메이븐(Maven), 세일즈맨(Salesman)[9]으로서

로 2008년 월스트리트저널지 선정 세계에서 가장 영향력 있는 경영사상가 10인으로 선정되었으며 1996년 워싱턴 포스트 뉴욕 지부장 등을 역임하였다.
9) 사회적인 유행은 특별한 소수의 능력에 의해 좌우된다. 사회적인 유행을 일으킬 수 있는 소수의 사람은 단지 몇 단계만 거치면 지역 내의 거의 모든 사람들과 연결될 수 있고, 인간 상호 간을 서로 이어 주는 커넥터의 역할을 수행한다. 사회학자인 마크 그라노베터(Mark Granovetter)는 어떤 제품이나 아이디어가 커넥터와 좀 더 밀접해질수록 큰 힘과 많은 기회를 가질 수 있다고 한다. 수백 명의 전문직 종사자, 기술자와 인터뷰한 결과, 56%가 개인적인 연고, 18.8%가 스카우트를 통해, 20% 정도가 취직 시험을 통해 직장을 잡았다. 개인적인 연고로 직장을 구한 사람들 대다수는 자신에게 직장을 소개해 준 사람과 "약한 유대 관계"를 갖고 있었다. 직장을 구하려고 다른 사람들과 접촉했던 사람들 중 오직 16.7%만이 좋은 친구처럼 자주 만났다고 대답했고, 55.6%는 그들과 접촉한 사람을 간혹 만났고 28%는 어쩌다 드물게 만났다. 이들 소수는 제품에 관한 많은 정보를 가지고 있는 메이븐이다. 메이븐은 제품, 가격 등에 관한 많은 정보를 가지고 있고, 입 선전으로 유행시킬 만한 지식과 경험이 있다. 이들 메이븐은 자기 문제를 해결한 그 경험을 가지고 다른 사람의 문제를 풀어 주고 싶어 하고, 다른 사람의 문제를 해결함으로써 자기 자신의 정서적 요구를 해결한다. 예를 들어 호텔에 관한 정보를 필요로 하는 자에게 자신이 제공해 준 정보에 의거하여 호텔방을 빌린다는 생각을 함으로써 충족감을 느낀다. 메이븐을 다른 사람과 구별시켜 주는 것은 그들이 알고 있는 지식보다는 오히려 그런 지식을 어떻게 전파하는가에 달려 있다. 메이븐은 남을 돕는 것을 좋아하기 때문에 메이븐이 되는데 이런 사람의

의 탁월한 재능을 가진 극소수의 사람들의 입소문을 통해 메시지가 전파됨을 뜻하며, 유행이 전파되는 시발점이다. 두 번째 '고착성 요소'는 메시지를 사람들의 머릿속에 효과적으로 기억시키는 특수한 방식이다. 고착성 있는 메시지가 되기 위해서는 우선 타깃의 적극적인 참여를 유도하고, 간결한 메시지를 반복해야 하며, 타깃의 눈높이에 맞춰 메시지를 알려야 한다.

세 번째 '상황의 힘'은 사람들 주변 환경의 특수하고도 비교적 사소한 요소들이 티핑 포인트로 가능함을 말한다. 즉, 인간의 성질은 특정한 상황에 의해 영향 받을 수 있으며, 그들이 처한 직접적 상황의 세부적인 것들을 변화시키는 것으로도 행동에 강력한 영향을 미칠 수 있다는 점이다. 티핑 포인트의 성공 사례로 스포츠 신발 회사인 에어워크를 꼽을 수 있다. 초기 스케이트보더란 한정된 영역에서 불과 수년 만에 서핑, 스노우보딩, 마운틴바이킹까지 사업을 확장하며, 단기간에 나이키와 아디다스에 뒤이은 세계 3위 기업으로 자리매김했다. 불과 1~2년 만에 미국 남부의 평범한 회사에서 세계적인 기업으로 도약할 수 있었던 계기는 기발한 마케팅 전략에 있었다. 에어워크는 유행에 민감한 청년들 사이에 불붙기 시작한 혁신적 아이디어를 포착했으며, 그들이 형성한 하위문화가 주류문화에서 유행할 수 있는 가능성을 주기적으로 검증했다. 이 과정을 통해 전염성이 있다고 판단된 아이디어나 흐름들은 간소화, 정교화

도움은 다른 사람의 주목을 집중시키는 데 대단히 효과적이다. 이들 소수는 사람을 설득하는 능력과 방식에 있어서도 탁월한 능력을 가지고 있어 세일즈맨이라 불린다. 세일즈맨은 사람들이 정보에 관해 긴가 민가 미심쩍어할 때 능수능란하게 설득하고, 자기 의견에 동조하도록 하는 에너지, 열과, 호감이 있다.

된 광고 메시지 및 혁신적인 제품으로 전환되었고, 이는 곧 청년문화에서 유행하는 새로운 트렌드와 절묘하게 맞아 떨어져 에어워크가 세계적 브랜드로 단기간에 발돋움하는 데 결정적 역할을 했다. 그러나 에어워크의 성공은 오래가지 못하였다. '혁신적인 사람이 신는 신발을 다수에게 전파한다'는 티핑 포인트의 전략을 '주류의 제품을 주류에게 전달한다'로 변경했기 때문이다. 유행 선두주자의 의견을 등한시하고 혁신적이지 못한 제품을 만들면서 에어워크는 그저 흔한 수많은 신발 브랜드의 하나로 전락했다. 티핑 포인트는 무엇보다 '변화의 힘'에 대한 믿음을 강조한다. 사회를 움직이는 일련의 현상 뒤에 깔린 점화력의 원리만 깨우친다면, 또 그것을 행동에 옮길 추진력만 있다면 누구나 큰 변화를 일으킬 수 있다는 것이다.

27. 스월 효과 [Swirl effect]

연소실 속에서 흡입 때 생기는 소용돌이 현상을 말하는데, 스월이 적당한 크기로 되면 착화 상태가 좋아지고 연소 효율이 향상된다. 연료와 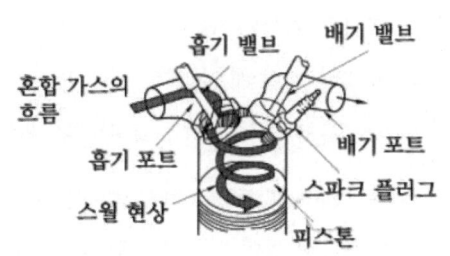 공기가 잘 혼합되도록 하여 연소의 효율성을 향상시키는 작용을 말한다. 이해하기 쉽게 우리는 천연 음료수를 먹을 때 부유물이 음료수 바닥에 가라앉아 있으면 흔들어 먹는 습관이 있다. 이는 음료수와 천연 액기스가 잘 배합되도록 하기 위함이다. 마찬가지로 스월 효과는 연료와 공기가 잘

배합되도록 흔들어 주는 효과를 말한다.

연료든 사업이든 잘 섞여 제대로 작용을 하게 되면 효율성이 증가하는 것은 마찬가지이다. 그래서인지, 전혀 어울릴 것 같지 않은 기업들이 공동으로 업무를 추진하는 현상이 많다. 맥주 회사인 하이트진로와 호텔 예약 대행사인 호텔스컴바인은 공동으로 마케팅을 하였다. 양사는 맥주 이름과 호텔스컴바인 캐릭터 이름이 '맥스'로 동일하고 배우 박서준이 모델로 활동 중인 점, 주요 타깃이 여름 휴가족이라는 점에 착안해 공동 마케팅을 기획하였다고 한다. 이탈리아 명품 브랜드 펜디는 휠라와 협업을 선보였는데 두 브랜드들의 영문명이 알파벳 F로 시작되는 것에 착안해 핸드백, 티셔츠 등 펜디 컬렉션 아이템 중 일부에 휠라 고유의 F로고 디자인을 접목시켰다. SPC그룹도 버거 브랜드 쉐이크쉑과 '분더샵'의 스니커즈 전문 매장인 '케이스스터디'가 협업 마케팅을 진행하였다. 게스홀딩스코리아는 동화약품의 '부채표 활명수'와 협업 캡슐 컬렉션을 선보였으며 에이션패션의 캐주얼 브랜드 '프로젝트엠'은 영화 〈스타워즈〉 콜라보레이션 컬렉션을 선보였다. 여성복 브랜드 올리비아하슬러는 해태제과 '부라보콘'과 손을 잡고 'Bravo! 올리비아 하슬러' 시리즈를 출시했다. 이종 브랜드 간의 협업은 소비자들에게 보다 신선하고 재미있는 경험을 제공해 브랜드 선호도에 긍정적 효과와 친숙한 이미지를 전달해 줄 수 있다.

　수백 년 전에 만들어진 거대한 만리장성이 지금껏 무너지지 않고 버틸 수 있는 비결은 '밥풀'에 있다. 바로 과거 만리장성의 돌과 돌을 붙일 때, 찹쌀 죽을 쒀서 돌 사이에 발랐다는 것이다. 이러한 주장을 펼친 곳은 중국 문화 유적 보존 및 복원 연구소이며 최근 보수 공사를 하며 알게 되었다고 한다. 연구소 측은 보수 공사 중 얻은 의미불명의 접착 물질을 연구한 결과 찹쌀과 동일하다고 밝혔다. 재미있게도 밥풀이 무거운 돌들이 오랜 기간 잘 붙을 수 있는 역할을 했다는 것이다.

28. 아도니스 증후군 [Adonis syndrome]

아도니스는 미의 여신 아프로디테의 사랑을 한 몸에 받았고 죽어서는 아네모네가 되었다는 그리스 신화 속 미남의 상징으로 외모를 중시하는 사회 풍조에 따라 타인에게 인정받고 매력 있는 사람이 되기 위해 남성들도 외모에 관심을 갖게 되면서 나타난 현상이다. 2001년 하버드 의대교수 해리슨포프가 처음 사용한 용어로서 그는 심각한 신체 변형공포증을 겪는 300만 명 이상의 미국 남성이 아도니스 증후군에 빠졌다고 밝혔다. 아도니스 증후군의 가장 핵심은 '내 외모가 잘생겼으면 사람들은 날 우러러 대하겠지?', '내 외모가 멋지면 난 행복할 거야'라고 생각하는 것이다. 그래서 이 증상이 있는 남성은 외모에 집착한 나머지 자신보다 잘생긴 사람을 보면 질투와 부러움에 두통을 겪기도 한다. 하지만, 인간관계나 인생의 모든 잣대와 기준을 외모로 잡는 것은 결코 옳지 않은 일이다. 기업은 외모에 가장 많은 신경을 쏟아 부어야 된다. 특히, 기업 경영자의 이미지는 한국 사회의 중요한 화두이며, 아름답게 가꾸어야 될 필수 요소이다. 기업 총수와 대표는 곧 그룹의 얼굴이자 브랜드이기 때문이다. 그래서 총수의 언행 하나하나는 어떤 광고나 캠페인보다 그룹 이미지에 결정적 영향을 끼친다. 수많은 종사자들을 이끄는 그들에게는 법과 윤리, 그리고 사회적 책임에 대한 각별한 의식이 필요하다.

일본 모리나가제과(森永製菓) 제품인 '밀크 카라멜 우유'를 남양유업이 주문자상표부착생산(OEM) 방식으로 생산했다. 1910년 설립된 모리나가제과는 일제강점기 때 일본군에 '전투식량'을 제공한 업체로 '전범기업'이다. 전쟁 당시 이 회사는 '모리나가 도시락'이라는 이름으로 해외 침략

에 나서는 일본군에 식량을 조달했다. 모리나가제과는 뿐만 아니라 앞장서서 '독도 강탈'을 노리는 아베 신조(安倍晋三) 총리의 부인 아베 아키에(安倍昭惠) 여사의 외가기업으로도 '유명'하다. 남양유업은 차 음료인 '17차'의 경우 일본에서 1993년부터 판매된 '16차'를 모방했고 '맛있는 우유'는 아예 일본 메이지유업(明治乳業)이 판매한 '맛있는 우유(おいしい牛乳)'와 이름이 똑같다. 심지어 포장 디자인도 유사하다. 그런데 아이러니하게도 남양유업 오너 일가는 수많은 독립운동가, 민족 지사를 배출한 집안 출신이다. 고(故) 홍두영 명예회장이 1964년 설립했고 2010년 작고한 뒤 장남인 홍원식 회장이 회사를 물려받았다. 이들이 속한 남양홍씨 당홍계는 김좌진 장군과 함께 청산리전투를 승리로 이끈 홍범도 장군, 천도교 대표로 3.1독립 선언 민족 대표 33인에 참여해 건국공로훈장 복장이 수여된 홍기조·홍병기 선생 등을 배출한 '독립 운동 집안'이다. 그런데 홍원식 회장은 2013년에는 대리점에 대한 '밀어내기(강매)·욕설' 갑질 파문이 발생해 소비자들에게 외면당했다. 남양유업은 급기야 '맛있는 우유 GT 슈퍼밀크' TV광고에서 자사 브랜드를 의도적으로 숨기는 전략까지 내놓고 있다. 이익을 위해 선진기업의 경영 전략을 벤치마킹하는 것도 좋은 수단이지만 기업의 이미지와 소비자들의 정서를 전혀 고려하지 않는다면 기업 경영의 본질적인 의도는 무색해지고 회사의 이미지에 먹칠을 하고 손실만 보게 될 것이다. 무분별한 외모 지상주의는 지양(止揚)되어야 할 현상이자 극복해야 될 병이지만 국민들에게 긍정적인 기업의 외모를 보여 주는 것은 기업으로서 당연히 지향(志向)해야 될 의무이자 책임이다.

29. 카우보이 자본주의 [Cowboy capitalism]

특정 기업이 소비 시장에 혁명을 일으킬 수 있는 제품 개발에 성공하여 모든 소비자들이 그 제품만을 구매하게 된다면, 그 기업은 그 시장의 지배자가 된다. 하지만 그 기업과 비슷한 제품을 생산했던 기업들은 품질, 원가 등에 뒤처져 시장에서 빠르게 사라지게 된다. 이렇게 되면, 그 제품의 시장은 특정 기업의 독점 시장이 되어 자본주의 자유 경쟁이 사라지게 될 수도 있다. 그러나 뒤처질 것으로 예상했던 기업이 또다른 제품으로 혁명을 만들면, 이 독점 시장이 붕괴될 수도 있다. 이론적으로 시장의 진입 장벽을 세우지 않는 이상 독점기업은 치열한 경쟁기업으로 인해 존재할 수 없다. 그래서 시장의 선두기업은 치열한 혁신을 해야 지속적으로 생존할 수 있다.

경제학자 슘페터[10]는 외견상 독점이라도 독점 사업자가 수시로 교체되기 때문에 치열한 경쟁이 벌어지고 있다고 말한다. 그래서 정당한 경쟁 결과로 얻은 독점적 지위를 존중하고 승자독식을 허용하는 미국의 제도를 '카우보이 자본주의'라고 한다. 참고적으로 시장 경쟁의 승자가 라이벌 기업들의 명맥은 지켜 주어야 한다는 유럽식 경쟁에 대한 사고방식을 신사 간 경쟁(Gentlemen's competition)이라고 칭한다.

---

10) Joseph Alois Schumpeter : 1906년 이래 하버드대학 교수로서 미국경제학계에서 활약한 금세기의 대표적 경제학자 중의 한 사람이다. 그는 자본주의 경제의 발전 과정은 본질적으로 동태적인 과정이며, 혁신기업가의 행동을 기축으로 하여 전개되는, 비연속적이고 그 원동력은 경제체계 안에 내재되어 있다는 의미에서 내생적이라 보았다.

경쟁에서 이긴 기업이 새로운 독점 사업자로 군림하는 일이 반복되면 시장은 독점 사업자가 공급을 독점하는 것처럼 보인다. 2008년 금융위기는 수익을 얻기 위해 물불을 가리지 않고 모든 것이 허용되었던 '카우보이 자본주의'의 폐해를 적나라하게 보여 준 최악의 상황이었다. 코틀러[11]는 이런 자본주의가 진정한 자본주의를 망친다고 주장하면서 자본주의가 본질적으로 빈곤층을 위해서는 거의 무익한 것이나 마찬가지이고, 소수(상위 1%)를 위해서만 엄청난 소득과 부를 창출할 수밖에 없다고 주장하였다. 그래서 그는 정부의 적절한 규제와 개입을 지지한다. 또한 그는 "뇌물과 부패는 경제 성장을 지연시키고 민주주의에 걸림돌이 된다"고 지적하였다. 정직한 기업과 시민은 사업과 통상 업무를 처리하기 위해서 급행료를 지불하는 등 불필요한 대가를 치러야 한다. 그 결과 효율적·합리적 거래가 실종되고, 자원 배분의 왜곡 현상이 일어난다. 부패한 경제 체제는 결국 중산층을 붕괴시키고, 빈곤층을 더욱 나락에 빠뜨리는 승자독식의 '카우보이 자본주의'(cowboy capitalism)를 초래할 가능성이 높다고 주장하였다.

현재 이 커머스(전자상거래) 업체들은 손해를 감수하면서도 시장점유율을 높이기 위한 '치킨게임'을 벌이고 있다. 출혈 경쟁으로 쿠팡·위메프·티몬 등 소셜커머스 '빅3'의 2017년을 기점으로 모두 완전 자본 잠식 상태에 빠졌다. 쿠팡은 회사 설립(2013년) 이후 5년간 총 1조 8,570억 원

---

11) Philip Kotler : 드폴 대학에서 학사, 시카고 대학에서 석사, 매사추세츠 공과대학에서 박사학위를 받았다. 노스웨스턴 대학교 켈로그 경영대학원의 교수이다. 현대 마케팅의 1인자로 알려져 있으며, 《파이낸셜 타임즈》에서 뽑은 비즈니스 그루에 잭 웰치, 빌 게이츠, 피터 드러커에 이어 4위에 선정되기도 하였다.

의 적자를 냈다. 위메프는 2011년부터 7년간 총 3,381억 원의 적자를 기록했다. 티몬도 같은 기간 4,288억 원의 누적 적자를 기록했다. 이들 소셜 3사는 회사 설립 후 단 한 번도 흑자를 낸 적이 없다. 이들은 적자를 버티지 못한 업체가 모두 쓰러진 후 온라인 유통시장을 독식하겠다는 전략이다. 그러나 대기업이 막강한 자금력을 바탕으로 온라인 시장에 본격 진출하며 승자독식 가능성이 더욱 멀어지고 있다. 롯데·신세계 '유통 공룡'이 온라인 시장에 공격적인 투자를 예고한 데 이어 SK그룹의 11번가가 5,000억 원 투자 유치를 하였다. 롯데·신세계·SK 대기업 3사가 예고한 이 커머스(전자상거래) 투자 금액은 총 4조 5000억 원에 달한다. 주요 이 커머스 업체들의 자본이 잠식된 상황에서 자금이 풍부한 대기업이 '쩐의 전쟁'에 합류하며 지각 변동이 예고되고 있다.

30. 플리바게닝 [사전형량조정제도, Plea Bargaining]

이 제도는 주로 미국에서 많이 실시되는 협상으로 피고 측이 유죄를 인정하거나 관련 증언을 하는 대가로 형량을 경감하거나 조정할 수 있게 한 제도이다. 우리나라에서는 이 제도를 실시하지 않고 있다. 그렇지만 기소의 활성화를 위해 검사의 재량을 인정하는 기소독점주의[12] · 기

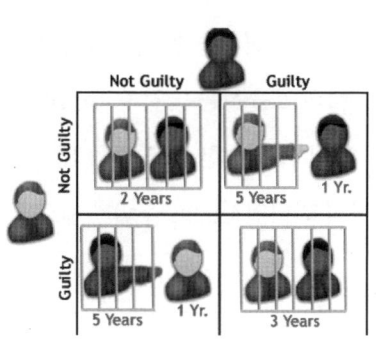

---

12) 공소를 제기하고 수행할 권한을 검사가 독점하는 것.

소편의주의[13]를 채택하고 있어 플리바게닝이 암묵적으로 행해지고 있다. 미국에서 플리바게닝은 법원과 관할 지역에 따라서 다르지만 일반적으로 체포에서 배심원 평결 전까지 언제든 가능하다. 법적 성격은 협상이기 때문에 재판의 확정적인 효과가 발생하기 전까지 얼마든지 가능하다. 무죄를 주장하던 피고인은 재판을 진행 중 언제든 플리바게닝을 위한 유죄 답변을 할 수 있으며, 검사는 피고와의 협상 결과를 법원에 승인을 받아야 되기 때문에 법원이 승인하기 전까지는 번복이 가능하다. 뉴욕주의 경우 수사가 개시된 형사사건 중 90% 정도가 플리바게닝이 사용되고 있다. 문제는 허위진술로 무고한 사람을 억울한 피해자로 만들 수 있고 효율성을 중시한 나머지 절차상 진실을 밝혀야 되는 사건을 너무 쉽게 처리해 버리는 경향이 있다는 것이다. 그리고 수사에 협조했다는 이유로 범죄자를 감경 또는 면제해 주는 것은 사법 정의를 훼손하는 것이며 검찰의 권력 남용이 우려되는 부분이 있다. 하지만 운영의 이점을 살린다면 죄수의 딜레마와 같이 수사에 필요한 정보를 쉽게 얻어 낼 수 있는 협상이 가능하며, 공범자의 진술을 통해 숨어 있는 거대한 악의 무리를 척결할 수 있으며, 수사의 효율성을 높일 수 있다는 것이다.

국내의 비슷한 제도는 독점규제 및 공정거래에 관한 법률(공정거래법)상의 리니언시(leniency)[14] 제도가 있다. 가격담합행위에 있어 자진 신고

---

13) 수사 결과 공소를 제기함에 충분한 혐의가 인정되고 소송 조건도 구비된 경우라 할지라도 검사가 재량에 의해 공소를 제기하지 않고 불기소처분을 할 수 있는 원칙.
14) 담합행위를 한 기업들의 자진 신고를 유도하는 자진 신고자 감면제 담합 사실을 처음 신고한 업체에게는 과징금 전액을 면제해 주고, 2순위 신고자에게는 과징금의 절반을 면제해 준다.

자에 대해서는 과징금을 감경 또는 면제할 수 있도록 인센티브를 부여하는 제도다.

31. 시그모이드 곡선 이론 [Sigmoid Curve]

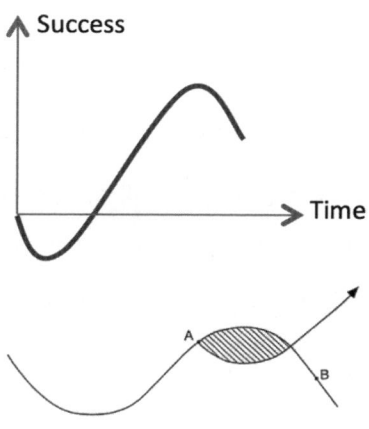

시작과 끝이 있는 모든 것은 도입기, 성장기, 성숙기, 쇠퇴기를 거치게 된다. 이런 과정을 수학 이론에서 시그모이드 곡선이라는 용어로 생명주기 곡선 또는 S커브라고 한다. 성장곡선은 도입기에는 느린 속도로 움직이지만 일단 성장 궤도에 진입하면 빠른 속도로 움직이다가 성숙 단계에 이르면 다시 속도가 느려진다. 여기서 새로운 동력을 찾지 못하면 소멸하고 만다. 이 곡선에는 두 번의 위험이 도사리고 있다. 첫째는 도입기와 성장 사이에 있는 특이점(Singular point)이며 두 번째는 성장기와 성숙기 사이에 있는 변곡점(Inflection point)이다.

특이점이란 스위치를 On-Off 할 때처럼 사느냐, 죽느냐의 갈림길로 상품에 따라 차이가 있으나 대략10%대를 가리킨다. 성장곡선은 처음 10%의 사람들이 상품을 수용할 때까지는 뜸을 들이지만 일단 특이점을 통과하면 빠르게 상승한다. 변곡점이란 성장기와 성숙기 사이에 존재하는 점으로 성장세가 둔화되기 시작하는 시점을 가리킨다. 이 시기에 새로운 성장 동력을 얻지 못하면 쇠퇴하고 만다. 이 두 번의 위기를 넘기는 기업만

이 지속적인 성장이 가능하다.

대표적인 예로 자동차는 1886년에 발명되어 1900년부터 본격적으로 보급되기 시작하였다. 14년이 지난 후에 10%의 가정에 보급되었지만, 그 후 14년간은 나머지 90%의 가정에 보급될 만큼 폭발적으로 성장하였다. 찰스 핸디[15]는 그의 저서 『포트폴리오 인생』에서 이 곡선의 장점은 단선이 아니고 여러 개의 선들이 계속 추가될 수 있다는 것이다. 즉 변화하는 삶을 반영할 수 있고 현대인들의 삶을 더 잘 나타내는 것이다. 이 그래프에서 중요한 부분은 빗금친 부분이 존재하는 것이며, 삶의 특정 시점에서는 그 동안 살아온 삶의 방식, 직업 등을 정리하는 기간이 존재한다는 것을 인식하고 그 기간을 거치면서 사람은 또 다른 성장된 삶을 살 수 있다고 지적하였다. 그래서 찰스 핸디는 그의 또다른 저서 『코끼리와 벼룩』에서 미래 시대는 자신만의 포트폴리오로 승부하는 프리랜서의 시대라고 언급했다. 20세기 고용문화의 큰 기둥이었던 대기업은 이제 직장인들의 희망이 되지 못한다. 이제 직장인들은 코끼리들의 세계에서 벗어나 벼룩처럼 제 혼자 힘으로 살아가야 한다고 강조하였다. 그래서인지 그 역시 자유를 얻기 위해 안정을 버리고 모험의 세계로 자신을 이끌었던 사람으로, 목사의 아들로 자라 다국적 석유 회사인 셀에서 근무하다 그만두고 런던경영대학 교수를 지냈지만 비교적 안정된 교수직을 버리고 49세 때부터 책 쓰고 강연하고 방송하는 프리랜서가 된 사람이다. 그의 표현에 따르면 그는 대기업을 상징하는 코끼리의 한 조직원으로 살기를 포기하고 자유로운

---

15) Charles Handy는 조직 행동과 경영을 전공한 아일랜드의 작가이자 철학자이다. 핸디가 발전시킨 아이디어 중에는 포트폴리오 워커(portfolio worker)와 샴록 조직(Shamrock Organization)이 있다.

벼룩이 되어 사는 사람으로 벼룩은 '본인이 창업한 회사의 대표자가 아니라 자신을 대표하는 독립된 인격'이라고 하였다.

32. 활주로 이론 [Theory of the runway]

육중한 무게의 비행기가 이륙하기 위해서는 양력이 비행기의 중력보다 커져야 한다. 양력은 날개의 구조, 추진력, 활주로를 달리는 거리와 시간에 따라 다른데, 날개의 구조가 동일하다고 가정하면 추진력에 활주로를 달린 시간의 제곱을 곱해서 계산할 수 있다. 기종에 따라 다르지만, 보통 점보 여객기라면 260~300Km/H 정도의 속도로 1,800m 정도를 달려야 이륙에 필요한 양력을 얻을 수 있다고 한다. 그래서 비행기가 이륙하기 위해서는 첫째, 일정 속도 이상이어야 하고, 둘째, 일정 거리/시간 이상 질주해야 한다. 이것은 완전 조건이어서 두 가지 중 어느 하나가 조금만 모자라도 비행기는 이륙하지 못하게 된다. 활주로 이론은 아무리 오랫동안 달려도 일정 속도 이상이 아니면 이륙에 필요한 양력을 얻을 수 없으며, 아무리 빠른 속도라도 일정 거리 이상을 달리지 않으면 날 수가 없는 것이다. 쉽게 풀어 쓰면, 비행기가 활주로를 이륙하기 위해서는 일정한 속도(집중력)과 일정한 일정한 거리(시간)가 필요하다. 일화로 에디슨이 전기에 이어서 축음기를 발명하고 있을 당시 많은 다른 발명가들 역시 축음기의 발명에 도전하고 있었지만 에디슨을 제외하고는 모든 사람들이 중도에 발명을 포기하고 말았다. 마침내 에디슨이 축음기를 발명했다는 소식이 전해지자 중도한 포기한 발명가들이 "그때 조금만 더 노력했으면 내가 먼저 축음기를 발명했을 텐데"라고 하였다. 물을 넘치게 하는 것은 마지막 한 방울이다. 그래서 실패한 사람들의 99%는 처음부터 잘못되어 실패한 것이 아니라 대부분 성공의 고지를 눈앞에 두고 포기한 사람들이다. 따라서 사업도 시험도 꿈에 대한 열정도 모든 일에는 도전은 하고 있지만, 어느 수준 이상을 집중하지 않으면 안 되고, 집중적으로 도전한다고 해도 절대 시간 이상의 노력이 없다면 좋은 결과를 기대할 수 없다. 아주 작지만 성공하는 습관을 가지기 위해서라도 우선 순위를 정하고 목표에 대한 성취도를 부여하고 계속해서 성공을 이루며, 포기하지 않고 집중하여 도전을 한다면 그 도전은 성공이라는 열매가 될 것이다.

33. 펜스 룰 [Pence Rule]

미국 부통령인 마이크 펜스가 2002년 당시 미국 의회 전문지 '더 힐' 인터뷰에서 아내가 아닌 다른 여성과는 단 둘이 식사하지 않고, 아내 없이는 술자리에 참석하지도 않는다고 말한 발언에서 비롯된 용어다. 이는 성추행 등 문제가 될 수 있는 행동을 사전에 방지하기 위해 아내 외의 다른 여성들과는 교류를 하지 않겠다는 의미를 담고 있다. 2018년 초부터 국내는 물론 전 세계에서 자신이 당한 성폭력을 고발하는 미투 운동이 빠르게 확산되자, 성추행 사건을 사전에 차단하기 위한 '펜스 룰'이 확대되고 있다. 셰릴 샌드버그 페이스북 최고운영책임자(COO)는 2017년 2월 6일 "미투 운동의 영향으로 성희롱을 한 몇몇 권력층 남성들이 직장을 잃었고 일부 남성들은 '펜스 룰'을 따르는 선택을 했다."고 지적했다.

이러한 움직임은 버스나 지하철 등 사람이 밀집한 공공장소에서 두드러지게 드러난다. 남성들은 두 손을 가슴에 모으고 있거나, 에스컬레이터에서 여성 뒤에 서지 않는 방법 등을 이용하여 자신만의 '펜스 룰'을 만든다. 혼잡한 대중교통의 경우 의도치 않게 신체가 접촉하거나, 승객들에게 떠밀려 추행으로 의심받을 만한 상황이 발생할 수 있기 때문에 '펜스 룰'은 혹시 모를 오해에 대비하여 자신을 방어할 수 있다는 점에서 유익할 수 있다. 미국 메이저리그 선수들을 대상으로 하는 성교육도 '펜스 룰'을 따르고 있다. 메이저리그 구단들은 매년 스프링캠프 때 여성을 어떻게 상대해야 하는가를 교육한다. 교육 내용은 간단하다. '목격자가 없는 곳에서는 절대로 여자와 단 둘이 있지 말라, 어떤 일이 벌어졌을 때 증인이 돼 줄 사람이 반드시 있어야 하기 때문이다.' 실제로 유명 구단의 스타 선수는 경기 후 뒤늦게 선수 전용 주차장에서 팬으로 보이는 여성이 다가와 악수를 청해 악수를 해 줬다고 한다. 이후 악수를 한 여성이 성추행 혐의로 고소를 해 버렸고 재판을 해도 약자인 여성을 상대로 벌어진 사건이고 증인도 없어 합의로 마무리했다.

 곽금주 서울대 심리학과 교수는 이를 '성양극화' 현상이라고 진단했다. 곽교수는 "과거에는 남성과 여성이 서로에게 호감을 느끼고 부족한 점을 보완하며 함께 살아가야 하는 존재로 인식했다면, 현재는 이성끼리 서로를 생존에 해가 되는 존재로 인식하기 시작했다"고 분석했다. 여성의 정치·경제·사회적 지위가 올라가면서 남성과 여성이 경쟁 상대로 자리매김했기 때문에 남과 여로 양극화된 것이다. 한국언론진흥재단 미디어연구센터가 여성·남성혐오 인식에 대해 20~50대 성인남녀 천 명을 대상으로 온라인 설문 조사를 한 결과, 응답자의 80.7%가 '심각하다'고 답했다. 사실, 미투(#Me too·나도 당했다) 운동 바람이 분 이후, 직장 내 '펜스 룰'이 확대됐다. 특히 사원 수가 적고, 남녀 사원 간 직접적인 접촉이 많은 중소기업에서 이 같은 현상이 자주 발생한다. 직장인 익명 커뮤니티 팀블라인드가 전국 직장인 4,915명을 대상으로 실시한 설문 조사에 따르면, "미투 운동 후 회사에 달라진 것이 있는가"라는 질문에 설문 대상자 32%에 해당하는 1,570명이 "펜스 룰이 생겼다"고 답했다. 직장 내 남사원들은 성폭력 가해자로 지목받지 않기 위해 여사원들과 회식을 하지 않고 업무 지시도 전화와 메신저로 하는 등 접촉을 최소화하고 있다. 하지만 사원 수가 적은 중소기업의 경우, 업무 관련 대화가 직접 소통으로 이뤄지는 경우가 많아 여사원들이 펜스 룰로 인해 업무 참여 기회를 잃는다는 비판이 제기된다. 하지만 남자 사원들은 혹여 오해의 소지를 만들까 봐 매순간 조심할 바엔 아예 여사원들과 부딪치지 않는 것이 낫다는 입장이다.

전문가들은 마땅한 성폭력 예방책이 없다 보니 잘못된 예방 방식을 택하는 분위기라며, 펜스 룰이 남녀고용평등법, 근로기준법을 위반할 수 있다고 지적했다. 현행 남녀고용평등법 제7조에 따르면 채용 과정에서 남녀를 차별할 경우 500만 원 이하의 벌금형을 받게 된다. 또 근로기준법 제6조엔 남녀의 성을 이유로 차별적 대우를 하면 500만 원 이하의 벌금에 처한다고 규정돼 있다.

III. 불혹(不惑)

불혹이란 미혹(마음이 흐려지도록 무엇에 홀림)되지 않는다는 말이다. 마흔이면 세상의 모든 일에 대하여 시비분변(是非分辨)을 할 수 있고 감정 또한 적절하게 절제할 수 있는 나이이므로 쉽게 미혹되지 않는다는 것이다. 그래서인지 40이라는 숫자는 성서에서 특별한 의미를 지닌 숫자이다. 창세기에는 비가 40일 동안 밤낮으로 내려 대홍수를 일으켰으며, 모세는 40일 동안 시나이 산에서 신과 함께 있었고, 히브리 노예들이 이집트를 탈출해 가나안의 새 터전에 도착하기까지는 40년이 걸렸다. 골리앗은 40일 동안 이스라엘 군대를 괴롭혔다. 사울, 다윗, 솔로몬은 각자 40년 동안 왕으로 재위했고 선지자 엘리야는 황야로 가서 40일 동안 까마귀들이 가져다주는 음식을 먹고 살았다. 요나서에서 니네베 시는 40일 동안 회개했다. 예수는 세례를 받은 뒤 황야에서 40일 동안 지내면서 사탄의 유혹을 받았다. 또 예수는 부활한 뒤 40일 동안 세상에 있다가 승천하였다. 구약성서의 율법에 따르면 죄인은 40대의 채찍을 맞게 되어 있었다 (하지만 세다가 틀릴 수 있다는 우려 때문에 39대만 때렸다).

하지만 현실은 가정에서 조직에서 사회에서 미혹되는 나이 같다. 무엇이든 잘 할 수 있을 것 같았던 혈기왕성한 20대를 보내고 정신없이 바쁘게 30대를 보낸 뒤 문득 40의 문턱에서 정말 잘하고 있을까 하는 의문과 잘해 왔을까 하는 의문은 미혹되게 만드는 마법과 같다.

34. 기저 효과 [Base effect / 基底效果]

기저란 '기초가 되는 밑바닥'이란 뜻으로 '비교를 할 때 기준으로는 삼는 특정한 지점'을 말한다. 그래서 기저 효과란 특정 시점의 경제 상황을 평가할 때 비교의 기준으로 삼는 시점에 따라 주어진 경제 상황을 달리 해석하게 되는 현상이다. 예를 들어, Gold의 가격이 2010년에는 200,000원, 2020년에는 150,000원이고 현재 가격이 170,000원이라고 한다면, 기준 시점을 2010년으로 잡으면 현재 Gold 가격이 15% 떨어졌고, 기준 시점을 2020년으로 설정하면 현재 Gold 가격이 13% 올랐다고 평가할 것이다. 기저 효과는 의도된 통계적 착시 현상으로 비교 대상의 선택에 따른 결과의 왜곡 현상이다. 인플레이션율, 경제 성장률, 기업 수익률 등 다양한 경제·경영 지표와 관련될 수 있다. 그래서 신문의 경제 기사를 읽을 때, '작년 대비 올해 매출액이 O% 증가했다.', '전월 대비 이달 수출액이 O% 감소했다.'라는 내용의 비교 시점이 언제인지 인지하여야 한다. 실제 장바구니 물가는 올랐는데 TV에서 발표하는 '채소 가격이 작년보다 O% 떨어졌다.' 등의 기사는 비교되는 전년도의 채소 가격이 너무 높았기 때문에 기저 효과가 나타난 현상으로 볼 수 있다. 그렇다면 기저 효과가 경제 현상을 왜곡하는 부정적인 영향만 있는 것은 아니다. 경제 침체 시 가뜩이나 경제 활동이 위축되어 있는데, 속속 암울한 경제 지표만 계속 발표되면 더욱더 우울해질 것이다. 경제 주체는 필요 이상으로 더 허리띠를 졸라 매어 자칫 경제를 질곡으로 몰아갈 수 있다. 경기 회복을 조금이라도 앞당기기 위해서는 경제 주체의 소비와 투자가 필요하다. 이렇듯 이전에 받은 학교 점수가 50점인 학생이 분발하여 새로운 시험에는 60점을 받았다면 그 학생에게 20%의 성적 향상을 치하하며 지속적으로 공부를 하게 자극을 주기 위한 동기 유발 효과도 발생할 수 있고 반대로 과거 100점을 받은 학생에게 새로운 시험에서 90점을 받았다면 10% 성적 하락을 이야기할 수도 있다. 그러나 우리는 '엄친아'로 대변되는 잘못된 비교를 조심해야 된다. 엄친아를 들먹이는 이유는 그 아이와 같은 행동이나 결과를 원해서일 것이다. 하지만 우리가 간과하고 있는 불편한 진실은 세상에는 '늘', '항상', '영원히' 같은 불변의 진실은 없다. 일순간 우리 아이의 잘못이 영원한 잘못도 아니며, 단편적인 이웃 아이의 우수함이 항상 그렇지는 않다는 것이다. 더욱이 이러한 접근 방식은 오히려 부작용만 발생시키게 된다. 비교의 대상이 잘못되거나 비교의 시점이 잘못된다면 우리에게는 그 대상에게 좋지 않은 기분과 감정을 줄 수 있기에 좀더 공정하고 올바른 인식을 가지고 대화를 하는 것이 좋겠다. 심리학에서는 이와 같은 현상을 반사 효과[16](basking in reflected glory)라고 부른다. 그리고 반사 효과와 반대되는 차단 효과[17](cutting off reflected failure). 반면에 마케팅에서는 반사 효과를 통해 수익을 창출할 수 있다. 예를 들어 타이거 우즈를 전면에 내세워 그가 입는 티셔츠를 입으면 마치 그와 같은 실력의 골프를 칠 수 있을 것이라고 생각하고 많은 소비자가 그와 동일한 의류를 구매한다. 실제로 2000년도 우즈가 나이키 공을 사용하기 시작하면서 볼 시장 점유

---

16) 경제 지표를 산출할 때 기준 시점과 비교 시점의 상대적인 위치에 따라서 그 결과값이 실제와 다르게 나타나는 현상. 지난해 실적이 크게 악화된 것이 다음 해 실적 상승률을 높이거나 지난해 실적이 특정 상황에 의해 매우 좋아 다음 해 실적 상승률이 낮아지는 현상 따위로 나타난다.
17) 주위의 실패나 부정적인 평가와 관련되는 것을 애써 외면하려는 심리적인 현상.

율이 1%에서 6%로 성장하기도 했다. 또한 2002년 나이키 드라이버로 바꾼 뒤 마스터스와 US오픈에서 연속 우승하면서 성장 가속도가 붙기도 했다. 그러나 영원한 엄친아는 없다. 우즈의 스캔들로 인하여 그의 반사 효과를 볼 수 없었던 나이키는 결국 2016년 골프사업에서 철수하였다.

35. 맥거핀 효과 [MacGuffin Effect]

맥거핀이라는 말은 스코틀랜드의 사자 잡는 도구를 이르는 말이다. 그러나 재미있는 점은 스코틀랜드에는 사자가 없다. 서스펜스 영화의 거장 알프레도 히치콕으로부터 유래한 맥거핀 효과는 영화에서 중요한 것처럼 등장하지만 실제로는 줄거리와 전혀 상관없이 관객들의 주의를 분산시키기 위해 사용하는 극적 장치 혹은 속임수를 말한다. 맥거핀(스코틀랜드인의 이름에서 차용)은 1940년 알프레도 히치콕 감독이 자신의 영화 해외특파원에서 별 의미 없이 사용한 암호명이었다. 알프레도 히치콕의 1959년작 〈북북서로 진로를 돌려라〉에서 영화 초반 등장하는 사나이에 관객들은 집중을 한다.

'조지 캐플런'이란 인물로 미스테리한 사건의 열쇠를 쥔 인물로 등장하며 관객들에게 호기심과 긴장감을 유발하며 사라지는 캐릭터로서 영화의 중요한 단서를 제공할 인물처럼 보이지만 결과적으로 스토리 전개에 아무런 영향을 주거나 영화가 결론에 아무런 기여를 하지 않는다. 그는 영화감독의 맥거핀 효과를 위한 연출이었다. 1960년에 미국에서 개봉한 영화 〈싸이코〉의 초반에서 여주인공이 돈을 훔쳐 달아나는 장면이 나온다. 그리고 돈다발을 신문지에 감싸는 장면을 확대한다. 관객들은 이 돈다발이 영화의 중요한 모티브라고 생각하고 집중하게 되는데 이는 영화의 주요 무대가 되는 모텔로 인도하는 미끼로 이용될 뿐, 영화가 끝날 때까지 그 돈다발에 대한 언급은 일체 없다. 즉, 돈다발은 영화의 주무대로 관객을 이끌고 몰입하도록 가이드 하는 것으로 본연의 임무를 다 한 것이다. 예능 프로그램 출연자가 시청자들에게 가장 관심이 가는 셀럽(celeb)[18]에 대한 이야기를 하고 실제로 출연하지 않지만 언젠가 출연할지도 모른다는 기대감을 증폭시켜 나름의 영향력을 발휘하는 것 역시 맥거핀 효과이다. 영화 〈더 킹〉에 배우 정우성이 "이슈는 이슈로 덮는다."라는 말을 한다. 실제로 정치권이나 경제계에서 큰 문제가 나올 때마다 새로운 이슈가 나타나는 것은 공공연한 현상이다. 과거 성완종 전 경남기업 회장의 금품 제공 리스트가 정치권을 뒤흔든 가운데 스포츠 스타 오승환과 소녀시대 유리의 열애설이 불거졌고, 수지와 이민호의 열애설 역시 마찬가지였다. 이명박 전 대통령의 자원외교 비리 의혹이 제기되자 이날 공교롭게도 초특급 열애 기사들이 쏟아져 나왔다. 인터넷상에서 시선을 잡는 문구들과 사진들은 맥거핀 효과를 활용한 단편적인 예이다. 내용과는 관계가 없는 자극적인 제목의 문구들과 선정적인 사람들은 사람들의 주목을 끌기 마련이다. 예를 들면, '정우성 벗은 사진'이라고 해서 클릭하면 정우성

---

18) Celebrity(유명인)의 줄임말로 누구나 따라하고 싶은 정도의 유명인사 또는 현재 유행을 이끄는 트렌드 등을 의미한다.

의 벗(友)은 사진이라는 식이다. 과거 전두환 정권 시절 한국은 '3S(Sex, Screen, Sports)' 정책으로 국민들을 바보로 만들었다. 이 정책은 포르투칼에서 모방해 온 것으로 과거 포르투갈은 '3F'라는 우민화 정책을 펼쳤다. 1926년 군사 쿠데타로 군인들이 정권을 장악한 포르투갈 정치에 혜성처럼 나타난 경제학과 교수 출신의 살라자르는 철권 독재통치로 무려 36년의 장기집권이라는 엄청난 성과를 달성한다. 장기집권을 하려면 국민들의 정치 무관심이 지속되어야 함을 잘 알고 있었던 그는 3F에 관심을 집중케 했다. Futebol(축구), Fatima(선녀 파티마로 상징되는 종교), Fado(포르투갈인들이 사랑했던 음악 파두) 이 세 가지 'F'에 아낌없는 지원과 투자를 한 결과 국민들은 정치 대신 축구에 온 관심을 쏟고, 정치 대신 종교로 문제를 해결하고, 정치로 억압받는 분노와 슬픔을 파두로 해소하는 데 익숙해진다. 더불어 교육에 대한 투자는 소홀히 함으로써 정치에 대한 국민들의 관심은 물론 비판 능력마저 현저하게 떨어지고 만다. 이러한 시선 돌리기는 한곳에 집중되어 있던 국민의 관심을 해체시키고 본질을 보는 눈을 흐리게 만든다. 물론 의도하지 않았든 의도했든 스포츠, 섹스, 영화 등을 보고 즐김으로써 복잡한 현실을 잊고 짜릿한 즐거움을 느끼면 그만이다. 하지만 단순한 즐거움과 쾌락에 매몰돼 정작 중요한 것을 놓치는 어리석은 짓을 하지 말아야한다.

36. 컬리 효과 [Curley effect]

하버드대 교수 에드워드 글레이저가 2002년 발표한 연구보고서에서 처음으로 제기했다. 디트로이트, 볼티모어 등 미국의 쇠락한 도시마다 민주당 출신 시장들이 수십 년 장기집권한 공통점이 있다. 재분배와 보조금으로 주민들이 정부에 대한 의존이 커질수록 '큰 정부'를 내건 좌파[19] 정치인의 당선 가능성이 높아진다는 얘기다. 정부는 복지 혜택이 늘어 갈수록 쇠퇴했을지 몰라도 기업은 반대의 경우로 가는 경향이 많다. 아울러 취준생들이 입사를 위해 가장 먼저 고려하는 부분이 기업의 복지 혜택이다. 취업포털 잡코리아와 아르바이트포털 알바몬에 따르면 최근 국내 4년제 대학의 재·휴학생 1,531명을 대상으로 취업 선호 기업을 조사한 결과 취업 선호 기업의 선택에 영향을 미치는 요인에 대해서는 '연봉 수준'(59.0%)이라는 응답 비율보다도 '복지 제도와 근무 환경'이라고 밝힌 대학생이 전체의 66.8%로 더 높았다. 잡코리아에서 대학생들을 대상으로 실시한 기업 선호도 조사에서 1위를 차지한 '마이다스 아이티'라는 회사는 14가지의 종업원 복지 정책이 있다. 생일에는 10만 원을 지급해 주고, 자녀는 둘째까지 유치원부터 대학교 등록금 모두를 제공해 주고, 우수 사원에게는 한 달간 포르쉐를 빌려준다. 배달의 민족으로 대표되는 '우아한 형제들'이라는 회사는 "복지는 행복한 삶이다. 그래서 행복한 삶을 살게 해 주려면 행복한 사람들 사이에 있도록 해야겠다. 그러려면 행복한 근무 환경을 만들어야겠다."라는 신조로 직원들이 입사를 하면 프로필 사진을 찍어 주고 식사를 하는 카페테리아 벽에다가 붙여 놓는다. 대부분의 성공하는 기업은 사원들의 행복도가 높기 때문에 이루어질 수 있다. 일부에서는 세계가 경쟁하는 초(超)개방시대로 대기업도 아차 하면 망할 수 있고 지

---

19) 진보적이거나 급진적인 정치관을 갖고 동맹을 맺은 사람이다. 그 명칭은 유럽의 입법기관들이 더 진보적인 당의 의원들을 복도나 의장의 왼쪽에 앉히려 했던 경향에서 비롯되었다.

나친 포퓰리즘은 기업의 생존을 위태롭게 한다는 비평을 하기도 한다. 더욱이 대한민국의 인력시장은 비행 시간 5시간 안에 중국, 베트남 등 수억 명이 잠재적으로 존재하고 있는 풍부한 인력을 가지고 있는 국가이기 때문에 종업원들을 위한 복지 혜택을 경쟁적으로 늘리기보다는 적정선에서 조절하는 것이 좋다는 견해가 지배적이다. 반대의 의견을 제시하고 싶지는 않지만 적당한 기업은 적당한 수준에서 머물러 있는다. 그걸 원하다면 그렇게 시행하면 될 것이다. 하지만 세계적인 기업으로 발돋움하고 싶다면 세계적인 기업의 눈높이에 맞추어 기업을 운영해야 된다. 요구하는 것은 세계적인 기업 수준을 요구하면서 제공하는 것은 중소기업의 혜택을 제공한다면 사력을 다해 근무할 직원은 아마도 없을 것이다. 더욱이 최근의 MZ 세대는 개인주의적 성향이 강하고 자신의 행복을 위해 일을 하고 그 행복을 통해서 비전을 바라보기 때문이다.

37. 카그라스 증후군 [Capgras syndrome or Capgras delusion]

자신의 친구나 배우자 또는 주변인들이 완전히 똑같은 모습으로 분장한 전혀 다른 사람으로 바뀌치기 되었다고 믿는 증상이다. 자신이 겪은 사건에 대한 기억이 왜곡되었거나 전혀 다른 것으로 대체되었다고 믿는 경우도 보고된 바 있으며 심지어 과거의 자기 자신조차 자신과 닮은 다른 누군가로 인식하는 경우도 있다. 이 명칭은 1923년 르블-라쇼(Reboul-Lachaux)와의 공동 논문인 꼭 닮은 것에 대한 환상(l'illusion des sosies)에서 처음으로 언급한 프랑스인 정신과의사 조셉 카그라스(Joseph Capgras)의 이름에서 유래되었다. 캘리포니아주립대 UC산타바버라 심리학과 교수 마이클 가자니가의 책『뇌로부터의 자유』에 등장하는 라마찬드란 교수의 환자의 경우 "우리 아버지랑 똑같이 생겼지만 아버지는 아니에요. 도대체 왜 아버지 흉내를 내려는 걸까요? 어쩌면 아버지가 저를 돌보라고 돈을 주고 사람을 산 건지도 몰라요…"라고 하였으며, 라마찬드란 교수의 책『명령하는 뇌, 착각하는 뇌』에 소개된 사례는 "선생님, 이 여자는 제 어머니를 아주 닮았어요. 그러나 어머니가 아니에요. 그저 내 어머니인 척하는 사기꾼이에요"라고 하였다. 미국 캘리포니아 대학교 신경과학자 라마찬드란 교수의『명령하는 뇌, 착각하는 뇌』책을 보면 카그라스 증후군은 시각 정보와 편도체를 연결하는 회로에 문제가 있어 발생한다고 한다. 가족처럼 아주 가까운 사람조차 쉽게 믿지 못하는 정신 질환인 '카그라스 증후군'은 바람직하지 못한 기업들이 자주 쓰는 현상이다. 가습기 살균제를 생산하여 심각한 피해자를 발생시킨 옥시 레킷 벤키저는 영국에 본사를 두고 있는 다국적 기업으로, PHMG가 쓰인 가습기 살균제를 한국에서만 판매했다. 유럽에는 1998년부터 살생물질이 포함된 제품을 팔 때 제조사가 반드시 제품이 안전하다는 증빙 자료를 정부에 제출해야 하는 바이오사이드 안전관리제도 시행 중으로 EU는 PHMG의 치명적인 흡입독성을 명시한 자료가 보고되어 있어 레킷 벤키저가 이 제품의 독성을 알고 있었다. 옥시는 검찰 수사에서 제품 출시 당시 살균제 성분의 유해성을 몰랐고 "오염된 가습기나 봄철 황사, 꽃가루 때문에 폐 손상이 생겼을 가능성이 있다"는 주장을 하였다. 그러나 검찰은 옥시가 제품 출시에 앞서 국내외 전문가로부터 '흡입독성 실험이 필요하다'는 경고를 들었으나 이를 무시한 정황을 밝혀냈고 1996년 독일의 한 유명 화학회사 부설 연구소 소속 볼프 교수가 보낸 독성 실험 경고 서신도 무시했다.

햄버거병의 시작은 1982년 미국에서 집단 발생한 사고로 당시 속이 덜 익은 패티가 들어 있는 햄버거를 먹고 감염되어 출혈성 설사 사고이다. 2000년 미국 위스콘신주에서도 비슷한 사건이 일어났으며, 감염된 4명 중 3세 어린이 1명은 끝내 사망하고 말았다. 위스콘신 보건부의 조사 결과 아메리칸푸드그룹(American Foods Group)에서 공급한 생고기가 조리 과정에서 오염된 것으로 밝혀졌고, 사망자 유가족을 포함한 피해자들에게 보상금 155억 원이 지급된 것으로 알려졌다. 일본 오키나와 지역에서도 비슷한 사고가 보고된 바 있다. 국내에서도 이와 동일한 사례가 발생했다. 피해자들은 한국맥도날드를 고소했으나 '햄버거와 피해 사이의 인과관계를 입증할 수 없다'는 검찰의 답변을 받았다. 한국맥도날드 관계자는 "인과관계 없음을 인정받았다"며, "그러나 도의적인 측면에서 피해자에게 보상을 하려 했으나 협의가 원만하게 이뤄지지 않아 하지 않았다"고 말했다. 문제는 검찰이다. 햄버거 패티가 설익는 현상이 발생할 가능성을 확인했을 뿐 아니라 막심한 피해를 만들 수 있다는 것을 알면서도 한국맥도날드를 불기소 했으며, 패티 납품사(맥키코리아)가 패티를 오염시켰다는 사실을 한국맥도날드사가 인지했다는 것을 확인하고도 맥도날드 측에 식품위생법상 책임을 묻지 않았다. 또한 한국맥도날드 측의 매뉴얼대로 패티가 구워졌다고 해도 햄버거병 피해를 일으킬 가능성에 대한 전문가들의 의견은 무시했고, 피해 입증은 오롯이 피해자의 몫으로 돌렸다. 지난해 한국소비자원이 시중에 판매되는 햄버거에 대해 위생 상태를 진행한 결과, 불고기버거에서 식중독 유발균인 황색포도상구균이 기준치의 3배 이상 초과 검출됐다. 이에 한국맥도날드는 소비자원의 발표를 막기 위해 법원에 발표 금지 가처분 신청을 하였다. 한편, 햄버거병 사태로 인해 매출이 저조한 한국맥도날드는 제품 가격은 인상하면서 햄버거 빵은 저가형으로 바꾸기도 했다. 똑똑한 소비자는 어리석은 소비를 하지 않는다. 소비자의 안전이 뒷전이라면 언제든 기업은 외면받을 수 있다.

38. 앨리스 증후군 [Alice in Wonderland syndrome]

영국의사 토드(J. Todd)의 1955년 논문에서 처음 언급된 것으로 루이스 캐럴(Lewis Carroll)의 소설(이상한 나라의 앨리스, Alice in Wonderland)에서 주인공 앨리스가 몸이 커지기도 하고 작아지기도 하는 것과 비슷한 현상을 환자들이 호소한 데서 착안한 것으로 처음 이 증후군을 소개한 토드의 이름을 따서 '토드 증후군'이라고도 부른다. 자신의 신체 일부 또는 다른 대상이 실제보다 커 보이거나 작아 보이는 등 지각적인 왜곡이 나타나는 증상을 일컫는 용어이다.

앨리스 증후군은 보통 사랑에 빠지면 걸리게 된다고 하며, 자신이 사랑하는 상대방이 못생겼지만 모든 게 이쁘게 보이는 것처럼 사랑에 빠지면 모든 것이 왜곡되어 보이는 현상과 비슷하다. 그래서인지 2010년 김은숙 작가의 시크릿 가든에서 주인공 현빈은 앨리스 증후군에 걸린 것 같다며 하지원과의 보내는 모든 순간이 동화처럼 느껴진다고 고백하였다. 사람들은 정상적이지 않게 보이는 것을 문제로 인식하고 치유하려고 노력하지만 기업들은 정상적인데 커다랗게 보이려고 노력하는 경향이 있다. 지금도 그렇지만 한국의 기업들은 과거 외형적인 성장을 매출액으로 과시하던 풍조가 있었다. 그래서 실제 판매하는 제품은 작지만 이런저런 명목으로 매출액을 실제보다 부풀림으로써 회사의 크기가 큰 기업처럼 보이게 하였다. 그런데 최근 금융감독원이 적발한 분식회계 사례를 분석한 자료를 보면 기업의 외형을 커 보이게 하기 위한 꼼수로 재고자산·매출·예금 허위계상, 매출 과대계상, 자회사 허위매각 등이 적발되었다. 만들지 않은 제품을 만든 것처럼 허위증빙을 꾸미고 거래처와 공모해 판매하지 않은 제품을 판매한 것처럼 가짜 세금계산서를 발행하였다. 한때 '질소를 샀더니 과자가 따라왔다'는 말이 소비자들 사이에서 유행했다. 실제 내용물은 포장지의 20%밖에 되지 않는데 많은 양이 들어 있는 것처럼 과대 포장을 한다. '제품의 포장재질·포장방법에 관한 기준 등에 관한 규칙'에 따르면 전체 포장의 65~90%를 내용물로 채워야 하고 이중 또는 삼중으로 포장해선 안 되며, 과대포장으로 적발되면 기본 100만 원, 3회 이상 적발 시 최대 300만 원의 과태료가 부과되지만 여전히 과대포장은 진행형이다. 문제는 기업도 제품도 규제는 있지만 실효성이 떨어지기 때문이다. 우선 과태료가 낮으며, 그래도 된다는 기업 주인과 제품 생산자의 인식이 원인으로 꼽힌다.

39. 제3자 효과 [the third-person effect]

제2차 세계 대전 중 태평양 전투에서 일본군은 미군 흑인 병사들에게 일본군은 유색인과 전쟁할 의도가 없으니 투항하라고 선전하였다. 실제 이 전단을 보고 동요를 보인 것은 흑인병사가 아니라 백인장교들로 그들은 그것이 흑인 병사들에게 미칠 영향을 우려하여 급하게 부대를 철수시켰다. 사회학자인 데이비슨은 이 사례를 가지고 대중 매체가 수용자에게 미치는 영향과 관련한 '제3자 효과(third-person effect)' 이론을 발표하였다. 그의 연구에 따르면 1978년 New York주의 주지사 선거 과정에 매스미디어 보도 내용의 영향에 관한 연구 결과 세금을 포탈한 경력이 있는 후보자에 관한 매스미디어의 보도 내용이 다른 사람에게 영향을 줄 것이라고 한 응답자가 48%인데 반하여 나에게 영향을 미친다고 대답한 사람은 불과 6%에 지나지 않았다는 것이다. 미국의 빌 클린턴 대통령의 섹스 스캔들에 대해 7%의 응답자가 매우 흥미있다고 응답한 반면, 50%는 별로 관심 없다고 응답했다. 반면 다른 사람들이 어떤 반응을 보이는지 판단해 달라는 질문에 대해서는 '매우 관심이 있을 것' 21%, '꽤 관심을 가질 것' 49%, '다른 사람들도 관심 없을 것' 18%였다. 리처드 펄로프는 제3자 효과가 발생하는 이유로 첫째, 남보다 자신을 좋게 보는 인간 본성 때문이다. 자신은 미디어 효과로부터 나약하지 않고 다른 사람들은 미디어 효과에 약하다고 가정함으로써 사람들은 자아를 긍정적으로 유지하면서 다른 사람들보다 우월하다는 신념을 재확인하게 된다. 둘째, 예측하기 어려운 사건을 통제하려는 욕구 때문이다. 우리는 우리 자신이 매스미디어로부터 영향을 받지 않는다는 가정하에, 미디어가 점령한 이 세상에 적응하면서 미디어를 이용하고 만족을 얻으며 우리 삶에 미디어를 통합할 수 있다는 것이다.

  이 효과는 어떠한 정보를 취득한 사람들은 나보다 더 그 정보로 인해 많은 영향력을 받을 것이라고 생각하는 현상을 말한다. 예를 들면, 텔레비전에서 방영되는 뉴스 또는 시사 프로그램이 일반 사람들에게는 커다란 영향을 미칠 것이고, 자기 자신은 그 방송을 봐도 객관적인 시각으로 인지하여 영향을 크게 받지 않을 것이라고 생각하는 경우다. 이 바탕에는 자신은 왜곡된 보도를 보아도 그것을 인식할 수 있는 분별력을 가지고 있으나, 일반 사람들은 그 보도를 보고 그대로 믿어 잘못된 판단을 할 것이라고 생각하는 것이다. 독일의 심리학자 스벤야 아이젠브라운은 『너무 재밌어서 잠 못 드는 심리학 사전』에서 대중들은 대부분 소위 전문가라고 하는 사람들이나 권위 있는 기관의 먹잇감이 될 위험에 처해 있고 다른 사람보다 자신이 영향을 덜 받고 귀가 얇지 않다고 생각하는 것은 환상에 불과하다고 주장하였다. 19세기 말, 미국과 스페인 전쟁의 위기 상황에서 황색저널리즘[20] 신문사가 전쟁의 필연성과 애국심을 강조하는 기사를 연일 실었지만, 진실을 알리는 신문사와 정치 엘리트들은 제3자 효과를 우려하여 평화를 강조하는 메시지를 섣불리 싣지 못했다. 1988년 부시와 듀카키스 간의 미국 대통령 선거전에서 듀카키스의 진영은 부정적 정치 광고가 유권자에 미칠 영향력에 대한 부담으로 실제 여론 변화와는 무관하게 부정적 정치 광고 때문에 유권자들이 듀카키스에게 나쁜 판단을 할 것이라는 막연 한 판단이 결과적으로 선거 진영의 사기를 저하시키고, 자원봉사자의 참여를 떨어뜨리면서 결국은 선거에 패배했다.

40. 아포페니아 [Apophenia]

서로 연관성이 없는 현상이나 정보에서 규칙성이나 연관성을 추출하려는 인식 작용을 나타내는 심리학 용어로서 1958년 독일의 정신병리학자인 클라우스 콘라트(Klaus Conrad)가 맨 처음 사용한 개념이다. 이러한

---

[20] Yellow Journalism : 독자의 시선을 끌기 위해서 범죄, 희한한 사건, 성적 추문 등을 경쟁적으로 과도하게 취재 보도하는 저널리즘을 일컫는다.

현상은 주변의 상황이나 대상을 유형화하여 인식하고 특정한 의미를 부여하려는 인간 사고의 특징에서 비롯된다. 그래서 때로는 아포페니아는 창조성의 원천이 되기도 하고 인지(認知)과 사고(思考)에서 오류와 착각의 원인이 되기도 한다. 구름을 보고 어머니 또는 이성 친구를 상상하거나, 별들의 배치를 연결해서 일정한 모양의 별자리로 형상화하고 그와 연관된 신화를 만들어 내는 것처럼, 인간은 서로 연관성을 지니지 않은 현상과 대상들을 관련지어 일정한 의미를 부여하는 상상력을 기반으로 예술과 문화, 다양한 상징 체계를 발전시켜 왔다. 예언이나 점술, 유령 등과 같은 초자연적인 현상이나 경험 등도 실질적으로 연관성을 지니지 않는 어떤 현상이나 대상에게서 일정한 규칙성과 연관성을 추출하려는 아포페니아에서 비롯된다. 불분명하고 불특정한 현상이나 소리, 이미지 등에서 특정한 의미를 추출해 내면서 나타나는 착각과 오인(誤認) 등을 나타내는 '파레이돌리아(Pareidolia)[21]' 현상도 아포페니아의 한 유형이다. 아포페니아는 "서로 관련이 없어 보이는 물체나 생각들 사이에서 어떤 연관 관계를 찾으려는 성향은 정신병과 창조성을 연결시키며, 주변 사물에 대한 망상과 환각, 착란과 같은 정신 분열 증상의 원인으로 나타나기도 한다. 아무런 연관성이 없는 현상들에서 연관성을 찾는 것은 시장에도 발생한다. 매년 11월 11일은 제과업체가 매출을 증가를 기대하는 날이다. 미국에서도 11을 기대하는 사람들이 많다. 평균적으로 1이 들어간 1월과 11월에는 다른 달에 비해 주가가 더 올라갔기 때문이다. 미국 캔자스대의 마크 호

---

21) "옆에서, 대신에"를 뜻하는 그리스어 para-(여기서는 문맥상 잘못된 것을 의미)와 명사 eidōlon(형상, 영상을 의미)이 합쳐진 것이다. 모호하고 연관성이 없는 현상이나 자극에서 일정한 패턴을 추출해 연관된 의미를 추출해 내려는 심리 현상.

그(Haug) 교수는 인터넷 과학매체 '라이브사이언스'와의 인터뷰에서 일단 속설이 나름대로 근거가 있다고 하였다. 1940년대 이후 주식 시장을 분석했더니 실제로 다른 달보다 1월에 주가가 더 오르는 경향이 있었다고 하였다. 11월 역시 주가가 더 올랐는데, 특히 일반 투자자의 돈을 모아 투자하는 뮤추얼 펀드 소유 주식이 많이 오르는 것으로 나타났다. 1월에 주식이 오르는 것은 미국의 세금 시스템 때문으로 개인 투자자들은 세금 환급을 받기 위해 연말 세금 정산을 하는 12월에 주식을 파는 경향이 있기 때문이다. 11월 역시 1986년부터 뮤추얼 펀드의 세금 산정 기간이 12월 31일부터 이듬해 10월 31일까지로 정했기 때문이다. 펀드 매니저들 역시 세금 환급을 노려 10월에 주식을 팔아 11월에 주가가 오를 확률이 높다. 사실 서양에서는 예로부터 11은 피타고라스가 완전수(完全數)로 정의한 10과 신(3)과 인간(4)의 곱인 성스러운 숫자 12 사이에 있는 위험하고 죄스러운 악마의 숫자로 여겼다. 최근 빅데이터 활용을 통한 각종 기업 활동이 크게 늘어나고 있는데 아무 의미 없는 방대한 데이터에 의미를 부여하고 연관지으려고 하는 시도가 기업 의사 결정에 해로운 영향을 줄 수 있다. 즉, 무작위로 얻어진 무의미한 데이터에 특정한 패턴이나 의미에 연관성이 있다고 믿고, 이를 기업 활동에 적용하게 되면 부작용이 뒤따를 수 있다. 실제로 빅데이터를 이용한 실패 사례는 많다. 구글의 온라인 전염병 관리·예방 시스템인 '구글플루(Google Flu)'가 그 대표적인 예로 상당수 사람이 감기에 걸리면 병원에 가기 전에 자신의 증상과 치료법에 대해 구글을 통해 검색하는데, 이 데이터를 축적해 독감 확산을 막을 수 있다는 것이 구글 측의 설명이었지만 구글의 호언장담과 달리 구글플루가 내놓은 예측은 빈번하게 빗나갔다. 이는 구글이 독감과 관련해 수집한 빅데이터가 실제 독감 전염과 관련성이 적기 때문이다.

41. 악마의 변호인 [Devil's Advocate, 레드팀 Red Team]

레드팀은 중세시대에 성인으로 추대될 후보자의 흠집을 찾아내는 임무를 수행했던 로마 교황청의 '악마의 변호인'만큼이나 역사가 오래되었다. 하지만 냉전시대에 이르러서야 레드팀이라는 단어를 미국 군대에서 정식으로 사용하기 시작했고 2000년대에 들어서야 레드팀 활동이 표준화되었다. 레드팀은 잠재적 경쟁 상대의 이해관계나 의도, 역량을 잘 이해하고 있으면서 조직 내 약점을 짚어 내는 '반대자'의 역할을 수행한다. 국제 안보 전문가인 마이카 젠코는 '레드팀'이라는 책을 통해 레드팀은 리더가 얼마만큼 그들의 활동을 용인해 주는지에 따라 그 활동 성과가 달라질 수 있다고 하였다. 그래서 레드팀이 효과적으로 운영되기 위해서는 조직 내부의 논리와 경쟁사 또는 공격자에게 정통한 적절한 팀원이 배치되어야 하며, 팀의 독립성이 보장되어야 한다. 무엇보다도 종종 비판의 형태로 나타나는 레드팀의 결과물을 의사 결정자가 적절히 받아들여야 레드팀의 위기 예측 및 대비 효과가 나타날 수 있다. 현실에서의 레드팀은 기업, 조직에서 유용하게 사용될 수 있다. 일례로, 적자에 허덕이던 미국 자동차 회사 포드를 흑자로 전환시켰던 앨런 멀럴리 전 최고경영자(CEO)는 솔직한 발언을 하는 참모들을 가까이했다. 취임 직후 임원들을 데리고 '컨슈머 리포트' 본사로 찾아가 포드 품질에 대한 충격적인 평가를 경청한 후 그는 상황이 어떻게 돌아가는지를 파악하고 이를 주저없이 말하는 직원들을 항상 그의 사무실로 불러 경청하였으며, 비슷한 사람들끼리 둘러앉아 그렇고 그런 결정을 내리는 것을 극도로 경계했다. 세계적인 화학회사인 듀퐁(Dupont)도 200년간을 장수하며 위기를 빨리 극복할 수 있었던 것은 '레드팀'을 활용하여 비판자 역할을 수행토록 했기 때문이다. KB증권은 삼성증권 유령주 배당 사건으로 내부 통제 미비에 따른 금융사고 예방을 강화하는 방안으로 직원 25명으로 구성된 '내부 통제 개선 TF'를 운영하고 있다. 이 TF는 업무 프로세스에 대한 점검과 취약점 도출을 위한 '레드팀'의 역할을 한다. 검찰은 대국민 신뢰 회복을 위해 검찰 내부 의사 결정 과정 투명화, 직접수사 자제·사법통제 기능 강화, 검찰 변론의 투명성 확보 등을 위해 의도적으로 반대 의견을 제시하는 '레드팀' 개념의 의사 결정 시스템을 통해 합리적인 결론을 도출하고 집단 편향을 줄이고자 하였다. 문재인 대통령 역시 수석·보좌관 회의에서 서슴없이 "이견을 말하는 것은 의무"라고 말하였다. 집에서 '레드팀' 역할을 하는 사람은 아내이다. 많은 남자들이 아내의 잔소리가 있기에 담배도 끊고, 술도 줄이고, 건강식을 챙겨 먹는다. 실제로 홀로 사는 사람보다 배우자와 함께 사는 사람이 평균적으로 10년 이상 더 오래 산다는 연구 결과가 있다. 레드팀의 역할로서 배우자나 특정인을 두는 것도 좋지만 역시 제일 좋은 레드팀 역할자는 자기 자신이다. 스스로를 '레드팀'으로 만들어 지속적으로 실천할 수 있도록 자극을 지속적으로 제공 시 가장 큰 효과를 낼 수 있다.

42. 멈 효과 [Mum effect]

심리학 연구 결과에 의하면, 조직 내에서 지위가 낮은 사람들은 지위가 높은 사람들과의 대화에서 정보 전달에 왜곡을 한다고 한다. 일반적으로 높은 지위에 오르게 되면 권한, 명성, 수입 등이 커져서 대부분의 사람들은 지금보다 높은 지위에 오르려는 욕구를 갖고 있지만, 그것을 실현하려면 자신보다 상위에 있는 사람에게 인정을 받아야 된다. 따라서 부하의 입장에 있는 사람은 나쁜 소식, 상사의 기분을 상하게 할 만한 일, 자신에 대한 평가를 깎아내릴 수 있는 내용들은 가능한 한 상사에게 전달하지 않는다. 이것을 입을 꼭 다문다는 의미의 영어로 '멈(MUM) 효과'라고 한다. 사실 지위가 낮은 사람들은 진실을 말하기 어려운 심리 상태에 있기 때문에 지위가 높은 사람들의 성격에 따라서 대화의 내용이 달라진다. 부하들의 경우 어떤 상사에게는 업무의 진척 상황뿐만 아니라 팀원의 건강 상태, 사적인 고민까지 이야기하지만, 또 어떤 상사에게는 업무상의 문제점조차 말하지 않는다. 그래서 부하와 상사의 대화에서 중요한 점은 부하가 실수를 했거나 성과가 미흡하다고 해서 추궁하고 질책하고 탓하는 것보다 부하의 심정을 헤아리고 현실을 파악한 다음 그 상위 단계로 진행하도록 독려하는 것이 필요하다.

하지만 관리자로서 목표 달성에 급급하고 자신의 성공에만 관심이 있으며, 아랫사람의 사정을 이해하기보다 성과만을 재촉하기 쉽다. 그러나 부하를 성장시키려면 인내심을 갖고 경청하고 현실을 직시해야 된다. 사람을 움직이는 힘은 강압이나 완력이 아니라 배려와 관심이다. 전자를 사용하면 비교적 쉽고 빠르게 특정 사안을 처리할 수 있다고 믿고 있고 그게 진리라고 생각을 할 것이다. 하지만 단기적인 성공은 쉽게 얻을 수 있으나 장기적으로 이 방법이 효율적이지 못할 것이다. 대부분 이런 방법을 사용하는 사람들의 특징은 설득력이 부족하기 때문에 반복적인 강압은 부하직원들을 통솔하는 데 약효가 오래가지도 않고 강한 반발심과 도출되기 때문이다.

43. 사과 이론 [Apology theory]

사과란 일방, 즉 가해한 측이 자기 잘못이나 그가 얻게 된 원성에 대해 책임을 인정하고, 피해를 본 상대에게 후회나 양심의 가책을 표현함으로써 양측 당사자들이 조우하는 것이다. 하지만 사과에 사용되는 단어와 상황에 따라서는 동정이나 유감의 뜻으로 변질되거나 오히려 사과의 의미가 오해를 불러일으키는 경우도 적지 않다. 아론 라자르[22] 교수는 사과에 학술적 의미를 부여하여 사과는 잘못의 시인과 용서에 그치지 않고 갈등을 해소하는 열쇠가 되기 때문에 담대한 힘이 필요하다고 강조하였다. 그래서 사과를 하기 위해서는 인정, 후회, 해명, 배상의 4단계를 거쳐야 인간관계가 치유된다고 주장하였다. 미국 오하이오 주립대 로이 르위키 교수 역시 사과에는 여섯 가지 요소가 필요하다고 발표하였다. ① 후회 표시, ② 무엇이 잘못이었는지 설명, ③ 책임에 대한 인정, ④ 재발 방지 약속, ⑤ 보상 또는 보완책 제시, ⑥ 용서 구함 이 중에서 가장 큰 효과를 보이는 건 ③ 책임에 대한 인정이었으며, ⑤, ①, ②, ④ 순으로 효과가 있었으며, 가장 낮은 효과를 보인 건 ⑥ 용서 구함이었다.

진솔한 사과를 준비하는 과정에서도 자신의 입장을 우선적으로 고려하

---

22) 매사추세츠 의대학장을 지낸 정신과 전문의로 하버드 의과대학 정신과 교수를 거쳐 1991년부터 16년 넘게 매사추세츠의대 학장을 지냈다. 의사와 환자 사이의 관계나 커뮤니케이션에 깊은 관심을 갖고 연구해 왔으며, 특히 수치심이나 창피함에 대한 심리 연구에 있어 세계 최고의 권위자다.

는 사람이 적지 않다. 그런 사람은 자신의 잘못을 제대로 전달하지 못하게 될 가능성이 많은데, 경우에 따라서는 실망스럽고, 거슬리며, 모욕적이고, 또 때로는 헛웃음에 나오게 만든다. 2013년 남양유업은 지역 대리점에 물건 밀어내기를 했다는 논란에 늦은 사과와 책임을 회피하는 사과문을 올렸으며, 2014년 땅콩회항 사건은 수첩을 찢어 "사무장님 직접 만나 사과드리려고 했는데 못 만나고 갑니다. 미안합니다"라는 짧은 사과가 적힌 쪽지를 문틈에 밀어 넣고 갔고, 2015년 몽고식품은 운전기사 상습 폭행 및 욕설에 대해 9줄의 사과문을 발표하였고, 2016년과 2017년 미스터피자 운영사는 경비원 폭행과 가맹점주 갑질에 90자짜리 사과문을 홈페이지에 게시했다. BBQ는 소비자의 심리는 헤아리지 못한 가격 인상을 공표하였다. 수많은 반발에 독특한 사과문을 올렸다.

반면에, 즉각적이고 진정성 있는 사과로 소비자의 마음을 사로잡은 기업들도 있다. 세계적인 장난감 기업 마텔은 2007년 납 성분 검출 문제로 세 차례의 리콜을 실시했다. 하지만 각종 매체를 통한 CEO의 적극적인 사과, 재발 방지를 위한 안전 시스템 강화 등을 통해서 마텔의 신뢰도를 사고 전 75%에서 84%로 향상시켰다. 2014년 경주 마우나오션리조트 체육관 붕괴 사고로 214명의 사상자가 발생하자 리조트 운영사인 코오롱 그룹 이웅열 회장은 사고 현장으로 찾아가 유가족들에게 엎드려 사죄하고 곧바로 진정성 있는 사과문을 게시하였다. 또한, 이 회장은 사고 현장에서 적극적으로 사고를 수습하고 사재까지 털어서 피해자 보상을 하는 등 사후 관리까지 실시하였다. 1930년대 활동했던 작가 윌리엄 포크너는 '과거는 결코 사라지지 않는다. 심지어 과거는 아직 지나간 것이 아니다'라고했다. 즉, 과거와 현재가 하나로 연결되어 있다는 것이다. 그렇기 때문에 잘못을 지우는 길은 진솔한 사과로 대중의 마음을 움직이는 것 외에는 없다. 그래서 국민들이 수긍하고 피해자가 용서할 진실한 사과가 절대적으로 필요하다.

44. 가면 증후군 [Imposter syndrome]

능력과 자격이 없는데 가면을 쓰고 다른 사람들을 속이고 있고 자신의 성공은 노력이 아니라 순전히 운으로 얻어졌다 생각하면서 불안해하는 증세다. '임포스터(imposter)'는 사기꾼 또는 협잡꾼을 뜻하는 말로 심리학자 폴린 클랜스(Pauline Clance)와 수잔 임스(Suzanne Imes)가 처음 사용한 용어이다. 폴린과 수잔에 따르면, 이 증후군이 성공한 여성들에게 많이 발생하며, 이 증후군을 가진 여성들은 자신이 운으로 성공했다는 것을 들키지 않으려고 지나친 성실성과 근면함을 보였다는 것이다. 또한 상사에게 칭찬받거나 인정받기 위해 자신의 직관이나 매력을 사용하기도 했다는 점이다. 심리학에서는 가면 증후군을, 타인에게 높은 수준의 기대를 받고 실패에 대한 두려움도 높은 사람들이 최악의 상황이 발생했을 때 겪을 충격을 사전에 완화하려는 방어기제(defense mechanism)의 일환으로 본다.

여배우 나탈리 포트만[23]은 자신의 모교 하버드대학교에서 졸업생을 위한 연사에서 "1999년 하버드대학교 신입생으로 섰을 때와 같은 기분이 드네요. 입학식 날 느꼈어요. 이건 실수라고. 난 여기 있는 사람들 사이에 있기엔 충분히 똑똑하지 못했거든요. 그 후 입을 열 때마다 매 순간 '난 멍청한 여배우가 아니야!'라는 걸 증명하는 데 너무 많은 애를 쓰고 시간을 소비했어요. 일부러 신경생물학이나 고급 히브리어 문학처럼 어려운 수업만 골라 들었죠… 사실 내가 유명했기 때문에 입학한 거였어요. 남들도

---

23) 영화 〈레옹〉에서 큰 키의 레옹 옆에서 화분을 들고 걸었던 13세 소녀.

그렇게 봤고, 나도 그렇게 생각했어요."라고 자신의 심경을 고백했고, 엠마 왓슨 역시 인터뷰에서 "무언가를 잘 해낼수록 점점 제 자신이 더 무능력하다는 느낌이 커졌어요. 시간이 지나면 사람들이 제가 무능하다는 걸 다 알아차릴 것만 같았죠."라고 가면 증후군 현상을 말했다. DVD 대여 사업에서 시작해 세계 최대 인터넷 동영상 스트리밍(실시간 재생) 업체로 성장한 미국의 혁신기업 넷플릭스는 '넷플릭스 컬처 데크: 자유와 책임(Netflix Culture: Freedom & Responsibility)'이라는 제목의 125쪽짜리 내부 문서를 온라인에 공개했다. 넷플릭스 임직원이 어떻게 일하는지, 어떤 사람들이 일하는 곳인지, 무엇을 중요하게 여기는지 등을 정리한 슬라이드 문서로 글로벌 혁신 중심지 실리콘밸리의 회사들이 참고하는 최고의 기업문화 지침서다. 넷플릭스 컬처 데크를 만든 핵심 인물이 바로 패티 맥코드 전 넷플릭스 최고인재책임자(CTO · chief talent officer)다. 그녀 역시 한동안 가면 증후군(imposter syndrome)으로 고생을 했다. 그녀는 "여성들은 자신이 운으로 성공하지 않았다는 것을 보여 주기 위해 지나친 성실함을 보일 수 있습니다. 때론 직장이 더 중요하지만, 때론 가정과 가족에 집중하면서도 죄책감을 느낄 필요가 없습니다. 다만 우선순위를 정해야 하는, 지속적인 문제입니다."라고 하였다.

가면 증후군은 일종의 불치병으로 혹은 절대적으로 나쁜 것이라고 생각하고 대하지 않는 자세가 중요하다. 가면 증후군은 만성적 증상이 아니라 일시적이고 반응적인 현상이다. 비판의 목소리에 낙담하지 않으며, 이를 절대적인 진실이 아닌 참고할 만한 하나의 정보로 받아들이는 태도만 있다면 가면 증후군은 오히려 발전을 위한 자극제가 될 수도 있다. 영국의 심리학자 해롤드 힐먼(Harold Hillman)은 이 증상의 치료를 위해서는

'진정성'이 가장 중요하며, 자신의 있는 그대로의 모습을 사랑하며 자존감을 키우는 것이 가장 좋은 방법이라고 지적하였다.

45. 소격 효과 [Eestrangement effect, 疏隔效果]

독자와 만화 속 등장인물 사이의 심리적인 거리를 두기 위한 표현으로 일명 '낯설게 하기' 효과다. 독자의 감정 이입이나 몰입을 일부러 방해하여 객관적으로 보게 하기 위해 독일의 표현주의 희곡작  가인 베르톨트 브레히트가 주장한 개념으로 당시 서양 연극계의 주류였던 아리스토텔레스 파의 카타르시스 이론[24]을 반박하며 관객이 배우의 연극에 몰입되지 않아야만 비판적인 자세를 취할 수 있다는 주장이다. 예를 들면, 배우가 관객에게 말을 건다거나, 관객들 사이로 걸어간다거나, 앞으로 전개될 내용을 요약해 준다거나, 갑자기 관객에게 질문을 던진다거나, 절정 부분에서 갑자기 극을 중단하는 등 무대와 관객을 철저히 격리시키는 것이다. 브레히트는 감정 이입을 통한 연극 감상은 관객의 비판적인 정신을 말살하고 지배 이데올로기에 감화되는 결과를 낳을 뿐이라고 생각했다. 그래서 지배 이데올로기를 비판적으로 바라보기 위해선 관객들이 무대를 최대한 객관적으로 바라봐야 한다고 주장했다. 2018년에 개봉한 영화 〈데드풀〉에도 이 효과가 적용되었다. 영화 속 주인공(라이언 레이놀즈)은 스크린 밖의 관객에도 말을 건네고, 그의 중계로 플레이 되는

---

24) 연극을 '즐거움을 주는 동시에 교육적 기능과 사회적 효용성을 가진 예술'로 정의했다.

액션 신은 관객들로 하여금 박진감과 현장감을 증가시킨다. 또한 제작비 부족으로 제대로 완성하지 못해 망작으로 분류되었던 DC코믹스의 '그린 랜턴: 반지의 선택(라이언 레이놀즈의 전작)'도 영화 속의 개그 소재로 사용하였다.

스타벅스 로고는 사이렌이다. 사이렌은 그리스 신화에 등장하는 인어로 아름다운 노랫소리로 뱃사람들을 유혹했다고 한다. 스타벅스도 사람들을 홀려 자주 방문하도록 만들겠다는 의미에서 사이렌을 로고로 사용했다고 한다. 그런데 이 로고를 자세히 보면 양쪽 코에 드리운 그림자가 비대칭이다. 우리는 일반적으로 좌우 대칭이 일정하고 완벽한 모습이 아름답게 느낀다고 생각하다. 하지만 사람들은 불완전한 디자인에 더 인간미를 느끼고 불쾌감이 없다고 한다. 그래서 페이스북과 닌텐도의 로고 역시 비대칭으로 변경하였다. 낯설게 하기 위한 행동이 오히려 소비자들의 감정에 편안함을 느끼게 하였고 그로 인한 매출이 증가하는 효과를 가져오게 되었다. 영화나 연극에서 도입되는 소격 효과는 관객들에게 객관적인 비판을 부여하기 위해 창작이 되었지만 오히려 극에 더 몰입하게 되는 효과를 발생시켰다.

46. 보이지 않는 고릴라 [Invisible gorilla]

인지적 착각의 일종으로 한 가지에 집중하면, 명백히 존재하는 다른 것을 보지 못하는 현상으로 1999년 미국의 심리학자 다니엘 사이먼스(Daniel Simons)와 크리스토퍼 차브리스(Christopher Chabris)의 실험에서 유래하였다. 사이먼스와 차브리스는 학생들을 각각 3명으로 나누어 한 팀은 흰 옷, 다른 팀은 검은 옷을 입게 했다. 그리고 이들이 서로 농구공을 패스하는 장면을 동영상으로 찍어 실험자들에게 보여 주었다. 실험자들에게 검은 옷 팀은 무시하고 흰옷 팀이 패스한 수를 세게 했고, 영상이 끝난 후 물었다. "혹시 선수들이 아닌 다른 누군가를 보았습니까?"

사실 이 영상에는 고릴라 옷을 입은 학생이 가슴을 두드린 후 퇴장하는 모습이 담겨 있었다. 그러나 흰 옷 팀의 패스에 집중한 나머지, 대부분의 실험 참가자들은 고릴라를 보지 못했다고 답하였다. 이처럼 눈이 특정 사물을 향하지만 실제 주의가 다른 곳에 있어, 대상을 지각하지 못하는 것을 무(無)주의 맹시(inattentional blindness) 혹은 주의력 착각이라고 한다.

한국뇌과학소에 따르면 인간의 뇌는 원 소스, 원 아웃 구조로 한 번에 하나의 정보만 처리할 수 있는 구조여서 멀티태스킹이 불가능하다고 한다. 그래서 운전 중에 휴대폰 사용 및 DMB 시청을 금지하는 것과 보행 중 스마트폰 사용을 하지 말아야 하는 이유도 바로 여기에 있다.

2001년 미국 핵잠수함 그린 빌 호가 민간인을 태우고 긴급부상훈련을 체험시켰다. 군부에서는 정치권의 국방 예산 삭감 움직임에 영향을 주기 위해 이 같은 이벤트를 마련했다. 그러나 해군은 민간 탑승자들에게만 집중한 나머지 긴급부상 할 때 주변을 살펴야 한다는 규정을 생각하지 못했고 이로 인해 일본의 한 수산고등학교 실습 어선과 충돌해 탑승 교사와 학생 등 9명이 사망하는 사고를 일으켰다. 서울, 광주 등에서 고등학교에서 기말고사 시험지 유출 사건이 있었다. 대입 전형에서 수시 비중이 늘면서 학교생활기록부(학생부) 내신 점수의 영향력이 갈수록 커져 발생한 현상으로 학부모는 자신의 아이가 좋은 대학에 입학할 수 있도록 부정을 저질렀다. 즉, 내 아이의 장래를 위해서라면 다른 아이가 어떤 피해를 당해도 상관없고 나만 잘되면 되고 나쁜 일은 나만 아니면 된다는 식이다. 말 그대로 내 아이에게만 관심을 가지다 보니 사람 아이들이 입게 될 피해는 알고 싶어 하지 않는 것이다. 엘리엇 매니지먼트[25]는 2001년 아르헨티나의 디폴트 선언 전 6억 3천만 달러의 국채를 4,800만 달러에 구매했다. 그러나 아르헨티나의 디폴트 선언 후 대부분의 채권자들의 아르헨티나의 채무 71~75%를 탕감해 준다는 합의안에 동조하였으나 엘리엇은 아르헨티나에게 끝까지 전액 상환을 요구하였고 미법원에 전액 상환하기까지 다른 빚들을 조정할 수 없게 해 달라는 소송을 하여 승소하였다. 그래서 결국 아르헨티나는 또다시 디폴트에 처해졌다. 2011년 콩고는 내전으로 아사 직전이었으나. 콩고 국채 2천만 달러를 매입하여 콩고에 원금 및 이자 상환을 요구하였으나 콩고에서 이를 거절하자 그들은 콩고의 4억 달러 국유자산을 압류하고 숨통을 조이자 콩고 정부는 9천만 달러는 지급하였다. 이 9천만 달러는 국제 자선 단체에서 보낸 콩고 아이들의 식량 지원금이었다. 기업의 목적은 엘리엇 매니지먼트처럼 수익을 창출하기 위한 집단이다. 내가 살지 않으면 미래는 없기 때문에 타인의 상황을 살펴볼 여유는 없는 것이 사업의 세계이다. 하지만 오직 나만의 이익을 위해 맹목적으로 달려간다면 단기간의 이익은 달성할 수 있을 것이다. 하지만 장기적으로 나의 존속을 위해 상대방의 상황을 모른 체한다면 수많은 적을

---

25) Elliot Management : 1977년 폴 엘리엇 싱어(Paul Elliott Singer)가 설립한 헤지펀드로 연평균 수익률은 14.6%이며 운용 자산은 260억 달러이다. 행동주의 투자(일정한 의결권을 확보하고 자산 매각, 구조 조정, 지배 구조 개선 등을 요구해 단기간에 수익을 내는 투자 전략)자로 알려졌으며, 부도 위기에 있는 불량 채무를 싸게 매입해 높은 가격에 되파는 투자 전략을 주로 사용한다.

만들게 될 것이고 결국 그들에 의해 나도 역시 무너지게 될 것이다. 자연 도태되는 기업도 있고 무능으로 인해 자멸하는 기업도 있을 것이다. 하지만 도덕적 관념이 없는 의도적인 상대방에게 해악을 끼치는 행위는 최대한 자제하며 나의 지속 가능성을 추구하는 것이 바람직한 기업문화일 것이다.

47. 적교 효과 [吊橋, Suspension Bridge Effect]

적교란 높은 곳에 연결된 흔들리는 구름다리를 일컫는 말이다. 대부분의 사람들은 흔들리는 구름다리를 건널 땐 긴장하고 흥분하게 된다. 적교 효과란 긴장상태에서 이성과 함께 있을 경우에 나타나는 심리적 현상으로 흥분과 이성에 대한 사랑을 구분하지 못해 그 긴장 상태를 자기와 함께 있는 이성 때문에 생기는 사랑의 감정이라고 착각 현상을 말한다. 실제로 적교 위에서 남자들을 두 개의 그룹으로 나누고 실험을 하였다. 한 그룹에게는 흔들다리를 건너기 전에, 그리고 다른 한 쪽 그룹에게는 다리를 건너고 있는 도중에 여성과 대화를 하도록 요청했다. 그리고 그 여성이 대화 마지막에 "저에 대해 궁금하시면 전화 주세요"라고 말하고 남자들에게 전화번호를 건네주었다. 추후에 확인한 결과 다리를 건너기 전에 전화번호를 건네받은 남성 그룹 중, 여성에게 전화를 건 사람은 37%, 다리 중간에서 전화를 건 사람은 65%였다. 이러한 결과는, 남성들은 스릴과 긴장감으로 흥분해서 가슴이 뛰게 된 것을 여성을 만났기 때문에 가슴이 두근거렸다고 생각하는 것이다. 그래서 데이트 할 때 커플들이 자주 가야 될 장소가 놀이공원의 롤러코스터, 귀신의 집 또는 공포 영화를 보거나,

위험한 곳, 공포를 느끼는 곳, 긴장감을 느낄 수 있는 곳이다.

80~90년대 TV드라마나 직장인들의 삶을 보면 회사가 위기에 처했을 때 더 큰 애사심을 발휘하는 사람들을 자주 보았다. 그 당시에는 직장의 수도 적었을뿐더러 사회적으로 다년간 녹을 받아 먹은 회사를 쉽게 때려치고 나오는 것 자체가 주변의 평판과 자기 자존심의 문제였다. 그래서 '어려울 때 친구가 진정한 친구다'라는 말도 많이 하였다. 21세기의 기업도 역시 어려움에 처했을 때 진정한 애사심을 가지고 회생을 위해 사력을 다할 직원을 원하지만, 현실은 기업 상황이 좋지 않으면 가장 유능한 직원들부터 회사를 떠나고 다른 회사로 쉽게 이직을 한다. 사실, 이윤 추구를 목적으로 하는 기업의 특성상 인정을 바라는 건 이율배반(二律背反)이라고 할 수 있다. 따뜻한 마음을 가진 사람들은 다같이 어려움을 이겨 내고 성공하는 아름다운 이야기를 원할지 모르겠지만 삶의 현실은 동화 속 아름다운 이야기를 꿈꾸기에는 여러가지 제약들이 너무 많다. 빠르게 변해가는 세상 속에 과거의 추억을 먹고 살기에는 내가 너무 뒤처진다고 생각하기 때문이다.

48. 화폐환상 [Money illusion]

1919년 미국 경제학자 어빙피셔가 '달러 안정화'라는 글을 통해 창안한 개념으로, 화폐의 가치가 변하지 않을 것이라고 생각하고 실질적인 가치의 증감을 인식하지 못하는 현상을 말한다. 극단적인 예를 들자면 월급이 20% 오르고, 물가도 20% 올랐다면 임금의 실질적인 가치 변화가 없지만 근로자는 임금이 많이 상승하였다고 인식하는 것이다.

행동경제학자 아모스 트버스키는 실험자들에게 아래 2가지 조건을 제시한 후,

3만 달러의 연봉을 받던 앤은, 물가 상승률 0%에 연봉 2%(600달러)가 인상되었다.

3만 달러의 연봉을 받던 바버라는, 물가 상승률 4%에 연봉 5%(1,500달러)가 인상되었다.

3가지 질문을 하였다.
질문 1. 앤과 바버라 중 누가 더 연봉이 많이 올랐을까?
질문 2. 앤과 바버라 중 누가 더 행복할까?
질문 3. 앤과 바버라 중 이직을 할 확률은 누가 더 높을까?

질문 1에 71%는 앤의 연봉이 더 많이 올랐다고 답했고, 질문 2에 63%가 바버라가 행복할 것이라고 답했으며, 질문 3에 앤이 이직할 것이라는 답변이 65%였다.

결론을 놓고 보면, 누구나 실질적인 소득의 증가에 있어 실직 소득과 명목 소득에 대한 차이를 분명히 알고 있다고 할 수 있다. 그런데 바버라가 더 행복하고 앤이 이직할 확률이 높다고 답한 것은 사람들이 굉장히 현실적인 생각을 한다는 것을 알 수 있다. 물가 상승률은 제쳐 두고 우선 당장 연봉 상승률이 그 회사에서 그 직원의 능력치를 대변하는 수단으로 인식하기 때문이다. 같은 맥락에서 놓고 보면 물가 상승률은 조직 구성원이 소속된 특정 집단을 둘러싸고 있는 대의적인 개념의 명분으로 현실적인 체감이 약하지만 연봉 인상률은 그 조직 내에서 그 구성원에게 제시된

성과에 대한 보상으로 인식되기 때문에 바로 체감할 수 있는 부분이라 할 수 있다. 이런 현상을 조세 정책에 적용한 것이 직접세와 간접세이다. 직접세는 소득세, 법인세, 상속세, 취·등록세 등이 있고 간접세는 주세, 인지세, 개별소비세 등이 있다. 소비자들은 눈에 보이는 세금에 대해서는 민감한 반응을 보이지만 직접적으로 확인할 수 없는 세금에 대해서는 둔감한 면을 보인다. 그래서 정부는 근로의욕 저하, 저축 감소 또는 조세 저항을 회피하기도 하고 세수 증대를 위해서 정책적으로 간접세에 비중을 많이 많이 두는 경향이 있다.

49. 루시퍼 효과 [Rucifer Effect]

루시퍼(Lucifer)는 '빛을 내는 자', '새벽의 샛별'이라는 뜻으로, 천국에 있을 때는 신에게 가장 사랑받던 존재였지만 '오만'으로 인해 신의 분노를 사서 하늘에서 추방당함으로써 '악마, 사탄'이 되었다. 따라서 '루시퍼 이펙트'는 선량한 사람을 악하게 만들 수 있는 '악마 효과'라고 할 수 있겠다. 즉, 나쁜 환경이 사람을 사악하게 만드는 가장 근본적인 원인이다.

스탠퍼드대학 심리학자 필립 짐바르도(Philip Zimbardo)는 1971년에 대학의 심리학부 건물 지하에 가짜 감옥을 만들고 지역신문을 통해 실험 지원자를 모집했다. 모두 72명이 지원했는데, 이들 중에서 가장 정상적이고 건전한 사람 21명을 선발했다. 간수 역할을 맡은 사람들은 점점 더 잔인하고 가학적이 되어 갔으며, 한 죄수는 36시간 만에 신경 발작 반응까지 보였다. 이런 문제들로 인해 연구자들은 원래 이 실험을 2주간 계속하려고 했지만 6일 만에 중단하고 말았다.

"실험의 과정에서 실험자나 피험자 모두에게 이 피험자들의 '역할'이 어디에서 시작되고 어디에서 끝나는지 그 한계가 불분명해지기 시작했다. 대부분의 피험자들은 진정한 '죄수'나 '교도관'이 되고 말았으며, 역할 수행(role-playing)과 자아(self)를 더 이상 분명히 구분할 수가 없게 되었다.

정상적인 사람도 교도소라고 하는 특수한 상황에서는 '괴물'로 변할 수 있다고 하는 가설은 2004년 5월 바그다드의 아부그라이브(Abu Ghraib) 감옥에서 벌어진, 미군에 의한 이라크 포로 학대 파문으로 입증되었다. 미군 일등병 린디 잉글랜드(Lynndie England)는 21세의 여군으로 함께 기소된 상병 찰스 그라너(Charles Graner)의 아이를 임신 중이었다. 그녀는 포로들에게 상상하기 어려운 수준의 학대 행위를 하면서도 웃는 모습을 보여 주었다. 짐바르도는 "교도소처럼 힘의 불균형이 심한 장소에서는 교도관들의 엄청난 자기 통제가 없다면 최악의 상황이 조성될 수 있다"고 말했다.

모든 기업들이 그렇지는 않지만 몇몇 스타트업 기업들에게서 이런 현상을 볼 수 있다. 처음 창업 초기에는 직원들과 가족 같은 분위기로 성과를 도출하여 세계 최고의 기업으로 성장하고자 하였으나, 치열한 경쟁과 열악한 시장 환경은 생존을 위해 희생만을 강요하게 된다. 콘텐츠 제작 스타트업 셀레브에서 근무했던 여직원 A씨는 지난 19일 자신의 사회관계망서비스(SNS)에 "셀레브를 이끄는 임 대표는 매일 고성을 지르고 폭언과 욕설을 일삼았다"며 "회식은 개인 사정과 관계없이 필수였다. 단체로 룸살롱에 가서 여직원도 여자를 골라 옆에 앉아야 했다"고 폭로했다. 이어 A씨는 "공식 출근 시간은 11시였지만 의미가 없었다. 밤 11시부터 새벽 3시까지 밤샘회의를 하거나 갑자기 소집하는 경우도 있었다"며 "지난해 5

월 공황장애 판정을 받고 퇴사했다. 퇴사 절차는 간단했다. 입사할 때 근로계약서를 작성하지 않았기 때문이다. 직원은 가족이라는 임 대표의 철학 때문"이라고 덧붙였다.

사건이 터진 이틀 뒤 임 대표는 자신의 SNS에 사임 의사를 밝혔다. 그는 "셀레브에 보여 줬던 관심과 사랑이 저로 인해 변치 않기를 바란다. 직원들에게 무거운 짐을 남기고 떠나 미안하다"고 밝혔다. 하지만 '근로자들의 열정을 팔아 콘텐츠를 만든다'는 여론의 비판은 피할 수 없게 됐다.

스타트업뿐만 아니라 대기업, 중소기업 등 일반 근로자들의 갑질 고발이 끊이지 않는 상황이다. 시민단체 '직장갑질119'에 따르면 2017년 11월 1일부터 2018년 4월 15일까지 5개월여 동안 직장 내에서 폭행을 당했다는 제보는 200여 건이 넘었다. 스타트업 갑질 논란이 불거지면서 스타트업이 처한 열악한 환경까지 주목받고 있다. 스타트업은 보통 소수 직원들이 사업을 꾸려 간다. 이에 부당한 업무량과 지시를 받아도 당연하게 받아들여야 한다는 암묵적인 분위기가 있다. 일부 기업은 가족 같은 분위기를 강조하며 근로계약서를 작성하지 않기도 한다. 현행법상 근로계약서를 작성하는 것은 위법으로 벌금 500만 원이 부과된다. 기업 경영에 에 있어 가장 중요한 것은 사람이다. 사람은 그 기업의 재산이다. 우리는 물질적인 재산은 함부로 하지 않는다. 하지만 소유할 수 없는 인적 재산은 감정에 치우쳐 함부로 다루는 경향이 있는데 이는 기업의 실적이 악화되기에 앞서 기업 자체 운영에 어려움을 초래하게 된다. 사람은 채용하되 신중하게 채용하고 채용한 사람은 끝까지 믿어 보는 철학이 필요하다. 초심을 잃지 않으면서.

IV. 지천명(知天命)

　하늘의 명을 깨달았다는 뜻으로, 쉽게 말해 자신이 해 나가야 할 일이 보인다는 것이다. 그래서인지 50이라는 숫자는 조직에서 인생에서 중요한 역할을 하는 것 같다. 지역 사회에서도 청년층에서 장년층으로 불리우는 시기이니 새로운 명칭이 부여되는 때이기도 하다. 또한, 사람들은 50을 기준으로 과반수를 선택한다. 50이 넘으면 과반이 넘어 반올림을 할 수 있으나 50이 되지 않으면 절사를 한다. 기업의 주총에서 지분율 50%을 기준으로 1%만 더 있어도 총회의 의사 결정에 대한 결정권을 가지고 있으니 50%에서 1%만 모자라도 결정권을 행사할 수 없다.

　히로세 유코의『어쩌다 보니 50살이네요』라는 책에서 나이가 들어갈수록 '해야만 하는 일'은 그대로지만, '하고 싶은 일'을 할 수 있는 확률은 조금씩 줄어든다. 이는 50이라는 나이도 예외가 아니다. 중년의 끝자락을 잡고 있는 듯한 조금은 애매한 나이. 한창이라고는 말할 수 없는 나이의 시작이라고 정의하였다. 저자 역시 50이라는 나이에 대한 막연한 두려움을 지니고 있었다고 말한다. 그러나 막상 그 나이가 되고 보니 자신에게 일어난 변화를 그동안 쌓아 온 연륜으로 현명하게 받아들이기만 한다면 '새로운 장'이 열릴 수도 있다는 것을 깨달았다고 한다. 그녀의 책에는 다음과 같은 구절이 있다. "신체의 어느 부분을 어떻게 바꾸고 싶다고 생각하기 시작하면 끝이 없습니다. 나는 늘 햇볕에 탄 듯한 피부색입니다. 실제로 햇볕에 타기도 했고, 쉽게 타는 피부라서 어렸을 때부터 그래 왔습니다. 하지만 뭐 함께 살아가는 수밖에 없습니다. 이미 50년을 함께해 왔으니까요. 앞으로도, 되도록 소중하게, 나답게 같이 살아갈 생각입니다."

50. 오쿤의 법칙 [Okun's law]

이 법칙의 이름은 1962년에 실업과 경제 성장과의 관계를 밝힌 미국의 경제학자 오쿤(Arthur Okun)의 이름을 따온 것으로 한 나라의 경제 성장과 실업(失業) 사이는 서로 상반(반비례)되는 관계를 가지고 있다는 이론이다. 이 법칙에 따르면 한 나라의 실업률이 자연실업률에서 1% 상승할 때마다 경제 성장이 약 2.5% 하락한다. 또한 이 법칙은 노동 생산성이 상승하고 경제 활동 인구 비율이 증가하면, 실업률의 감소 없이 경제 성장의 증가가 가능하다는 것을 보여 준다는 데서 고용 없는 성장을 설명하는 데 유용하게 쓰이기도 한다. 그리고 GDP가 양의 값을 가져도 실업률은 증가할 수 있다는 것을 나타내기도 한다. 어려운 경제학적 접근법이 아닌 일반적인 상식으로 설명을 한다면, 한 나라의 경제가 성장하려면 생산량이 증가해야 되고 생산량이 증가하려면 생산을 할 수 있는 근로자가 증가해야 된다. 그렇기 때문에 근로자가 많이 고용되는 실업의 상태가 낮으면 경제 성장이 높다는 것이다. 반대로 경제 성장이 낮으면 실업률이 높다는 말이다.

하지만 2017년 4월 1일 문화일보 기사에 따르면 한국의 경우 경제 성장이 고용 창출에 미치는 파급 효과가 저조한 수준에 그치고 있는 것으로 드러났다. 고용 경직성으로 인해 노동 시장이 제 기능을 하지 못하면서, 국제 기준으로 낮지 않은 성장률임에도 고용 창출은 쉽지 않은 것으로 보인다. 경제계에 따르면 국제통화기금(IMF)이 2016년 하반기에 발표한 '하나의 법칙이 모두에게 맞는가? 오쿤의 법칙(경제가 성장하면 실업률이 줄어들고 고용이 증가한다는 경제학 명제)에 대한 국가 간 비교' 보고서의 '한국의 경제 성장이 고용 창출에 미치는 영향' 부분에서 우리나라는 분석 대상으로 삼은 경제협력개발기구(OECD) 30개국 중 하위권을 기록했다. 한국이 OECD 국가 중에서는 최근 5년, 경제 성장률 평균 3위에 달하는 고속 성장국가에 해당하지만, 성장 속도만큼의 고용 창출 효과를 누리지 못하는 것으로 분석되었다. 이러한 현상이 발생하는 가장 큰 이유 중 하나는 대기업 위주의 성장이 가장 큰 역할을 하고 있는 것으로 보인다. 근로자 고용의 대다수를 차지하고 있는 부분은 중소기업들이지만 성장을 이끌고 있는 부분은 대기업이기 때문에 성장의 지표는 높지만 고용의 성장은 이를 따라가지 못하고 있다는 것이다.

이러한 현상은 주식 시장에서도 나타나고 있다. 코스피, 코스닥 종합주가지수를 좌지우지하고 있는 기업들은 대기업들로서 이들의 주가 상승이 종합주가지수의 등락에 커다란 영향을 미치고 있으며 그 외 중소기업들은 영향력이 매우 미비하다. 따라서 '오쿤의 법칙'은 경제학의 오래된 명제였지만, 최근에는 국가별로 큰 편차를 보이고 있는 있다. 이는 앞서 이야기한 국가의 정책이 대기업 주도인지 중소기업 주도인지에 따라 달라지기 때문이다. 위 보고서에 따르면 65개 국가를 대상으로 한 오쿤의 법칙 적합성을 분석하였으며, 여기에 OECD 국가 중에서는 30개국(슬로바키아, 에스토니아, 룩셈부르크, 아이슬란드 제외)이 포함됐다. 그러나 국가별로 노동 시장 관련 정책의 효율성이나 산업 구조의 일자리 창출 능력에 차이로 인하여 적합도가 떨어지는 것으로 분석되었다.

이와 비슷한 사회 현상으로 대중성과 예술성의 관계이다. 일반적으로 대중성을 추구하기 위해서는 재미를 찾게 될 것이고 재미를 찾게 되면 예술과는 거리가 먼 요소들이 가미가 될 것이다. 하지만 소위 말하는 예술성이 높다는 작품은 대중적인 지지를 얻기 보다는 일부 마니아 층이나 부유계층이 선호는 부분이 많다고 할 수 있다. 하지만 지금에는 이 둘의 영역이 서로 무너지는 현상들을 너무 자주 볼 수 있다. 이는 일반 대중들의 눈높이가 많이 성숙하였다는 것을 의미할 수 있다.

51. 불확정성 원리 [不確定性原理, Uncertainty principle]

1927년 독일의 물리학자 베르너 하이젠베르크가 어떤 물체의 위치와 속도를 동시에 정확하게 측정하는 것은 이론적으로 불가능하다고 주장한 법칙으로 '하이젠베르크의 불확정성 원리'라고도 한다. 실제로 정확한 위치, 정확한 속도라는 개념 자체가 본질적으로 아무 의미가 없다는 것이다. 불확정성 원리는 단순히 100% 정확한 건 없다고 말하는 게 아니라 정확함의 한계를 구체적 수치로 밝히고 있다. 불확정성 원리는 보통 다음과 같은 공식으로 표현한다.

$$\triangle x \cdot \triangle p = h/4\pi$$

여기서 왼쪽은 위치 오차와 운동량 오차의 곱을 나타내는데 이것은 몰라도 상관없다. 여기서 중요한 것은 오른쪽이 상수(constant)라는 것이다. h는 플랑크 상수이고 π는 우리가 잘 아는 원주율(3.14…)이다. 불확정성 원리는 그래서 "뭘 확정할 수 없다"는 게 아니라, 확정할 수 있는 "한계가 이것이다"라는 것이다. 그게 그거 아니냐 고 할지 모르겠다. 그러나 그 둘은 다르다. "100% 확실한 건 없다"라고 말하는 것과 "정확함의 한계는 99.999%다"라고 말하는 것은 다르다. 후자는 전자를 설명할 수 있지만 전자는 후자를 설명하지 못한다. 측정 오차의 문제는 기술의 발전으로 줄어들 수 있다. 빛을 쏘아서 위치를 측정하는 게 오차가 크다면 어떤 다른 기술을 개발할 수도 있을 것이다. 그러나 불확정성 원리(위의 공식)는 관찰 기술의 향상에 따라 변하는 것이 아니다. 그것은 자연의 한 근본 현상을 표현하는 것이며, 측정 오차의 문제가 아니다.

이 말을 실생활의 용어로 표현한다면, "좋은 대학에 들어가면 자신이 하고자 하는 분야에서 성공할 수 있는 확률이 **.**%이다"라고 말할 수 있다. 일반적으로 대중은 특정한 사안에 대하여 확정적으로 믿거나 결정짓는 경향이 있다. 하지만 이 법칙에 따르면 그러한 믿음과 확증은 완벽하지 않기 때문에 한번 더 생각하고 한번 더 멈추어 서서 행동을 해야 된다. 예를 들어 유명한 전문가 또한 매스컴에서 자주 나왔던 사람의 말은 언제나 옳은 말이며, 신뢰할 수 있다고 믿는 사람들이 많다. 하지만 신이 아닌 사람인 이상 언제나 옳고 언제나 신뢰할 수는 없다. 판단에 필요한 지식의 취사 선택은 늘 신중하게 이루어져야 한다. 그 판단이 나의 미래와 운명을 결정지을 수 있기 때문이다.

조직이나 집단에서 레밍효과가 발생하는 것을 자주 볼 수 있다. 대다수의 사람들이 일부 다수의 사람들의 행동이나 선택에 동조를 하게 되는 현상이 급격하게 변화하는 세상에서 자신이 선택에 대한 불확실성을 일부 다수의 사람들이 선택한 판단을 따름으로써 자신의 선택에 안도감을 느낄 수 있을지 모르지만 결코 그러한 판단이 자신을 위험에서 구제해 주지는 않을 것이다. 그래서 많은 사람들은 사이비 종교, 불법 다단계 판매, 고수익 보장하는 투자에 빠져드는 안타까운 선택을 하게 되는 것일지도 모르겠다.

52. 피셔[26]의 분리정리 [Fisher's Separation]

1단계로 투자 수익률이 시장 이자율보다 높은 최적투자결정으로 현재의 부를 극대화한다. 2단계로 최적소비는 시장이자율과 같아지도록 시장기회선에 따라 차입 또는 대부를 결정한다. 즉, 생산기회와 자본 시장의 교환 가치가 동시에 주어지는 경우 최적생산(투자의 결정)은 전적으로 시장이자율에 따라 결정되는 것이며 소비자의 효용구조와는 무관하다는 이론이다. 현대 기업 경영에서 소유와 경영이 분리될 수 있음을 증명하고 부의 극대화가 모든 재무의사 결정의 목표로서 설정될 수 있음을 설명할 수 있다.

소비자의 최적선택은 두 단계의 과정을 통해 이루어진다. 첫째, 가장 높은 시장기회선을 얻을 수 있게끔 생산을 결정하며, 둘째, 가장 높게 얻어진 시장기회선을 따라 가장 큰 효용을 주는 점을 택한다. 소비자의 효용을 극대화시키기 위한 이러한 최적화 과정에서 그 첫 단계로 이루어지는

---

[26] Irving Fisher (1867. 2. 27 ~ 1947. 4. 29): 계량경제학의 창시자 중 한 사람으로 경제 분석에 수학적 방식을 도입한 미국의 경제학자이자 통계학자이다. 『가치와 가격 이론의 수학적 연구』는 수리경제학의 고전적 저서이다. 『지수작성법』에서의 지수공식에 관한 연구는 피셔식 지수로 유명하다.

최적생산의 결정을 보면 생산기회선과 시장기회선이 접하는 것이 최적생산의 조건이 되는데, 생산기회선상의 어느 점에서 그 점을 지나는 시장기회선과 접하게 될 것인가는 시장기회선의 기울기가 얼마인가에 따라 달라진다. 이는 시장이자율이 얼마인가에 따라 생산의 최적을 나타내는 접점의 결정이 달라지는 것을 뜻한다. 최적생산의 결정은 시장이자율 수준에 따라 결정되는 것이며, 소비자의 선호 구조와는 전혀 무관한 것이 된다. 이는 최적생산의 결정과 소비자의 선호 구조의 분리를 뜻하는데, 이를 피셔의 분리 정리라고 한다.

예를 들어, 소유와 경영이 분리된 기업이 전문 경영인을 영입해 회사의 경영을 맡긴다면. 전문 경영인은 수많은 주주들의 효용(이익)을 따져서 사업을 진행해야 하는데, 주주들이 원하는 방향이 제 각각이라면, 어떤 주주는 현재 소비를 중요시해서 많은 투자를 하는 것을 꺼리고, 어떤 주주는 미래 소득을 중요시해서 지금 투자하고 미래에 많은 돈을 받으려 한다. 피셔의 분리정리에 의하면, 주주의 의견은 중요치 않으며 경영자는 부를 극대화시킬 수 있는 사업을 하면 된다. 반면에, 소비자는 내가 감당할 수 있는 이자비용 안에서 최대한의 소비를 하면 최대한의 만족을 얻을 수 있다는 것이다. 소위 말해서 '빚을 지는 것도 능력이다'고 할 수 있다.

피셔의 분리정리는 자본자산 가격결정모형(CAPM : capital asset pricing model)의 중요한 토대이며 현재 재무 관리에서도 기업의 목적이 왜 주주의 부를 극대화하는 데 있는지를 설명하는 이론으로 사용된다. 기업이 이익 극대화를 위해 계량적인 시장 이자율을 사용한다면 개인의 수익 극대화를 위해서는 인문적인 부분을 사용한다면 효율적일 것이다.

필립 피셔는 경영진과 임직원, 회사 조직 문화 등 계량화하기 어려운 요소에 투자 판단 기준을 삼는 것으로 유명하다. 그 예로 1950년대 모토롤라의 창업자인 폴 갤빈의 아들 밥 갤빈을 만나 대화를 나눈 뒤 - 당시 월가에서는 경영권을 세습시킨 모토롤라에 대해 부정적인 의견을 피력 - 주식을 매입하기 시작. 그는 1956년 주당 42달러에 모토롤라 주식을 매입하기 시작하여 무려 44년이 흐른 2000년에 주당 1만 달러에 매도하였다(240배).

장기 투자가 주식 투자의 바이블이라고는 하지만 반세기 가깝게 주식을 보유하기란 쉬운 일이 아니지만 CEO인 밥 갤빈을 비롯해 회사 임직원들을 지속적으로 관찰하고 조사했기 때문에 가능하였다.

그의 투자는 잠재 성장 가능성과 연구 개발 능력, 경영진의 개발 의지 등의 요소를 바탕으로 기업가치를 산정하는 것부터 출발한다. 이를 위해 해당 기업 임직원과의 미팅을 자주 했던 것으로 유명하다고 하다. 심지어 고객과 납품 회사, 경쟁사 임직원들로부터도 해당 기업에 대한 정보를 수집해 증권업계의 '셜록 홈즈'라는 별명까지 얻었다고 한다.

그의 저서들은 스탠포드를 비롯한 유수의 MBA 과정에서 지금도 교과서로 사용될 정도로 학문적 가치를 지니고 있으며, 주식 투자로서는 최초로 '뉴욕타임즈'의 베스트셀러에 오르는 등 다른 주식 투자 이론서와 근본적인 차별성을 바탕으로 아직도 세계 주식 시장에 많은 영향을 끼치고 있으며 8가지 투자 전략을 강조하였다.

1) 장기적으로 평균이상의 높은 성장을 위해 사업 전략을 구사하는 회사의 주식을 사라. 이런 회사들은 타고난 능력으로 새로운 경쟁자의 진입을 어렵게 한다.

2) 피셔는 위와 같은 회사들이 시장에서 인기가 없을 때, 더욱 관심을

둔다. 특히 시장 상황이 이들에게 우호적이지 못하거나, 재무분석가들이 이들의 진정한 가치를 제대로 파악하고 있지 못할 때 더욱 초점을 맞춘다.

3) 일단 매입한 주식은 사업에 본질적인 변화가 있거나, 더 이상 평균 이상의 성장을 지속할 수 없을 때까지 보유해라. 단기적인 가격 변동이나 실적 등을 이유로 주식을 파는 것은 어리석은 짓이다.

4) 만일 투자의 목적이 장기적으로 자산을 증가시키는 것에 있다면, 배당금은 별로 중요하지 않다.

5) 실수는 투자에 이미 내재된 비용이다. 중요한 것은 투자자가 가능한 빨리 실수를 깨닫고, 그 원인을 철저하게 분석하여, 똑같은 실수를 반복하지 않는 것이다. 그리고 좋은 주식에서 높은 수익을 올리고 있다면, 그저 그런 몇 개의 주식에서 발생하는 작은 손실에 대해서는 연연하지 않는 것이 좋다.

6) 정말 좋은 회사들은 비교적 적다. 투자자는 이 소수의 좋은 회사에 집중 투자해야 한다. 잘 알지도 못하는 수십 개의 회사에 분산 투자하는 것은 오히려 위험을 가중시킬 뿐이다. 일반적으로 10개나 12개 정도가 알맞다. (피셔의 포트폴리오는 10개사 미만으로 구성되어 있으며 그중 3-4개 사에 총투자자금의 75%가 집중되어 있다.)

7) 투자자가 직접 기업의 가치를 평가하고, 스스로 투자 판단을 내릴 수 있어야 한다. 그리고 자신의 판단이 정말 옳다고 생각될 경우에는, 대부분의 사람들의 것과 다르다 하더라도 그것을 지킬 수 있는 용기가 필요하다.

8) 성공은 열정과 지성, 그리고 성실함을 모두 겸비하였을 때 이루어진

다는 기본적인 성공의 원칙은 투자에도 적용된다.

53. 끌어당김의 법칙 [Law of Attraction]

사람들은 성공하는 방법을 몰라서 성공하지 않는 것이다. 성공하기 위해 시도하지 않기 때문이다. 그러나 이 법칙에 따르면 성공을 위한 시도는 그리 어렵지 않다. 끌어당김의 법칙은 어떤 바람이나 대상에 대해 생각하면 그 일이 실제 일어날 가능성이 높아진다는 것을 의미한다. 그래서 "Like attracts like", 유유상종(類類相從)의 의미로 '끌림의 법칙', '인력의 법칙'이라고도 한다. 이 법칙을 이해한 다음 세 가지 단계를 거치면 원하는 건 뭐든지 손에 넣을 수 있다.

첫째, 원하는 것에 대해 생각하되, 긍정적인 부분만 생각한다. 예를 들어, 푸드 트럭 사업에 성공하고자 한다면 실패는 절대 생각하지 않는다. 부정적인 생각은 잘못된 의사 결정을 하도록 만들 수 있기 때문이다. 대신 성공해서 얻을 수 있는 이익들을 생각한다. 예를 들어 사업 성공 후 초현대식 레스토랑 건물을 사고 그 안에 자신만의 인테리어로 장식을 한 후 많은 사람들이 행복하게 식사를 하는 아름다운 생각이 꼭 성공할 수 있도록 만들어 줄 것이다.

둘째, 원하는 바를 믿고 그게 곧 자신의 것이 될 수 있다는 신념을 갖는다. 긍정적인 부분만 생각하되 '그 레스토랑은 아주 빠른 시일 내에 내 것이 될 것이다'라는 확신을 갖는다.

셋째, 원하는 바를 얻은 상태와 그때의 느낌을 받아들인다. 그 레스토랑이 있으면 어떨지 상상해 보고 그때의 느낌을 지금 갖도록 한다.

이 법칙은 개인의 자기계발은 물론 기업 세일즈에서도 적극 활용되었다. 예컨대, 브라이언 트레이시(Brian Tracy)는 『전략적 세일즈』(2012)에서 우리는 살아 있는 자석이기 때문에 자신의 지배적인 생각과 어울리는 사람과 상황을 자기 삶에 끌어들인다고 하였다.

비키 쿤켈(Vicki Kunkel)은 『본능의 경제학: 본능 속에 숨겨진 인간행동과 경제학의 비밀(Instant Appeal: The 8 Primal Factors That Create Blockbuster Success)』(2008)에서 "이 이론은 성공으로 가는 쉽고 빠른 길을 추구하는 사람들의 본능적 욕망에 직접 맞닿았을 뿐 아니라 명성과 지위를 바라는 본능적 욕구도 건드렸다. 이 이론이 겨냥한 욕구들은 모두 감정적 위안을 가져다주는 요소들이다. 우리는 모두 인정과 성공, 경제적 보상까지 받을 수 있다. 그것을 생각하고 얻게 되리라 믿기만 하면 말이다. 정말 멋진 발상인가. 게다가 멋진 인생을 그토록 쉽게 이룰 수 있다니, 감정적으로도 그 이상 위안이 될 수 있는 것은 없다. 우리의 원시적 뇌에겐 그야말로 지상낙원이다."

하지만 영국의 임상심리학자 스티븐 브라이어스(Stephen Briers)는 『엉터리 심리학(Psychobabble: Exploding the Myths of the Self-help Generation)』(2012)에서 "극단적으로 긍정 마인드를 추구하면 어떠한 부정적인 의견도 허용하지 않게 되고 심지어 물리학의 법칙 같은 과학적 견해조차 부정적이라고 배격하게 되는 경우까지 생긴다."라고 하였다. 그는 긍정 마인드 운동은 범죄자들이 갖고 있는 '극단적 낙관주의'와 비슷한 측면이 있다고 주장하였다. 예를 들어 범죄자들의 경우에는 보통 죄를 짓고도 영원히 잡히지 않을 수 있다는 근거 없는 자신감을 갖고 있는데 긍정 마인드 운동 역시 어떠한 장애물이 닥치더라도 원하는 결과를 얻을 수 있다는 근거 없는 자신감을 강조한다고 경고하고 있다. 이러한 '극단적인 낙관주의'는 범죄자의 사고 목록 중 하나인 '인지적 나태'와 밀접한 관련이 있다. 이것은 어떤 문제가 생겼을 때, 그것을 해결하기 위한 생각이나 계획, 아이디어에 대한 무비판적 태도를 말한다.

그러나 이지성의 『꿈꾸는 다락방』(2017년 발매, 차이정원)에서는 이 법칙을 통해 꿈을 이룬 셀럽들을 기술하였다. 현영은 헤이헤이 시즌1을 보고 '나도 김원희처럼 되고 싶다'라고 생각하고, 김원희 씨 사진을 보고 꿈을 꿨다고 한다. 그래서 헤이헤이 시즌2에 결국은 김원희와 나란히 앉아 방송하게 되었고 가수 휘성은 "나의 꿈은 과거에도 지금도 세상에서 노래를 제일 잘하는 사람이 되는 것이다. 그 꿈을 위해 나는 지금도 이 법칙에 몰입하는 중이고, 성공한 사람들을 가까이하며 끊임없이 자극을 받는다."라고 하였으며, 한채영은 연예인 지망생 시절 외국에 있을 때, 우리나라 연예인 사진을 구하기가 어려웠다. 그래서 구할 수 있는 모든 한국 연예인 사진을 집에 붙여 놓고 꿈을 키웠다고 한다. 배우 정유미는 "김연아, 강수진, 비욘세, 클린트 이스트우드의 사진을 창문에 붙여 놓고 멀뚱히 바라 볼 때가 많아요"라고 하였다. 윌 스미스 역시 "제가 꿈꾼 것 이외에는 생각해 본 일이 없습니다"라고 했다. 영화 〈타이타닉〉의 여주인공 케이트 윈슬렛은 "하느님께 14년 7개월 동안 변치 않고 배우가 되게 해 달라고 기도했더니, 소원을 들어주셨다"라고 했으며, 배우 짐 캐리는 수표 용지를 지갑 속에 넣어 가지고 다녔고, 매일 수시로 들여다보면서 영화 출연료로 1천만 달러를 받는 자신의 모습을 생생하게 꿈꾸었다. 실제로 1995년에 〈마스크〉 영화 출연료로 1천만 달러를 받았다.

성공은 꼭 많은 돈, 높은 지위, 큰 명성만은 아니다. 하루 10분 수면 시간 절약 후 10분 아침 운동을 목표로 하였고 그것을 실천하였다면 그것 역시 성공이다. 자신이 꿈이 있다면 그 꿈을 이루기 위해 아주 작은 실천부터 시작하여 자꾸 이루고 성공하는 습관을 가지게 된다면 누구나 알고 있는 커다란 성공을 반드시 이룰 수 있을 것이다.

54. 바그너 법칙 [Wagner's law]

경제가 성장할수록 국민총생산(GNP)에서 공공 부문의 지출 비중이 높아진다고 하여 '공공지출 증가의 법칙(law of increasing state spending)'이라고도 한다. 19세기 말 독일의 경제학자 아돌프 바그너(Adolph Wagner)가 처음으로 공공지출 증가의 법칙을 제시했다. 예를 들어 복지 증대에 대한 국민들의 요구가 커지면 복지 향상을 위한 정부의 기능과 활동이 증가하고 그에 따라 공공 부문의 지출도 증가한다. 미국의 경제학자 리처드 머스그레이브(Richard Musgrave)도 경제 발전에 따른 공공 부문 지출 비중의 꾸준한 증가는 정부의 사회적 기능, 행정적·예방적 기능, 복지후생 증진 기능 등 세 가지 정부 기능의 확대로 설명된다고 하였다.

사회가 안정된 시기에는 공공 예산도 안정적으로 증가하지만, 전쟁이나 대공황과 같은 혼란기에는 위기 극복에 대한 사회적 공감대 속에서 정부가 국방비 조달, 총수요 진작 등을 위해 증세를 통하여 용이하게 공공 예산을 확대한다는 사실을 밝혀냈다. 중요한 점은 긴급한 국가적 위기 상황이 종료된 이후에도 세율이 원상 복구되지 않기 때문에 동태적으로 공공 예산 규모가 줄어들지 않는다는 것이다. 선거철만 되면 자주 듣게 되는 단어 가운데 '복지 포퓰리즘[27]'이 있다. 선거에 당선되기 위하여 특정 다수 또는 집단의 이익을 위해 선심성 공약을 발표하고 실행하는 것을 우리는 복지 포퓰리즘이라고 이해하고 있다. 복지는 소외된 이웃과 불우한 서민들에게 반드시 필요한 정책이다. 하지만 포퓰리즘이라는 단어를 사용하여 복지를 논하기 전에 공정성과 형평성의 문제를 고려해 봐야 될 것이다. 우리나라는 성장 위주의 경제 정책으로 인하여 국민총소득은 높은 편이나 실질 소득이 낮아 저출산 국가가 되었다. 이는 부의 편중으로 인하여 대부분의 서민들은 아이를 낳아서 기르기 힘든 실정이기 때문이다. 그래서 대다수의 지방 정부는 저출산을 극복하기 위해 다자녀를 가정을 위해 각종 혜택을 지급하는 정책을 사용하고 있다. 공공 지출을 위해서는 접전의 양극에 있는 사람들의 수준과 형편을 고려해야 된다. 많은 아이를 낳아 기르고 싶어도 삶의 무게에 의해 한 아이도 어렵게 키우고 있는 가정과 삶의 넉넉함으로 인해 다자녀를 손쉽게 이룰 수 있는 가정을 보자. 전자는 다자녀를 하고 싶어도 맞벌이는 해야만 하는 부모라면 그리고 아이를 돌보고 키울 사람이 집에 없다면 외로이 홀로 자라는 아이에게 형제, 자매가 많아 의지할 수 있는 가정보다는 더 많은 사랑과 관심이 필요하다. 반대로 부유한 집의 다자녀들은 굳이 정부의 혜택을 받지 않아도 그들 스스로 윤택한 삶을 누릴 수 있기에 불우한 이웃들에게 더 혜택이 가도록 고려를 해야 된다. 실질적으로 다양한 가정의 형태와 계층의 사람

---

27) 반(反)엘리트주의적인 민중영합주의. 영어로 피플(people)을 뜻하는 라틴어 포풀루스(populus)에서 유래된 말로, 19세기 말 러시아 사회를 풍미했던 나로드니키(narodniki)의 계몽운동과 1890년대 미국 농촌 사회에서의 농민 운동에서 비롯되었다. '대중주의', '인기영합주의' 등으로 번역된다.

들에게 공평하게 혜택이 돌아갈 수 있도록 정책을 수립하기는 현실적으로 어려울 것이다. 하지만 공정한 부의 재분배는 특정 기준(아이의 숫자)가 아닌 현실적인 삶의 소득과 형편을 고려하여 정책을 수립하여 공공의 지출을 확대해야 된다.

55. 붉은 여왕 가설 [The Red Queen hypothesis]

계속해서 발전(진화)하는 경쟁 상대에 맞서 끊임없는 노력을 통해 발전(진화)하지 못하는 주체는 결국 도태된다는 가설로 '붉은 여왕의 달리기' 혹은 '붉은 여왕 효과'라고도
한다. 주로 진화론이나 경영학의 적자생존 경쟁론을 설명할 때 유용하게 사용된다.

《거울 나라의 앨리스[28]》에서 앨리스가 숨을 헐떡이며 붉은 여왕에게 묻는다. "계속 뛰는데, 왜 나무를 벗어나지 못하나요? 내가 살던 나라에서는 이렇게 달리면 벌써 멀리 갔을 텐데." 붉은 여왕은 답한다. "여기서는 힘껏 달려야 제자리야. 나무를 벗어나려면 지금보다 두 배는 더 빨리 달려야 해." 거울 나라는 한 사물이 움직이면 다른 사물도 그만큼의 속도로 따라 움직이는 특이한 나라였다.

---

28) 루이스 캐럴(Lewis Carrol)의 동화(이상한 나라의 앨리스)의 속편인 거울 나라의 앨리스(Through the Looking-Glass)에는 앨리스가 붉은 여왕과 함께 나무 아래에서 계속 달리는 장면이 나온다.

미국의 진화생물학자였던 밴 베일런(Leigh Van Valen)은 1973년 '새로운 진화 법칙(A New Evolutionary Law)'이라는 논문에서 '지속소멸의 법칙(Law of Constant Extinction)'을 설명하고자 붉은 여왕 가설을 제시했다. 그는 지금까지 지구상에 존재했던 생명체 가운데 적게는 90%, 많게는 99%가 소멸했다고 한다. 적자생존의 자연환경하에서 다른 생명체에 비해 상대적으로 진화가 더딘 생명체가 결국 멸종한다는 것이다. 이러한 현상은 거울 나라의 이치와 같다. 미국 스탠퍼드 대학 교수인 윌리엄 P. 바넷(William P. Barnett)은 1996년 모튼 티 핸슨(Morten T. Hansen)과 공동 발표한 논문 '조직 진화 내의 붉은 여왕(The Red Queen in Organizational Evolution)'에서 붉은 여왕 가설을 경영학에 접목시켰다. 경쟁이 시장의 모든 기업을 더 강하게 만든다는 것이다. 성과를 높이려 노력하는 기업은 일순간 시장의 승자가 된다. 하지만 그 지위는 실패를 만회하고자 하는 2인자의 도전을 받는다. 새로운 경쟁 기업은 언제든 나타난다. 쉼 없이 경쟁 기업의 움직임을 살피고 더 분발하지 않는 기업은 결국 시장에서 도태되고 만다. 거울 나라의 붉은 여왕이 앨리스에게 말한 것처럼 영원한 1등은 없다. 끝임 없는 변화를 통한 혁신만이 살 길이다.

코닥 필름은 세계 최초로 디지털 카메라를 개발한 회사이다. 하지만 필름 카메라 시장이 피해를 입을 것을 염려해 상용화를 중지했다. 그러나 디지털 카메라 대중화에 따라 필름 카메라 시장이 급속도로 위축되면서, 결국 코닥은 2012년 파산했다. 서버 시장 1위로 실리콘밸리 혁신의 아이콘이었던 썬마이크로시스템즈는 혁신에 거듭 실패하면서 구글, 아마존, 페이스북과 같은 후발 혁신 기업에 밀려 2009년 오라클에 인수됐다. 이후 이 먼로 파크에 위치한 썬마이크로시스템즈 캠퍼스를 인수한 페이스북은 출입구에 'SUN' 간판을 그대로 두고 그 뒷편에 페이스북 '좋아요' 로고를 올려 놓았다. 선마이크로시스템즈의 실패를 타산지석으로 삼기 위해서라고 한다. "마누라와 자식만 빼고 다 바꾸라"는 이건희 삼성전자 회장의 신경영 선언은 20여 년이 지난 지금까지도 국내 산업계에 회자되고 있다. 그리고 보스턴컨설팅그룹의 조사에 의하면 최근 글로벌 기업의 평균 수명은 1970년의 절반 수준인 약 30년이라고 한다. 미국의 경우 향후 5년간 현존 기업의 퇴출 가능성이 30%에 달하고 이 확률이 증가 중이라고 발표했다.

많은 전문가들이 가장 기본적인 혁신 방법론으로 언급하는 것이 인수합병과 인력 확보다. 그래서 혁신의 발목을 잡는 기존 체계에서 벗어나기 위해서는 지도자의 의지로 새로운 혁신의 씨앗을 외부에서 수혈하는 것이 필수적이다. 삼성페이는 삼성전자의 루프페이 인수로 성공을 이끌었으며 구글도 혁신을 가속화하기 위해 외부의 혁신 씨앗을 공격적으로 인수하고 있다. 중국은 아예 국가 차원에서 지난 2008년부터 해외 고급 인재 2천 명 유치를 목표로 하는 '천인(千人)계획'을 혁신 프로그램의 하나로 추진하고 있다. 중국의 마윈과 레이쥔, 미국의 마크 저커버그, 일론 머스크, 제프 베조스 등은 모두 창업 1세대이고 인터넷 세대이기 때문에 세상이 어떻게 변할 것이라는 확신을 가지고 기업을 경영하지만 한국 기업들은 창업 2~3세대가 선대의 가업을 잘 지켜 나가는 데만 몰두하기 때문에 공격적인 경영이 힘들다. 과거에는 큰 물고기가 작은 물고기를 잡아먹었지만, 이제는 빠른 물고기가 느린 물고기를 잡아먹는 시대이다. 덩치가 큰 대기업은 기민한 대응에 한계가 있는 만큼 작은 물고기처럼 빠르게 움직일 수 있도록 강소기업을 중심으로 재편해 빠른 변화에 대응할 수 있도록 하고 빠르게 움직이는 물고기들의 조합이 될 수 있도록 협력의 네트워크를 구축할 필요가 있다. 그래서 대기업들은 사내 벤처를 적극 육성해 큰 조직에서 실행하지 못하는 혁신적인 아이디어를 빠르게 실험하는 식으로 변화에 대응하거나 직원들의 역량과 창의력을 최대한 발휘할 수 있도록 하는 조직 문화가 필요하다.

호주 멜버른의 샌드위치 가게 '재플슈츠'에는 의자와 테이블이 없다. 심지어 위치도 건물 7층에 가게가 위치하고 있다. 샌드위치 하나 먹으려고 누가 7층까지 올라갈까 싶지만 인기가 대박이다. 재플(Jaffle)은 호주에서 샌드위치를 뜻하며, 슈츠(Chutes)는 낙하산이다. 이 가게 점원들은 샌드위치를 낙하산에 달아서 1층으로 내려 보낸다. 손님들은 온라인에서 미리 주문하고 받을 시간만 정한 뒤 하늘에서 내려오는 샌드위치를 받아 먹는 짜릿한 경험을 한다.

레고는 1990년대 이후 새로운 장난감에 연이어 도전했지만 2004년 사상 최대 규모의 적자를 내며 파산 위기에 처하게 된다. 위기 극복을 위해 덴마트의 한 컨설팅 회사에 위기 극복을 의뢰하였다. 그런데 그 회사는 모든 고객들의 문제를 철학적으로 접근하는 회사였다. 레고의 문제의식은 "아이들이 어떤 장난감을 좋아할까?"였다. 컨설팅 회사는 그 질문을 "아이들에게 놀이란 무엇일까?'라는 질문으로 바꾸었다. 레고는 이 질문에 답을 찾기 위해 아이들을 직접 관찰하고 인터뷰를 하며 이전과는 전혀 다른 사실을 발견하게 된다. 아이들에게 장난감이란 바로 가지고 놀 수 있어 즐겁지만 시간을 투자해서 어려운 기술을 익히고 이 익힌 기술을 자랑하면서 가장 큰 즐거움을 느낀다는 사실이었다. 레고는 이때부터 힘도 더 들고 시간도 더 오래 걸리지만, 스스로 성취감을 느낄 수 있는 장난감

블록을 개발하게 된다. 단순히 어떤 장난감을 좋아할까에서 근본적인 질문인 아이들은 왜 놀까로 바뀌는 두 가지의 질문 사이에 존재하는 높이의 차이를 인식하는 것이 철학적 접근이다. 이후 레고는 상상을 초월하는 기업적 성장을 거듭한다.

56. 스트라이샌드 효과 [Streisand effect]

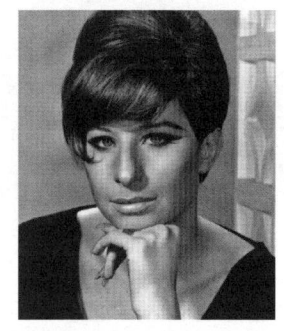

온라인상에서 어떤 정보를 숨기거나 삭제하려다가 오히려 사람들의 관심을 끌게 되어 당초 기대와 반대로 그 정보의 확산을 가져오는 역효과를 말한다. 인터넷의 발달로 인터넷 사이트의 캐시 등 많은 흔적을 완전히 삭제하는 것은 사실상 불가능하기 때문에 특정한 정보에 흥미를 가지고 있던 사람이 그 정보를 은폐하려는 사람을 곤란하게 만들기 위한 목적으로 증거 등을 찾아내어 빠르게 확산시키기도 한다.

사진작가 애들먼(Kenneth Adelman)은 2002년부터 캘리포니아 주정부의 지원을 받아 해안 침식을 항공 사진으로 촬영하고 이를 사이트에 공개하는 프로젝트를 진행하였다. 그런데 미국의 가수이자 배우인 바브라 스트라이샌드(Barbra Streisand)는 이 사이트가 자신의 저택이 찍힌 사진을 올려 사생활을 침해했다며 사진 작가와 웹사이트를 상대로 문제의 사진 삭제를 요구하는 거액의 손해배상 청구 소송을 제기했다.

하지만 애들먼은 이 사진은 기록 자료로 반드시 공개해야 한다고 주장했고, 뉴스를 통해 소송 사실이 보도되자, 이 사진에 실린 스트라이샌드의 저택에 세간의 관심이 집중되어 소송 제기 한 달 만에 42만 명이 검색하는 등 관심이 더욱 확산되었다. 이와 유사한 사례들로 2008년 영국의 IWF(인터넷 감시 재단)가 영어판 위키백과에 있던 록 밴드 '스콜피온즈'의 앨범에 대한 내용을 블랙 리스트에 올렸는데 오히려 이 항목 조회수가 증가하였고, 2012년 스코틀랜드의 교육 위원회가 학교 급식 사진을 올렸다는 등의 이유로 9세 초등생의 블로그를 폐쇄시켰지만 이로 인한 국제적 비난 여론이 과열되자 블로그를 되살렸고 이후로 이 블로그는 더욱 유명해졌다.

2013년 프랑스 정보국은 프랑스어 위키백과에 있던 '피에르 쉬르 오트 군용 무선국' 항목에 대해 국방상 비밀이 게재되어 있다며 위키 미디어 재단에 삭제를 요청했으나 거부당했다. 그래서 관리자 권한을 갖고 있던 한 위키백과 편집자에게 강요해 해당 항목을 삭제시켰으나 다른 편집자로 인해 해당 항목은 복구되었고, 어마 어마한 조회 수를 기록하였다. 같은 해 그리스의 정치가 '시어도어 카사네바스'는 그리스어 위키백과에 적힌 자신의 내용이 명예훼손에 해당된다며 편집자를 상대로 소송을 냈다. 하지만 이 사건 때문에 이전에 없던 다른 언어의 항목이 신설되면서 카사네바스에 대한 내용은 각 언어별로 조회수 랭킹 상위권에 노출되었다.

국제 구호 전문가인 한비야 씨는 이 효과에 대한 3단계 해결법을 제시하였다. 1단계는 받아들이는 것이다. 유명해졌으니까 유명세(稅)를 내야 한다는 제안이다. 돈을 벌면 세금을 내야 하듯이 유명인이 되었다면 세금을 내야 한다는 것이다. 2단계는 무시하는 방법이다. 남들이 뭐라고 말하든 본인의 길을 간다는 태도를 견지하라는 조언이다. KTX가 지나가는 소리에 놀라서 짖는 개들을 위해 KTX에서 내려서 일일이 왜 그렇게 짖느냐고 따질 필요가 없다는 것이다. 3단계는 마음이 계속 무거울 때는 그동안 자신이 저질렀지만 드러나지 않은 수많은 잘못이나 실수를 상기하라고 조언한다. 불만 고객이 많이 화가 난 상태라면 공개적인 공간에서의 토론은 가급적 피하고 가능하면 구경꾼이 없는 일대일 상황을 만들라. 구경꾼은 이런 저런 트집을 잡는 경향이 있기 때문이다. 오프라인 매장에서도 성난 고객과는 별도의 공간이거나 사무실 등으로 옮겨 따로 이야기를 하는 것이 좋다.

기업은 자신들의 과오를 숨기려다 오히려 역풍을 맞는 경우가 허다하다. 브리티시페트롤리엄(BP)은 멕시코만 기름 유출 사건을 감추다 21세기 최악의 환경 재앙이란 비판을 받았고 도요타는 가속페달 결함을 숨기려다 소비자들로부터 더 외면당했다. 그리고 비밀스럽게 자신들의 치부를 숨기려다 오히려 더 크게 알려지는 사례도 적지 않다. 골드만삭스는 직원들에 대한 과도한 보너스와 '쇼트(shorts)'로 알려진 가치 하락에 투자해 수익을 내는 관행 등으로 악명을 날렸으며, 휴렛패커드는 성추문에 휩싸인 전 CEO 마크 허드를 축출해 세간의 입방아에 올라 후임으로 레오 아포테커를 영입했으나 그는 오라클과 법적 다툼에 휘말렸으며, 살모넬라균에 감염된 달걀 5억 개 이상을 유통시켜 소비자 수천 명을 감염시킨 미국의 양대 달걀 생산업체인 라이트 카운티 에그와 힐렌데일 팜스도 본인들의 의도와는 정반대로 수치스러운 명성을 증기서켰다. 몰래 몰래 숨겨 왔던 사실들이 선의의 제보자에 의해 밝혀져 그동안 추구했던 기업의 이미지에 먹칠을 한 사례도 적지 않다. 구글은 3차원 지도 '스트리트뷰' 작성 과정에서 개인 정보 수집 사실이 드러나 비난받으며, 애플은 신제품 아이폰 4의 안테나 수신 문제를 외면하다가 소비자들의 호된 비판을 받았다.

57. 환골탈태의 법칙 [換骨奪胎 法則]

換 : 바꿀 환, 骨 : 뼈 골, 奪 : 빼앗을 탈, 胎 : 아이 밸 태. '뼈를 바꾸어 아이가 된다'는 뜻으로 새로운 의미를 만들어 내는 것을 비유하거나 사람의 용모나 됨됨이가 전과 다른 새로운 모습이 되었음을 일컫는 말로 쓰인다. 중국 남송(南宋)의 승려 혜홍(惠洪)은 냉재야화(冷齋夜話)라는 비평서에서 소동파(蘇東坡)와 황정견(黃庭堅)을 최고의 시인으로 꼽으면서 황정견의 말을 다음과 같이 인용하였다. "그 뜻은 바꾸지 않으면서 그 말만 새로 만드는 것을 환골법이라 하고, 그 뜻에 깊이 파고 들어서 그대로 형용하는 것을 탈태법이라 한다(不易其意而造其語, 謂之換骨法, 窺入其意而形容之, 謂之奪胎法)." 이 말은, 시를 짓는 데 있어 예전 사람의 법칙을 본받으면서도 새로운 것을 창작해 내는 것을 말한다. 환골탈태는 원래 신령스러운 영약인 금단(金丹)을 먹어서 보통 사람이 뼈를 태아와 바꾸어 신선이 된다는 도가(道家)의 전설에서 온 말이다.

솔개의 수명은 40년이지만 환골탈태를 통해 70년까지 수명을 연장할 수 있다고 한다. 40살이 되었을 때 솔개는 중요한 선택을 해야 한다. 닳아 빠진 부리와 발톱으로 더 이상 사냥을 할 수 없기 때문에 천천히 굶어 죽거나, 낡은 부리를 바위에 쪼아 뽑고, 너덜너덜해진 발톱을 뽑아 내는 환골탈태를 하여 생명을 연장하는 것이다. 전자는 고통은 상대적으로 적으나 짧은 수명을 가지며, 후자는 극심한 고통 뒤에 또 한번의 생을 산다. 현실에서 솔개의 천천히 굶어 죽는 삶을 선택하는 사람들은 두 가지 특징을 가지고 있다(사실 그러한 삶은 선택한 것 자체를 본인은 알지 못한다). 현재의 생활에 어느 정도 만족을 하며, 자신의 일에 안정적이고 편안함을 느낀다. 그리고 변화를 싫어하고 소위 배타적인 성향을 가지게 된다. 거기에 특별한 노력을 하지 않지만 남들보다 더 많은 이익과 혜택을 받으려는 묘한 보상 심리를 가지고 있다. 왜 그럴까? 이유는 간단하다. 적당히 만족하고 적당히 편안하고 적당히 불편하기 때문에 나의 배려는 나 자신이 포용할 수 있는 범위 내에서만 활용하고 싶어 하는 이기적인 생각이 가득하기 때문이다. 애플의 창업자 스티브 잡스가 스탠포드 대학에서 연설한 것처럼 21세기를 살아가는 현대인은 항상 "Don't live other's life, Stay hungry Stay foolish", "남의 인생을 살지 말라, 항상 부족하다고 생각하고 만족을 경계하라" 해야 된다.

왜냐하면 우리가 살고 있는 세상은 아니 과거와 마찬가지로 인간은 끊임없는 투쟁과 변화 속에서 성장을 추구했으며, 적자생존의 논리에 의해 강한 자는 살아남고 약한 자는 도태되어 왔기 때문이다. 아무리 내가 세상의 변화에 순응하지 않고 저항하려 하지만 현실의 세계는 계속적인 도전 과제를 던져 준다. 세상을 등지고 자연에 귀의하여 생을 유지하는 '자연인'이라 할지라도 현실과의 연결고리는 100% 차단할 수 없다.

19세기 말 미국에서 아이를 키우는 집이라면 반드시 구비해 두었던 약은 윈슬로 부인의 진정 시럽이 있었다. 약이 들어오는 날이면 약을 사려는 사람들로 미국 전역 약국들은 문전성시를 이루었다. 심지어는 이 시럽을 사기 위해서 멀리 떨어진 지역의 약국까지 찾아가기도 하였다. 마법의 시럽은 19세기 중반부터 미국뿐만 아니라 유럽 전역까지 큰 인기를 누렸다. 당시 진정 시럽은 어떠한 통증도 말끔하게 없애 주어 만병통치약이었다. 특히, 늦은 밤까지 잠자리에 들지 않고 잠투정을 부리는 아이들을 재우는 데에도 탁월한 효과를 가지고 있었다. 1849년 시럽이 출시된 이후 뉴욕 타임스 등의 매체에서는 시럽을 극찬하는 기사들이 연일 쏟아져 나왔다. 그리고 시럽 약을 개발한 사람은 평범한 가정주부 샬럿 윈슬로 부인이었다. 19세기 초에 남편을 여의었던 윈슬로 부인은 스무 살 때부터 30년간 소아병동의 간호사로 근무했고 1848년 맞벌이하는 딸 부부의 아이를 돌보던 윈슬로 부인은 젖니 때문에 아파하는 손자를 위해서 치료제 연구를 시작하게 되었다. 간호사 일을 하면서 배운 지식과 전문서적으로 오랜 기간 연구 끝에 진정 시럽을 만드는 데에 성공한 그녀는 '윈슬로 부인의 진정 시럽'을 판매하였다. 당시의 근로자들은 공장이나 농경지에서 맞벌이를 하였고 아이를 돌봐 줄 보모를 고용할 여력이 없었기 때문에 일을 나가기 전 아기에게 시럽을 먹여 강제로 재우고 굶주린 아기를 달래기 위한 방법으로도 시럽을 사용했다. 이로 인하여 진정 시럽은 아기가 있는 근로자들에게 식량만큼 중요하게 여겨졌다. 일반 가정에서뿐만 아닌 교육 시설과 고아원 등 많은 아이들이 있는 공공시설에서도 아이들을 재우기 위해 시럽을 사용했고 심지어는 1860년대 남북전쟁 시기에 큰 부상을 입고 고향으로 돌아온 병사들의 진통제 대용으로 시럽을 사용했다. 윈슬로 부인은 어머니의 친구, 고통 해방자라는 별명으로 불리면서 사람들에게 추앙받았다. 1879년 영국의 유명 작곡가 에드워드 엘가는 윈슬로 부인에게 관악 5중주 곡 '윈슬로 부인의 진정 시럽'을 작곡하여 헌정하기도 하였다. 하지만, 1911년 미국 정부에 의해 '윈슬로 부인의 진정 시럽'은 판매 금지가 되었다. 이유는 중독이 강하고 과다 투여를 할 때 심장이 멈추면서 목숨을 잃게 되어 위험성이 높다는 것이다. 사실 시럽의 주성분은 아편과 모르핀이었다. 19세기 미국에서는 아편과 모르핀이 보편적인 약물로 사용되었다. 그리고 마약 성분의 약물들이 막 개발되기 시작한 시기였기 때문에 위험성이 전혀 알려져 있지 않았다. 이로 인하여 의사들은 코카인, 헤로인, 클로로포름, 아편, 필로폰이 들어간 약물들을 갖은 질병의 치료제로 강력히 권하고 있었다.

심지어 1863년에는 코카인으로 만든 와인이 출시되었고 토마스 에디슨과, 빅토르 위고, 쥘 베른, 등 유명인사들이 코카인 와인을 즐겨 마셨다. 20세기 초 미국 의학협회에서 마약성 약물의 부작용에 주목하면서 진정 시럽의 위험성이 드러났고 모르핀으로 제작한 윈슬로 부인의 진정 시럽은 심장 박동을 떨어트려 아이들에게 수면 효과를 일으켜 시럽을 먹고 잠이 든 아이들은 하루 중 절반이 넘는 시간을 혼수상태에서 보내다 모르핀 중독으로 사망하였다. 19세기 당시 미국은 갖은 질병과 가난으로 유아사망률이 높아 부모들은 영양실조나 질병사로만 생각했고 사망원인이 진정 시럽이라고 전혀 의심하지 않았다. 1911년 미국 의학협회가 진정 시럽을 위험 약물로 규정한 뒤 큰 인기를 끌고 있었던 윈슬로 부인의 진정 시럽은 자취를 감추게 되었다.

58. 오셀로 증후군 [Othello syndrome]

영국의 극작가 셰익스피어의 4대 비극 중 하나인 '오셀로[29]'에서 유래된

---

29) 베니스 공화국의 원로 브라반쇼의 딸 데스데모나는 오셀로(주인공 오셀로는 흑인이라는 태생적 한계를 극복하고 베니스의 장군이 된 인물)를 사랑하게 되어 아버지의 반대를 무릅쓰고 그와 결혼한다. 오셀로의 신임을 받던 최측근 부하 이아고는 본인이 갈망하던 부관의 자리를 캐시오에게 빼앗기자 음모를 꾸민다. 이아고는 오셀로에게 캐시오와 데스데모나가 밀통(密通)하고 있다는 이야기를 흘린 뒤 이를 믿게 만들려고 가짜 증거까지 만든다. 질투에 눈이 먼 오셀로는 갖은 망상에 시달리다 결

말로, 명확한 증거 없이 배우자의 불륜을 의심하고, 이 때문에 자신이 피해를 입고 있다고 생각하는 증상으로 일반적으로 의처증이나 의부증으로 잘 알려져 있다. 이 증상이 심해지면 성(性)적으로 배우자가 부정하다는 증거를 찾으려고 억지를 부리기도 하며, 비이성적으로 생각한다는 면에서 부정 망상(Infidelity delusion)이라고도 불린다. 오셀로 증후군을 가진 사람들의 특징을 살펴보면,

첫째, 성격적으로 편집증 증상을 가진 사람이 많다. 어렸을 때부터 까다롭고 지나치게 꼼꼼하여 기억력이 좋고 항상 다른 사람의 태도를 과장해서 생각한다. 그래서 배우자가 곁에 있어야만 안심이 되며, 질투 및 독점력이 강해 사람들이 상대방을 쉽게 의심한다.

둘째, 배우자에 대해 열등감이 있거나 자존감이 낮을 때 이런 망상이 나타나기 쉽다. 부정한 행동을 한 적이 없다는 증거가 명확함에도 불구하고 오히려 배우자의 정조를 의심할 만한 증거를 찾기 위해 노력한다.

셋째, 편집증이 있는 부모나 지배적인 성향이 강한 부모 밑에서 자란 아이들에게 많이 나타나는 것으로 알려져 있다. 위 세 가지 유형을 종합하여 보면, 극단적인 성향을 가진 사람들에게서 나타나는 증상이라고 볼 수 있다. 자신이 너무 잘나서 나와 동등한 배우자를 극단적으로 갈망하거나 반대로 너무 못났다고 생각해서 나보다 우위에 있는 배우자에게 열등감을 느끼는 것이다. 그렇지 않으면 자란 환경이 양극단에 치우쳐 있게 만든 것이 그 배경이라 할 수 있다. 의학적으로 오셀로 증후군의 치료 방법

국 아내 데스데모나를 죽이고 만다. 하지만 추후에 사건의 진실이 밝혀지자 오셀로는 자책감에 시달리며 자살을 선택한다.

은 당사자가 왜 그런 망상을 가지게 되었는지 분석하는 정신과 치료가 필요하며, 가족치료, 부부치료를 하는 경우가 일반적이나 당사자의 불신이 깊은 경우가 많아서 실제로 치료가 어려운 병으로 분류되고 있다. 현실적으로 불편한 진실 속에서 이 증후군을 극복해야 될 것 같다. 부부는 철저한 남이다. 피를 나눈 형제도 부모 자식도 내 맘과 같지 않다. 그리고 내 배우자는 나의 애완동물이거나 나의 장신구가 아니다. 하나의 인격체를 가진 사람이다. 우리는 이러한 사실들을 망각한다. 그래서 왜 당신은 나와 같은 생각은 하지 않는 건지, 왜 나를 이해해 주지 않는 건지 하며 다투게 된다. 세상에 내 맘을 100% 이해하고 알아주는 사람도 동물도 물체도 아무것도 없다. 내가 나의 생각과 고민을 상대방에게 이해시키는 노력을 끊임없이 해야 겨우 상대방이 나를 1% 이해할 수 있다. 그러한 노력 없이 나의 맘을 알아주지 않는다고 불평을 하는 것은 아이의 울음소리에 배가 고픈지, 잠이 오는지 알아 맞혀 달라는 것과 동일하다. 경영학의 관점에서 보면 소비자들의 생각을 외면한 많은 기업들이 이러한 오류를 범한다. 비슷한 이름의 물건을 만들어 팔면 어리석은 소비자들은 아무런 생각없이 잘 팔리는 물건과 비슷한 물건을 살 것이라고 생각한다. 이 생각은 대중매체가 발달하지 않았을 시기에는 유효하였다. 진품을 제대로 본 사람들이 주위에 많지 않을뿐더러 그 이름도 가끔 혼동될 수 있기 때문이다. 하지만 SNS가 발달하고 선전매체를 용이하게 접할 수 있는 현대의 상황은 유사한 제품이 더 이상 발을 디딜 수 없는 상황을 만들었다. 유사품은 경제학에서 말하는 대체재와는 다른 개념이다. 인기에 편승에 순간적인 이익을 쫓는 제품은 더 이상 소비자들의 선택을 받지 못한다.

59. 요나 콤플렉스 [Jonah complex]

인간이 가지고 있는 모태귀소 본능(母胎歸所本能)을 일컫는 말로 구약성서에 나오는 요나 (Jonah)의 이야기[30]에서 유래된 말이다. 보통은 소년기 이하 미성년자들에게 잘 나타나는 것으로 과도하게 폐쇄적인 성격을 보이거나 엄지 손가락을 빠는 등의 유아기 혹은 아동기의 습관이나 퇴행적인 증상을 보이는 현실 부적응을 말한다. '요나 콤플렉스(Jonah complex)'는 분석심리학의 창시자인 칼 융(Carl G. Jung)이 자신의 운명이나 사명을 피하려는 인간의 무의식적인 성향을 설명하면서 언급하였고, 프랑스의 과학 철학자인 가스통 바슐라르(Gaston Bachelard)는『공간의 시학(La Poetique De L'Espace)』이라는 저서에서 '그것은 우리들이 어머니의 태반 속에 있을 때에 우리들의 무의식 속에 형성된 이미지로서, 우리들이 어떤 공간에 감싸이듯이 들어 있을 때에 안온함과 평화로움을 느끼는 것이 바로 이 요나 콤플렉스다.'라고 하였다. 생명을 온전하게 지켜 주었던 어머니의 자궁으로 되돌아가고 싶다는 본능적 행위는 지극한 사랑을 온전하게 느낀 인간에게 마치 고향에 돌아가고 싶은 마음과 같다. 이는, 인간이 생물체로서 처음으로 어머니의 자궁 벽에 둘러싸여 황홀하

---

30) 구약성서 요나서에 의하면 예언자 요나는 니느웨(아시리아의 대도시)로 가서 그 도시가 죄악으로 가득 차 하나님의 심판을 받을 것임을 예언하라고 하나님에게 명령을 받는다. 그러나 요나는 하나님의 명령을 거역하고 니느웨와 반대 방향으로 가는 배를 탔다가 폭풍을 만나 3일 동안 고래 뱃속에 갇히게 된다. 고래 뱃속에서 그가 구원을 위한 기도를 올리자 고래는 그를 땅으로 뱉어 내었고, 다시 니느웨로 가라는 계시를 받는다. 결국 요나는 니느웨로 가서 하나님의 예언을 전달했고 이에 니느웨 왕과 모든 사람들이 회개하게 되었다.

게 떠다닐 때 느끼던 친밀한 촉감을 기억하고 있기 때문이다. 그 기억은 힘겨운 삶에 지치고 상처를 받았을 때 모든 걸 내려놓고 가장 편히 쉴 수 있는 마음속에 새겨진 안전함의 상징적 원형이기 때문이다.

우리 주변에서 이와 비슷한 현상을 많이 볼 수 있는 것이 음식점이다. '대를 이은 맛집', '몇 대가 내려온 장맛', '몇 년이 사랑을 받아 온' 등등 유달리 식당의 광고를 보면 전통을 부각하는 집들이 많다. 그리고 이런 집들의 공통적인 특징은 그 지역 토박이들만 잘 안다는 것이다. 실제로 할아버지부터 손자까지 특정 음식을 선호하는 경향이 뚜렷하여 몇 대가 손을 잡고 음식점을 찾는 경우가 허다하다. 이는 미각도 인간 본능의 하나로 뇌리에 기억된 향수를 되짚어 보고자 하는 귀소 본능이 있기 때문이다. 하지만 비단 음식적에서만 이런 현상을 볼 수 있는 것은 아니다. 소위 말하는 명품은 몇 백 년의 전통을 이어져 내려온다. 제품에 대한 희소성과 남들에게 과시하고자 하는 이유 등이 있을 수 있지만 가장 큰 이유는 우리에게 익숙하고 낯설지 않다는 장점이다. 그리고 무엇보다는 소비자들에게 편하다는 것이다. 몇백 년을 이어져 내려오면서 불편한 부분이 고쳐지고 필요한 부분이 더해져서 소비자들의 마음에 부합하는 제품이 되어 있기 때문이다. 그래서 소비자의 마음을 움직이는 제품이라면 그 제품에 열정을 가지고 유지한다면 그 열정은 전통이 되고 그 전통은 마르지 않는 화수분이 될 수 있다. 단, 힘들고 어려운 시간을 견디어 낼 수 있는 인내가 필요하다.

세상이 각박해질수록 믿을 건 가족밖에 없다고 말하곤 한다. 이 때문에 사업을 운영할 때도 외부인보다는 자식을 비롯한 친족들을 우선적으로 채용하기도 한다. 하지만 능력보다는 혈연을 지나치게 우선한 나머지, 사업이 나락으로 떨어진 경우도 만만치 않게 많다. 산요는 일본 최대의 가전업체 중 하나인 파나소닉(Panasonic, 구 마쓰시타 전기)와 관련이 깊은 기업이다. 산요의 창업자인 이우에 토시오(井植 歲男, 1902~1969)는 마쓰시타 전기의 창업자인 마쓰시타 고노스케(松下 幸之助, 1894~1989)의 처남이었으며, 한때 마쓰시타 전기의 전무이사로 근무하기도 했다. 하지만 2차 세계대전 때 일본 군부에 협력했다는 이유로 당시 전후 일본을 통치하던 연합군 사령부에 의해 이우에 토시오는 1946년, 회사에서 물러나게 된다. 같은 해 이우에 토시오는 마쓰시타 고노스케로부터 자전거용 발전램프의 특허권과 카사이시(加西市)에 있던 마쓰시타의 공장을 물려받아 '산요전기제작소'로 이름을 바꾼다. 산요(三洋)라는 이름에는 태평양, 대서양, 인도양에 걸친 전 세계를 무대로 사업을 전개하겠다는 희망을 담았다. 1949년에는 '산요전기주식회사'를 설립하며 본격적인 사업을 시작하게 된다. 창업 초기의 산요는 마쓰시타의 제품을 OEM 방식으로 생산해 공급하는 것에 주력했으나 시간이 지나면서 자사의 독자적인 영역을 점차 늘려 나갔다. 1953년 흑백 텔레비전을 출시했으며, 1960년에는 컬러 텔레비전 및 일본 최초의 2조식 탈수건조세탁기를 선보였다. 그 외에 1971년에는 일본 최초로 무선 리모컨을 갖춘 텔레비전, 1995년에는 세계 최초의 3D TV를 출시하는 등 상당히 진보적인 가전제품을 다수 선보이며 시장에서 인기를 끌었다. 미래 산업 투자에도 적극적이었다. 특히 2차전지 및 태양전지 부문에서 거의 독보적인 기술력을 갖추고 있다는 평가를 받았다. 꾸준한 기술 발전을 통해 사세를 키웠지만, 기업 지배 구조는 극히 전근대적이었다. 특히 창업자인 이우에 토시오 및 친족들이 연이어 산요의 수뇌부 자리에 올랐다. 이우에 토시오가 사망하자 1968년 그의 동생인 이우에 스케로우(井植 祐郎)가 사장이 됐고, 1971년엔 회장직에 올랐다. 막냇동생 이우에 카오루(井植 薫) 역시 1971년에 산요의 사장이 되었다. 형제가 모두 사망하자 1986년에는 창업주의 장남인 이우에 사토시(井植 敏)가 사장 자리를 물려받는 등 실력보다는 혈연을 중시하는 세습 체계가 이어졌다. 이들 이우에 가문은 불과 산요의 주식 1.2%를 가지고 있었지만 사실상 산요의 모든 것을 손에 쥐고 흔들었다. 경영상의 판단 착오도 이어졌다. 이우에 사토시는 사장에 취임하며 기존 가전제품 제조업 외의 사업 부분 비중을 크게 늘릴 것이라고 선언했다. 이후 산요는 LCD 패널, 반도체, 디지털카메라 부문 등에 대규모 투자를 했다. 당시 언론에선 미래를 내다본 혜안이라고 극찬을 했지만, 이 과정에서 산요의 텃밭이었던 가전제품 시장에서의 경쟁력이 악화됐다. 게다가 1990년대 이후 일본 전체를 휩쓴 버블 경기 붕괴와 한국, 중국 등 신흥국 부상으로 LCD 패널, 반도체 사업마저 극심한 적자에 시달리기 시작했다. 이러한 위기를 맞고도 산요를 이끌었던 이우에가는 아무런 책임을 지지 않았다. 위기에 처한 산요에게 손을 내민 건 얄궂게도 파나소닉이었다. 2008년 파나소닉은 산요의 인수를 선언했다. 이듬해 산요는 파나소닉의 자회사가 되었다. 60여 년 전 집안을 떠난 '처남'이 '매형'의 품으로 돌아온 것이다. 파나소닉 역시 회사 사정이 썩 좋은 편은 아니었지만 2차전지 및 태양전지를 비롯한 일부 사업 부문, 그리고 아웃도어용 캠코더인 '작티' 및 충전용 건전지 '에네루프' 등의 일부 산요 브랜드가 경쟁력이 있다고 판단해 인수를 진행했다. 하지만 파나소닉의 산요 인수를 즈음 해 터진 미국 리먼 브라더스 파산 사태로 전세계 경제가 휘청거렸다. 기대했던 2차전지 산업은 한국 업체들의 맹추격으로 인해 고전을 면치 못했다. 결국 파나소닉은 2011년 산요의 가전 부문을 중국 하이얼(Haier)에 매각했으며, 2013년에는 산요 자체를 해체한다고 발표했다. 이로써 한때 일본 가전업계의 한 축이었던 산요는 설립 64년 만에 사라지게 됐다. 집안의 가업을 대대손손 물려받아 사업을 이어 가는 가족기업의 장점도 분명 있다. 이를 통해 주인의식이나 사명감을 더욱 고취시킬 수 있으며 경우에 따라서는 잊혀 가는 전통을 되살릴 수도 있을 것이다. 하지만 현대 기업 사회에서 실력보다 혈연을 우선한다는 건 합리적이지 않을 뿐 아니라, 기회의 평등 법칙에도 크게 어긋난다. 특히 국가적, 혹은 세계적인 규모의 큰 기업을 실력이 검증되지 않은 경영자가 운영한다면 기업 구성원은 물론, 해당 기업의 소비자 및 투자자들이 심각한 손해를 볼 수 있다.

60. 벤치의 법칙(대기 선수)과 청바지의 법칙

훌륭한 팀은 훌륭한 깊이를 갖고 있다. 모든 사람들이 가치를 갖고 있고, 팀에 소속된 선수는 어떤 식으로 든 팀에 가치를 더해 준다. 하지만 정말 중요한 것은 주전 이외의 대기 선수들이 우수해야 한다. 왜냐하면, 첫째, 대기 선수들은 내일의 스타가 될 수 있다. 처음부터 스타로 경력을 시작한 사람은 없다. 둘째, 후보 선수의 성공이 주전의 성공을 증폭시킬 수 있다. 전체 팀 멤버가 자신의 능력을 노력으로 역할을 충실히 해낼 때, 팀은 높은 성과를 나타낸다. 벤치 선수를 포함한 각 사람이 자신의 역할을 잘 해낼 때 전체 팀이 승리하게 된다. 셋째로 주전보다는 벤치 선수가 더 많다. 조용히 뒤에서 일하는 많은 사람들이 있다. 어느 팀도 이렇게 섬기는 많은 사람들을 무시하고서는 성공을 이룰 수 없다. 넷째로 적절히 자리 잡은 벤치 선수는 어떤 때에 주전보다 더 가치가 있다. 다섯째로 강한 벤치는 리더에게 더 많은 선택을 할 수 있게 해 준다. 팀에 훌륭한 벤치 선수를 갖고 있다면 그 팀이 선택할 수 있는 방법은 무한하다. 여섯째로 벤치 선수는 주로 팀을 위한 아주 중요한 순간에 부르게 된다. 군대가 곤경에 처했을 때 지원군을 요청하듯이 삶의 모든 영역이 그런 식으로 작용한다. 일이 잘 되지 않을 때 벤치를 필요로 한다. 주전이 부상을 입고 경기가 어려움에 처했을 때 대체 선수가 들어가서 종종 일을 낸다. 그러므로 후보 선수를 개발하고, 그들을 훈련시켜서, 그들을 중요하게 여겨야 한다.

청바지의 법칙도 벤치의 법칙과 흡사하다. 1848년 1월, 미국 캘리포니아에서 금광이 발견되었다. 그러자 수많은 사람들이 일확천금을 노리며 캘리포니아로 몰려들었다. 샌프란시스코가 주요 대도시가 된 것은 주로 19세기 중반의 골드러시 때문이었다. 그리고 1886년 알래스카를 지나는 유콘 강 일대에서 금이 발견되면서 다시 한번 골드러시를 이루었다. 그러나 금을 찾아 몰려들었던 사람들 중에서 큰돈을 벌었다는 사람은 별로 없다. 돈을 번 사람들은 1차적으로는 금 채굴기술과 정제기술을 가진 사람들이었고, 다소 엉뚱하지만 송금업자와 청바지 장사였다. 송금업자들은 금을 캔 사람들에게 금을 싼 값에 사들인 다음 이들이 받은 돈을 다시 고향으로 송금해 주는 업자들이었다. 이들이 큰돈을 벌었으며, 리바이스 형제는 금을 캐는 험한 작업에도 쉽게 해지지 않는 청바지를 만들어 떼돈을 벌었다. 금광으로 몰려드는 사람들 모두에게 청바지를 몇 벌씩 팔았으니 말이다. 그것이 지금까지 이어져 내려오는 리바이스 의류 브랜드이다. 골드러시에는 금맥을 찾지 말고 청바지를 팔아라. 이것은 마케팅 하는 사람들 사이에서 청바지의 법칙으로 불린다.

2011년 개봉한 인도영화 <세 얼간이>에서 인도의 명문대학 ICE의 총장 비루는 주인공에게 다음과 같은 말을 한다. 최초로 달에 도착한 사람은 아는가? 그렇다면 두 번째로 달에 도착한 사람은 알고 있는가? 아무도 두 번째는 기억하지 않는다 첫 번째가 되지 않으면 아무런 의미가 없다. 코미디 프로에서 한 개그맨이 외치던 대사처럼 '1등만 기억하는 더러운 세상인 것인가?'라는 질문을 한다. 위 법칙을 따른다면, 꼭 그렇지 않다. 2등이라는 순위가 있기에 1등이라는 순위가 있을 것이고 3등이라는 순위가 있기에 2등이라는 순위가 생성된다. 주전을 뒷받침할 수 있는 벤치 선수가 있기 때문에 팀은 운영이 될 수 있다. 그리고 주전은 나이가 들어 나가든 실력이 떨어져 밀리든 그 자리를 벤치 선수가 메꾸어 줄 수 있기 때문에 경기는 계속될 수 있다. 즉, 계속적인 순환이 이루어져야 조직이든 기업이든 생명력이 연장될 수 있다. 1등을 하는 것이 중요한 것이 아니라 고여서 썩지 않는 것이 중요하다. 금을 찾아 돈을 벌고자 하는 근본적인 목적이 중요하지만 그보다 더 중요한 것은 거기에서 파생되는 부수적인 사업들도 중요하다는 것이다. 이는 앞서 언급한 순환이 이루어져야 되기 때문이다.

　중세 유럽의 르네상스를 일으켰고 세계적인 금융, 사업의 명문가 메디치 가문은 교황청의 헌금으로부터 번성하게 되었다. 과거 로마 교황청은 유럽 전역의 성당에서 거두어들인 헌금을 일단 각 나라의 화폐로 받은 다음, 각 나라별로, 지역별로 필요한 운영비를 그 나라의 화폐로 다시 분배하는 방식으로 운영되었다. 이에 메디치는 전 세계 각 나라에서 거두어들인 헌금을 로마 화폐로 환산하여 보관하고 있을 터이니 필요할 때마다 명령만 하면 필요한 나라의 돈으로 바꾸어 주겠다는 제안을 하였다. 그러면 편리함도 편리함이지만 현금을 운송하는 비용도 절약할 수 있고 도난을 방지할 수 있다. 그래서 교황청은 이 제안은 받아들였고 당시 메디치 금융 그룹이 관리하던 교황청 돈은 무려 10만 피오리노(4조 원)였다. 여기서 메디치가는 자신들의 금고에 보관하고 있는 어마어마한 돈을 무역선에 투자하였다. 그 당시 무역업자들은 많은 돈을 들여 배를 구입해야 했고 항해 속도가 느렸기 때문에 배가 들어오기까지는 몇 개월씩 걸리고 배에 싣고 온 물건을 팔기 전까지는 현금을 만지지 못한다는 문제가 있었다. 이 점을 간파한 메디치가는 현금이 아쉬운 무역업자들을 상대로 들어올 물건을 할인된 가격으로 미리 구입하였다. 그리고 메디치가는 또다시 명반광산에 돈을 투자했다. 당시 동양에서 들여오는 비단은 돈벌이가 된다 하여 너도나도 여기에 뛰어들 무렵이었지만 메디치가는 비단 대신 명반에 투자하였다. 이 이유는 비단은 고운 색깔을 입혀야만 부가 가치를 높일 수 있었다. 비단에 색깔을 입히기 위해서는 촉매제인 명반이 꼭 필요했던 것이다. 들여오는 비단이 늘어날수록 명반광산은 황금알을 낳는 거위로 변했다. 이것으로 메디치가는 다시 억만금의 돈을 벌었다. 1등이 아니라고 좌절하거나 후회하고 방황하는 대신에 내가 지금 처해 있는 위치에서 가장 잘 할 수 있는 강점을 찾아 그것을 특화시키고 부각시켜 내가 가지고 있는 부분으로 내가 가장 잘 할 수 있는 분야를 만드는 것이 가장 바람직하다.

61. 상호적 이타주의 [Reciprocal altruism]

Tit for Tat(주는 만큼 받는 것)의 원칙은 'reciprocal altruism(상호적 이타주의, 호혜적 이타주의)'이라는 개념으로 발전했다. 호혜적 이타주의는 심리학적 개념인 '상호성의 법칙(law of reciprocality)'의 인류학적 버전이라고 할 수 있다. 상호적 이타주의는 매우 좁은 의미에서는 도덕과 아무런 관계가 없고, 단지 집단의 결속을 위해 중요한 기능을 수행할 뿐이다.

예를 들어 우리가 누군가에게 책을 한 권 빌려준다면, 우리는 그 책을 다시 돌려받을 것이라는 기대뿐 아니라, 그 사람에게서 다른 책을 빌릴 수 있을 것이라는 기대도 한다. 네덜란드 철학자 크리스 부스케스(Chris Buskes)는 『다윈처럼 생각하라』는 책에서 "상호적 이타주의는 어떤 이가 자신의 에너지와 주의력을 때때로 타인에게 제공하고, 그 대가로 언젠가는 '반대급부'를 기대하는 것을 의미한다"고 정의하였다. 상호성의 법칙은 남의 호의, 선물, 초대 등등이 결코 공짜가 아니라 분명 미래에 내가 갚아야 할 빚이다. 사회학자인 골드너가 다양한 문화를 분석한 후 보고한 바에 의하면, 이 상호성의 법칙은 거의 모든 문화에서 발견되고 있다고 한다. 상호성의 법칙에 입각한 보은(報恩)정신은 인간 문화의 독특한 소유물이다. 그래서 우리가 같이 근무하는 동료가 발전하고 성공해야 내가 잘되는 길이다. '어린왕자'의 저자 앙투완 드 생텍쥐페리는 "당신이 행복해지길 원하거든 행복을 주라"고 했다.

스타테르는 1992년 론 강(Rhone)이 흐르는 프랑스 리용의 남부 생 퐁스(Saint Fons) 시에 세워진 자동차 판매회사다. 이 회사의 66세 브리소 회장은 창립 25주년 기념으로 이익금 160만 유로(한화 21억 7000만 원)를 사원들에게 보너스로 나눠 주었다. 그는 인터뷰에서 "우리 사원들은 몇 주 전, 몇 개월 전, 몇 년 전부터 회사를 위해 일해 왔다. 그들은 우리 회사가 번창할 수 있도록 발 벗고 나서서 일했다. 따라서 이익금을 나눠 주는 것은 지극히 당연한 일"이라고 밝혔다. 단기적인 이익보다는 직원들의 행복한 삶을 먼저 생각하는 앨트루이즘(Altruism, 이타주의) 정신이 돋보인다. 기업도 마찬가지다. 영리 추구를 위하여 지역 시장 상권을 붕괴시키고 자본력을 동원한 문어발식 경영으로 시장 경제를 악화시키기보다는 중소기업과 직원들이 상생할 수 있는 공동의 참여경영을 실천한다면 지속가능한 경영이 가능할 것이고 타인보다 자기 자신을 위한 최대의 선이라는 사실을 깨닫게 될 것이다. "주는 것은 나누는 것은 하나의 의무가 아니라 하나의 권리이다. 헌신과 희생은 나의 마음을 살찌운다. 대가 없는 기부는 많은 가치를 창출한다. 결국 이타심을 기반으로 하는 지혜는 사람들의 사랑을 받는다."

62. 프리맨 쉘던 증후군 [Freeman Sheldon Syndrome]

태어날 때부터 신체 여러 부위에 근육 수축이 일어나 두 군데 이상의 신체 부위 움직임이 제한되며 머리와 얼굴 이상과 손과 발에 기형이 나타나는 질환이다. 이 질환은 특징적으로 매우 작은 입(작은 입증, microstomia), 넓은 이마, 비정상적으로 두드러진 볼, 그리고 얇고 오므린 입술을 보여 "휘파람 부는 모양 얼굴 증후군"이라 부르기도 한다. 프리맨 쉘던 증후군은 남성과 여성에게 동일한 영향을 미치는 희귀 질환으로 1938년에 프리맨과 쉘던 박사에 의해 처음 발견된 후 대략 100건의 사례가 의학 문헌에 보고되고 있다. 대략 3,000명의 어린이 중 1명에서 일어난다. 프리맨 쉘던 증후군은 대부분의 경우 무작위로, 특정한 원인 없이 발생하며, 양쪽 부모로부터 각각 물려받은 1쌍의 유전자 중 어느 한쪽이라도 질병 유전자를 포함하고 있으면 그 유전자가 정상 유전자에 대해 우세하게 작용하여 질병이 나타나게 되며, 남녀 모두에게 같은 빈도로 발생하는 상염색체 우성 형질로 유전되며, 부모 중 한 쪽만 정상일 경우 다음 세대에 유전될 확률은 50%이다. 비록 인간에게만 이런 기형적 유전이 발생하는 것은 아니다. 기업도 지배 구조를 기형적으로 설정하면 이 증후군과 비슷한 현상이 나타난다.

롯데그룹은 쇼핑, 제과 등을 중심으로 416개의 순환출자 고리에 기반하고 있다. 계열사끼리 서로 자본을 투자하여 또다른 계열사를 지배하는 방식이다. 그리고 그 정점에는 호텔이 있는데 이 호텔의 대주주는 일본 롯데 홀딩스와 일본 롯데 계열 L투자 회사이다. 롯데 총수일가는 2.4% 지분율로 그룹내 강력한 지배력이 유지되고 있는 것은 기업 공개를 기피하면서 거미줄 같은 순환출자로(82.8% 타 업체 평균 47.9%) 내부지분율을 높여 온 결과이다.

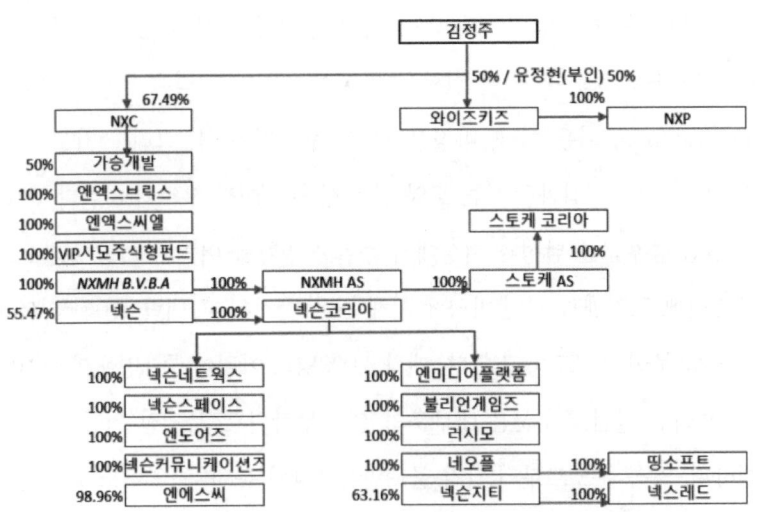

넥슨그룹의 지배 구조는 크게 '김정주 대표→엔엑스씨(NXC)→넥슨(일본법인)→넥슨코리아'로 이뤄져 있다. 제주도에 본사를 둔 NXC는 넥슨그룹의 지주회사 역할을 하고 있다. 김 대표가 67.49%의 지분을 보유하고 있으며, 2대 주주는 부인 유정현(29.43%) 씨다. 김 대표 부부의 지분을 합치면 96.92%로 NXC는 사실상 김 대표의 개인 기업이나 다름없다.

경제협력개발기구(OECD) 한국경제담당관 랜달 존스(Randall S. Jones)은 재벌 일가의 직접 소유 지분율은 점차 감소하는 추세지만 그룹 계열사들이 재벌 일가가 지분을 가진 계열사에 수익을 몰아주면서 그룹 내 자본이 특정 계열사로 쏠리고 있다[31]. 그래서 계열사를 통해 구매를 많이 하는 회사는 수익률이 상대적으로 높지만, 그 계열사를 통해 매출을 많이 일으키는 기업은 수익률이 낮고 재벌 일가가 지분을 50% 이상 소유한 계열사는 수익률은 높지만, 계열사가 지분을 많이 소유한 회사들은 수익률이 떨어진다고 보고했다.

63. 감각순응 [Sensory adaptation]

인간의 감각, 지각 능력에는 '순응성'이 있다. 일반적으로 암흑에 대한 시각의 순응이 가장 이해하기 쉬울 것이다. 영화를 보러 극장에 처음 들어가는 순간에는 한 치 앞도 보이지 않지만, 30분 정도 지나면 캄캄한 극장 안에서 어느 정도 위치를 구분할 수 있다. 그리고 빵집에 들어가면 방금 구운 빵 냄새가 당신을 압도하지만, 몇 분 지나면 그 냄새는 약해지고,

---

31) 계열사 몰아주기를 터널링(tunneling)이라 한다.

온탕에 들어가면, 처음에는 많이 뜨겁지만, 몇 분 후 그 온도에 익숙해진다. 감각순응은 지속되는 자극에 대한 민감성은 유기체가 현재의 조건에 순응하면서 시간에 걸쳐 쇠퇴하는 경향을 말한다.

인간의 감각뿐만 아니라 생활 감각도 유사하다. 과자 가격을 인상할 때 매년 50원, 100원 올리면 소비자들은 크게 신경 쓰지 않는다. 미국의 심리학자 랭거는 1979년에 70대 노인 10명을 대상으로 독특한 실험을 하였다. 70대 노인들에게 거의 모든 상황(집, 환경, 복장, 신문, 노래 등등)을 그들의 20년 상황으로 꾸며진 특정한 장소에 머물도록 하였다. 1주일 뒤 노인들은 외모부터 훨씬 젊어졌고 건강도 좋아졌다. 들어갈 때 휠체어에 몸을 기댔던 노인들이 나올때는 미식축구공으로 패스 놀이를 할 정도였다. 시계 거꾸로 돌리기(Counterclockwise experiment)라는 이름으로 알려진 이 실험은 주변 환경과 사람들의 몸가짐에 따라 사람들이 생각과 행동이 달라졌다. 이렇듯 인간은 특정 자극에만 순응하는 것이 아니라 환경에도 순응하는 경향이 있다. 하지만 환경에 순응하기 가장 어려운 곳이 직장이나 조직 단체이다. 한국노동연구원이 발표한 자료에 따르면 직장인 10명 중 6명 이상은 신체·정신적 폭력이나 따돌림, 강요 등 직장 내 괴롭힘을 당한 경험이 있는 것으로 나타났다. 이 중 절반 이상이 2회 이상 직장 내 괴롭힘을 경험했고, 상습적으로 괴롭힘을 당했다고 답한 직장인도 10명 중 1명에 달했다. 종류별로 보면 폭언과 강요 등 정신적인 공격으로 인한 괴롭힘이 24.7%로 가장 많았고, 업무에서 소외시키거나 단순 대화조차 하지 않는 등 직장 내 따돌림을 당한 피해자도 16.1%나 됐다. 그래서 통계청의 퇴사 인력을 조사한 결과 입사 1년 차 신입 직원(이직 1년 차 경력 사원 포함) 중 퇴사자는 10만7천306명으로 전체 퇴사자의 37.6%를 차지했다. 이 중 절반에 가까운 49.1%는 퇴사 이유로 조직·직무 적응 실패를 꼽아 직장 내 적응 문제가 퇴사 결심에 큰 영향을 미친 것으로 나타났다. 이러한 이유는 상하관계가 존재하고 흥미와 관점이 서로 다른 사람들이 모여 자신이 추구하는 이상이 아닌 부여된 가치를 달성하기 위해 일을 하다 보니 순응할 수도 적응할 수도 없는 현실이 발생한다.

그래서 선진기업들은 종업원을 채용하는 단계에서부터 자신들의 가치와 부합하는 직원을 선발하고 선발된 직원들이 회사의 목표에 맞추어 자신의 업무를 추진할 수 있도록 끊임없이 교육을 실시한다. 이러한 노력들이 100% 결실을 맺지는 않지만 조직 내 동일한 감각과 생각을 공유하는 사람들이 60% 이상 존재한다면 그 나머지 사람들의 대다수의 사람들의 행동을 자연스럽게 따라가기 때문에 기업은 의도한 방향으로 조직구성원들을 이끌고 갈 수 있는 동력이 발생한다.

64. 스톰트루퍼 효과 [stormtrooper effect], 사악한 사수 법칙 [Principle of Evil Marksmanship]

영화에 나오는 주인공은 악역들이 총을 아무리 쏘아 대도 전혀 맞지 않거나 또는 거의 피해를 입지 않는 현상을 말한다. '사악한 사수 법칙'이라고도 하는데 이 용어를 처음 사용한 사람은 1980년대 영화 평론가 로저 이버트이다. 그는 Little Movie Glossary에서 "악당들은 영화 속에서 언제나 형편없는 사격 실력을 보인다. 기관총을 들고 있는 악당 셋은 주인공을 추격하면서 그에게 수천 발의 총알을 난사하나 주인공은 맞지 않고, 이 와중에 주인공은 권총으로 악당들을 쉽게 맞춰 잡는다."

〈스타워즈〉 시리즈에 등장하는 제국군 스톰트루퍼들은 머릿수에서 압도적이며, 전문적인 군사 훈련 및 교육을 받았고, 중무장을 했으며, 뛰어난 화력을 지닌 무기를 착용하고 있고, 비중 없는 아군 조연을 손쉽게 제압하는 반면, 주인공들에게는 해를 가하기는 고사하고 건드리지도 못한다.

SF 소설가이자 영화평론가 듀나는 스톰 트루퍼의 임무는 일당백의 싸움을 하는 주인공을 돋보이게 하는 것이라고 지적하였다. 심지어 스톰 트루퍼들은 모두 똑같이 생긴 투구를 쓰고 있기 때문에 서로 구분도 되지 않는다. 결국 스톰 트루퍼가 아무리 많이 죽어도 관객들은 죄책감을 느끼지 않게 된다. 스톰 트루퍼는 단지 소모품적 숫자에 불과하다.

기업은 이익을 내지 못하면 폐업을 해야 된다. 그렇지만 다년간 이익을 내지 못하고 존재하고 있는 기업들을 좀비 기업이라 한다. 사실상 죽었지만 운영이 되고 있는 기업들이 존재하는 이유 중 하나는 정부의 세제 혜택 및 지원금 때문이다. 2018년 8월 국세청 국세통계에 따르면 단 한 푼의 이익도 내지 못하는 좀비 기업들이 늘고 있다. 2017년 당기순이익이 '0원 이하'라고 신고한 법인은 26만4564개로 전년 24만916개에 비해 무려 9.8%(2만3648개) 증가했다. 2012년 관련 통계 집계를 시작한 이후 가장 많은 수치다. 당기순이익이 0원 이하라는 것은 1년 동안 회사를 경영했지만 순이익을 전혀 남기지 못했거나 오히려 손해를 봤다는 뜻이다. 이런 법인들이 전체 법인세 신고 법인(69만5445개)에서 차지하는 비중 역시 38.0%로 역대 최고치를 기록했다.

2012년 37.2%에서 2014년 36.9%까지 하락했지만 2015년 37.2%, 2016년 37.3%를 기록하며 3년 연속 상승 추세다. 1년 동안 이익은 냈지만 1000만 원이 넘지 않은 법인도 8만5468개였다. 순이익 0원 이하 법인에 이들까지 합치면 전체에서 차지하는 비중은 50.3%에 달한다. 전체 절반 이상의 법인이 한 달 평균 100만 원도 채 안 되는 이익을 냈거나 손실에 허덕였다는 뜻이다.

이런 기업들이 경쟁력을 회복하지 못하면 한계기업[32]으로 전락한다. 한국은행 발표에 따르면 2016년 말 기준 한계기업은 3126개에 달한다. 한계기업은 3년 연속 영업이익으로 대출이자도 충당하지 못한 기업으로 '좀비기업'이라고도 불린다. 3126개 한계기업 가운데 2년 이상 연속 한계기업으로 존속 중인 기업은 2,152개로 전체 한계기업의 68.8%를 차지했고, 2010년부터 2016년까지 7년 내내 한계기업을 탈출하지 못한 기업도 504개(23.4%)에 달했다. 순이익 0원 이하 기업은 부진이 이어지면 좀비기업으로 전락하고 결과적으로는 한국경제 전체를 위협하는 악재가 된다.

65. 생존자 증후군 [Layoff-Survivor Sickness]

전쟁이나 천재지변 등 사고에서 살아남은 사람들이 겪는 심리적 고통과 불안감을 말한다. 엘론대학 경영학 교수 데이비드 노어 박사가 만든 개념이다. 구조 조정이 일상화하면서 실업을 걱정하는 사람이 실제로 실업을 당한 사람보다 많은 스트레스를 받아 발생하는 정신적 외상(트라우마)도 생존자 증후군인데, 이는 구체적으로 정리 해고 생존자 증후군이라고도 한다. 생존자 증후군은 '정신의 황무지화' 현상을 겪기도 하는데, 삼

---

[32] Marginal firm : 자생 능력이 없어 정부나 은행의 도움을 받아 유지하는 기업. 회생 가능성이 없는 파산 직전의 회사를 일컫는다.

성경제연구소 연구원에 따르면 3단계의 과정을 거치게 된다고 한다.

1단계는 동료의 정리 해고를 도와줄 수 없었던 것에 대한 죄책감과 자신이 언제 잘릴지 모른다는 불안감에 따른 '정신적 혼돈기'로, 두려움과 불안과 죄의식 등의 감정이 공존하며 소문에 민감해지고 기억력과 집중력이 크게 저하되는 단계.

2단계는 정신적 억압기 또는 놀라운 적응기로, 상사의 지시에 순응하며 감봉이나 휴가 반납까지 감수하며 열심히 일을 하지만 폭발 직전의 단계.

3단계는 정신의 황무지화로, 이 단계에서는 희망과 열정, 전망이 없을 뿐 아니라 실직의 공포감도 느끼지 못하기 때문에 동료가 추가로 해고당해도 아무 감정을 느끼지 못하는 자포자기 상태나 정신적 마비 현상이 나타나는 단계.

생존자 증후군은 산업재해로 이어지기도 한다. 구조 조정에서 살아남은 사람들이 생존자 증후군에 심각하게 노출될 경우 심근경색이나 뇌출혈 등 순환기 계통 질환으로 갑작스레 세상을 떠나거나 후유증을 앓는 경우도 많다.

세계경영연구원이 발간하는 온라인잡지『글로벌스탠더드리뷰』는 '정리해고 생존자 증후군'에 대처하는 방안으로 6가지 방법으로 ① 회사의 경영 위기에 관한 진실한 의사소통, ② 공정한 과정에 따른 해고, ③ 스트레스를 해소할 수 있는 출구 마련, ④ 직원 가족들에 대한 배려, ⑤ 위기 극복을 위한 임원들의 솔선수범, ⑥ 확고한 비전 제시를 내놓았다.

V. 이순(耳順)

　귀가 순해져 모든 말을 객관적으로 듣고 이해할 수 있는 나이로 천지만물(天地萬物)의 이치에 통달하고, 듣는 대로 모두 이해할 수 있게 되었다는 데서 온 말이다. 그래서 태어난 지 60년 만에 맞는 생일을 환갑이라고 하며, 회갑(回甲)·화갑(華甲)·주갑(周甲)이라고도 한다. 환갑은 태어난 간지의 해가 다시 돌아왔음을 말한다. 유래는 '고려사'에 의하면 고려말로 추정된다. 그리고 우리나라 나이 계산법으로 하면 예순한 살에 맞는 생일이다. 예부터 조상들은 60세 생일잔치를 인생에서 크게 축하해야 할 것으로 여겨 큰 잔치를 베풀어 축하를 받는다. 그래서 환갑을 맞이하는 사람이 병중에 있으면 잔치를 베풀지 않고 또 그해의 운수나 환갑날이 불길하면 잔치를 열지 않으며, 부득이 환갑잔치를 베풀 때에는 환갑 날짜보다 앞대어 길일을 택하여 한다. 환갑날이 지난 뒤에 잔치를 베풀면 불행하다고 한다. 환갑을 지낸 다음해를 진갑이라고 하여 이날에도 잔치를 베푼다. 진갑잔치는 환갑잔치만큼 성대한 잔치는 아니나, 생일잔치보다는 성대하게 잔치를 베풀고 하객의 하례를 받는다. 환갑 후의 환갑만큼 큰 잔치에는 회혼례(回婚禮)가 있다. 이것은 결혼한 지 만 60년 만에 결혼한 날짜에 행한다.

66. 리플리 증후군 [Ripley Syndrome]

허구의 세계를 진실이라 믿고 거짓된 말과 행동을 상습적으로 반복하는 반사회적 인격 장애를 뜻하는 용어로서 미국 소설가 패트리샤 하이스미스의 '재능 있는 리플리 씨(The Talented Mr. Ripley-1955)'라는 소설에서 유래되었다. 호텔 종업원으로 일하던 톰 리플리가 재벌의 아들인 친구 디키 그린리프를 죽이고서, 죽은 친구로 신분을 속여 그의 인생을 대신 살아가는 이야기를 다룬 범죄 소설이다. 거짓을 감추기 위한 대담한 거짓말과 행동으로 리플리의 행동은 완전범죄로 끝나는 것처럼 보이지만, 결국 죽은 그린리프의 사체가 발견되면서 진실이 드러난다. 리플리 증후군을 다룬 또 다른 영화 〈태양은 가득히(1960)〉의 흥행 이후, 리플리 증후군은 1970년대 정신병리학자들에 의해 새로운 연구 대상이 되었고, 실제로 이와 유사한 사건들이 자주 일어나면서 새로운 신조어로 자리 잡았다. 이러한 현상은 성취욕구가 강한 무능력한 개인이 마음속으로 강렬하게 원하는 것을 현실에서 이룰 수 없는 사회 구조적 문제에 직면했을 때 많이 발생한다. 자신의 욕구를 충족시킬 수 없어 열등감과 피해의식에 시달리다가 상습적이고 반복적인 거짓말을 한 뒤 스스로 이것을 진실로 믿고 행동하게 된다.

우리나라에서는 2007년 신정아의 학력 위조 사건을 영국의 일간지 '인디펜던트'가 보도하면서 이 용어가 널리 알려졌다. 이 신문은 '재능 있는 리플리 씨'를 빗대어 '재능 있는 신 씨(The Talented Ms. Shin), 한 여성은 한국의 문화귀족을 어떻게 농락했나?'라는 제목의 기사를 통해, 한국 사회에서 영화 〈리플리〉를 떠오르게 하는 스캔들이 일어났다고 소개했다. 이후 유명 방송인, 영어강사 등 다수의 학력 위조 사건들이 차례로 세간에 알려지면서 능력보다 학벌이 중요시되는 한국 사회의 병폐에서 기인한 한국형 리플리 증후군이 화제가 되었다. 또, 2011년에 신정아 사건을 모티브로 한 MBC 드라마 '미스 리플리'가 방영되기도 했다.

리젠은 캐패시터(축전기) 제조 및 화장품 마스크팩 사업을 운영하는 업체다. 증권선물위원회에 따르면 리젠은 허위 재무제표를 작성한 뒤 투자자들에게 그대로 공시했다. 종속회사에 대한 지분을 평가하면서 당기순이익·자기자본 등 자산을 부풀렸다. 또 종속회사의 연대보증 내역을 누락시켰으며, 소액 공모를 위한 청약 권유 서류도 허위로 기재하였다. 주목할 점은 리젠이 과거에도 허위공시로 제재 조치를 받은 점이다. 반복된 불량공시에 한국거래소는 리젠을 '불성실 공시 법인'으로 지정했으며, '공시 불이행'으로 2회 적발돼 결국 '관리종목'으로도 지정되기도 했다. 그리고 4년 연속 영업 손실이 나타나 또 다시 '관리종목'으로 지정됐다. 관리종목 지정 사업체는 이후 상장 폐지될 리스크를 내재하고 있다. 리젠은 간판을 자주 바꾸는 회사로도 유명하다. '디지털텍, 대영디티, 디지털텍, 쓰리원, HAM미디어, 리젠' 모두 한 회사를 지칭한다. 지난 6년간 회사 사명을 총 5번이나 바꾸며 투자자들의 혼란을 야기했다. 그사이 대표이사는 6번 교체됐다. 유독 간판을 자주 바꿔 다는 리젠의 전신은 '디지털텍'이지만 2009년 '대영디티' 이듬해 다시 '디지털텍' 2012년부터는 '쓰리원' 2014년엔 '에이치에이엠 미디어'로 상호를 변경했다. 이후 3개월 만에 '리젠'으로 또 바꾸고 지금까지 이 사명이 굳어졌다. 당시 화장품 제조 및 판매업체인 리젠코스메틱 주식 65%를 취득한 데 따른 것이다. 5차례의 사명 변경 대부분 종속회사 이름을 그대로 사용했으나, 회사는 2012년 상호를 바꾸면서 "주요 매출이 유통사업으로 발생하는데 디지털텍이라는 사명은

IT사업의 이미지와 맞지 않아 사명을 변경한다"고 밝혔다. 그러나 실상을 들여다보면 문제가 불거질 때마다 '가면' 뒤로 숨는 행태를 보이고 있다. 실예로 2014년 리젠이 'HAM미디어'로 불리던 시절, 회사는 또 다시 불성실공시법인으로 하루 매매정지 처분을 받았다. 4월 채권자인 드림맥스가 경찰에 임직원 횡령혐의로 고소장을 제출해 횡령설에 휘말렸으나 이를 지연 공시까지 하였다. 그리고 리젠이 단순한 이름 바꾸기를 통해 '흠 가리기'를 시도한다는 질타의 목소리 또한 거세다. 리젠은 최근 교육업체를 잇따라 인수하며 사업다각화에 나섰다. 그래서 강남 대치동 등 수도권 학원 14곳을 인수합병(M&A)했다. 최근 중국 측 110억 원 규모의 마스크팩 공급 계약이 해지됨에 따라 새 먹거리에 눈을 돌리는 모양새다. 4월에는 김봉선 대표이사 단독 체제로, 오너도 변경됐다. 어디까지 거짓으로 행동하고 말을 이어 갈지 주목되는 회사이다.

67. 구매력평가설 [Purchasing-power parity doctrine, 購買力評價說]

균형환율 수준 또는 변화율이 각국의 물가 수준이나 물가 변동률에 의해 결정된다고 설명하는 이론으로 리카도[33]가 주장한 바 있으며, 제1차

---

33) David Ricardo (1772년 ~ 1823년): 영국의 경제학자로서 고전파경제학의 완성자로 알려져 있다. 주식중개업을 하는 사업가로 활동하다가, 사업에 성공하여 굴지의 재산가가 되었지만, 훗날의 금융왕 로스차일드와 공채 인수를 둘러싼 다툼에서 패한 후, 1799년 우연히 스미스(Smith, A.)의 「국부론」을 읽은 뒤 경제학에 관한 연구를 시작하게 되었다.

세계대전 이후에는 스웨덴의 카셀[34]이 명확한 과학성과 정책성을 부여했다. 구매력평가설은 국제 금본위제[35]가 붕괴됨에 따라 세계 각국이 불환지폐[36]국으로 되는 역사적 배경 속에서 불환지폐국 간의 외환이론으로 등장했다. 실제로 물가가 높을수록 화폐의 구매력은 떨어지므로 화폐의 구매력과 물가 수준은 역수관계로 나타난다. 이때 국내 및 해외 화폐가 각각의 절대적 구매력이 균형을 이루는 비율로 교환되어야 한다. 그러나 현실에서는 비(非)교역재의 존재, 운송비, 관세 등의 요인에 따라 국가 간에 현저한 가격차가 존재하기 때문에 이처럼 '일물일가의 법칙'을 전제로 하는 절대적 구매력평가설에는 한계가 있다.

한편 가격차가 현저한 상황에서도 양국의 가격변화율은 안정적인 관계를 유지하는 경우를 흔히 볼 수 있는데, 이를 고려해 환율변화율이 양국 간 물가 상승률의 차(差)와 같아져야 한다고 보는 것이 상대적 구매력평가설이다. 이것은 단순한 방법으로 균형환율의 변화를 보여 줄 수 있지만, 현실적으로 국가 간 물가 상승률을 비교하는 데에는 어려움이 있다. 즉 타당한 물가지수를 얻어 내려면 어떤 재화에 대해 동일한 가중치를 부과해야 하는데, 나라별 요소부존도[37]나 기호 등의 차이로 인해 실제 각국

---

34) Karl Gustav Cassel (1866. 10. 20 ~ 1945. 1. 14): 스웨덴의 경제학자로 악성 인플레이션과 국제통화의 혼란기에 외환시장은 각국의 화폐의 구매력의 비에 의해 결정된다는 구매력 평가설, '희소성의 원리'를 제창하였다.
35) [gold standard, 金本位制度] 화폐 단위의 가치와 금의 일정량의 가치가 등가관계(等價關係)를 유지하는 제도
36) 금과 은 같은 본위 화폐와 바꿀 수 없는 지폐. 반대로 금과 은의 양만큼 화폐를 발행하고 자유로운 교환이 가능한 화폐를 태환지폐라고 한다.
37) 리카도 이론에서는 국가 간의 비교우위가 나타나는 이유가 노동생산성의 차이에 의해서 나타난다고 했지만 헥셔-올린에서는 노동뿐만 아니라 자본, 자원, 노동력 등의

의 가중치는 다르기 때문이다.

구매력평가는 일정한 환율수준을 유지하는 데 필요한 일국의 물가 수준을 가늠하는 도구로 이용되어 왔으며, 전쟁이나 경제적 격변을 치른 뒤 새로운 환율 수준을 결정할 때에도 많이 활용되었다. 그러나 또 한편으로는 실증적 검증을 통해서 그 타당성과 관련된 여러 가지 문제가 지적되었고, 특히 인플레이션율이 그리 높지 않은 나라들 간의 단기적 환율 변동 설명에는 유용하지 못한 것으로 밝혀졌다.

구매력평가설을 가장 쉽게 이해할 수 있는 예가 각국에서 판매되고 있는 맥도날드의 빅맥 가격이다. 영국의 'The Economist'에서는 1986년 이래 매년 전 세계적으로 판매되는 빅맥 가격을 비교, 분석해서 발표하고 있다. 빅맥은 전 세계 120개국에서 동일한 재화로 판매되고 있으므로, 빅맥 지수는 절대적 구매력 평가와 이에 바탕이 되는 일물일가의 법칙을 검증해 볼 수 있는 좋은 지표가 된다.

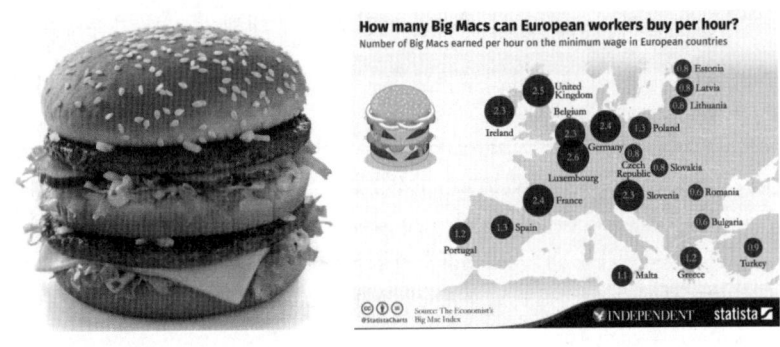

차이에 의해서도 비교우위가 나타난다고 했다. 여기서 자본, 자원, 노동력 등이 요소 부존이다.

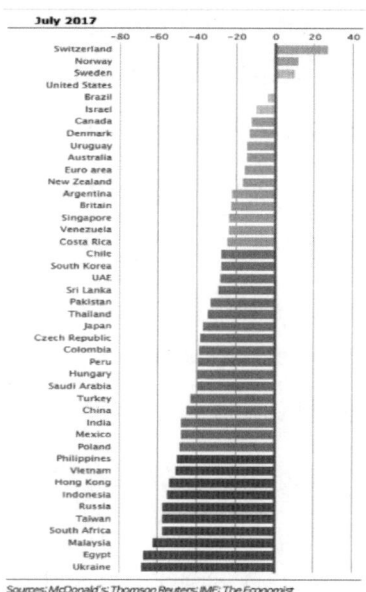

빅맥이 이러한 기준이 될 수 있는 이유는 맥도날드가 전 세계적으로 매장을 두고 있으며 표준화된 재료와 조리법으로 빅맥을 만들기 때문이다.

왼쪽의 표는 본고장인 미국을 기준으로 각 나라에서 판매되고 있는 빅맥의 가격이다. 예를 들어 스위스의 경우 미국보다 30% 가격이 비싸며 한국의 경우 미국보다 22% 정도 저렴하다.

오른쪽의 도표는 최저임금으로 빅맥을 구매할 수 있는 수량이다. 영국의 경우 시간당 최저임금으로 2.5개를 구매할 수 있고 터키의 경우 0.9개를 살 수 있다.

빅맥의 가격 비교를 통한 환율의 결정의 예를 들면, 만약 한국에서 빅맥이 6,000원에 팔리고 있고 미국에서는 3달러에 판매되고 있다면, 일물일가의 법칙에 근거한 절대 구매력평가설에 따르면 두 빅맥의 가격은 동일해야 한다. 따라서 환율은 1달러에 2,000원으로 계산이 된다. 이때 현재 환율이 1달러에 1,500원이라면 원화의 가치가 높게 평가되어 있다고 볼 수 있다. 이 경우 빅맥 무역업자는 한국에서 원화를 달러로 바꿔서 미국에서 햄버거를 산 다음 한국에 되팔 경우 500원의 수익을 얻을 수 있다. 이 과정에서 달러에 대한 수요가 증가하여 달러 가치가 상승하고 상대적으로 원화가치가 하락하여 환율은 1달러에 2,000원으로 올라가게 된다는 것이 절대 구매력평가설에 따른 결론이다.

하지만 절대 구매력평가설은 세 가지 한계를 가지고 있기 때문에 현실에서 그렇게 정확한 예측을 보여 주고 있지 못한다. 첫째, 절대 구매력평가설은 일물일가의 법칙을 가정하고 있으나 현실적으로는 제품의 질이 동일할 수가 없다. 빅맥의 크기, 야채나 고기 등의 원산지가 다르기 때문이다. 둘째, 절대 구매력평가설은 교역재[38]만을 대상으로 해야 성립할 수 있다. 그러나 현실에선 국가 간 이동이 용이하지 않은 각종 서비스와 같은 비교역재가 존재한다. 셋째, 절대 구매력평가설에서는 환율결정요인으로 물가만을 고려하고 있다. 기타 외환의 수급에 영향을 미칠 수 있는 다른 요인들(전쟁, 재해 등)은 고려하고 있지 않다.

구매력 평가설은 단순 환율을 예측하는 것 이외에도 다양한 용도로 사용되고 있다. 각국의 빅맥 가격과 최저임금을 활용하여 계산한 최저임금 빅맥지수는 물가 대비 최저임금 수준을 다른 국가들과 비교해 볼 수 있고 경제신문이나 잡지에서도 각국 국민들의 구매력을 비교하기 위한 수치로

---

[38] 나라와 나라 사이에서 물건을 사고팔고 하여 서로 바꿀 수 있는 재화. 자동차나 전자 제품과 같은 공산품이 대표적인 예이다.

서 많이 활용되고 있다.

68. 갈라파고스 신드롬 [Galapagos syndrome]

갈라파고스 제도(Islas Galápagos)는 공식 이름이 '콜론 제도(Archipiélago de Colón)'로서 남아메리카에서 972km(525해리) 떨어진 에콰도르 영토로 갈라파고스 주에 속하며 16개 화산섬과 주변 암초로 이루어진 섬이다. 전체 면적은 7,880km^{2}이며, 가장 큰 이사벨라 섬은 4,588km^{2}이다. '갈라파고'는 옛 스페인어로 '안장'을 뜻하며, 갈라파고스라는 이름은 이 섬에 서식하는 땅거북이의 등 껍데기 모양에서 유래했다.

갈라파고스 신드롬이란 국제 표준이나 세계 시장의 변화를 고려하지 않고 자신들의 양식이나 기술만 고수하다가 세계 시장에서 고립되는 현상을 말한다. 단편적인 예로, 뛰어난 기술을 가진 일본의 아이티(IT) 업계는 내수 시장에 특화된 기술과 서비스만 발전시키다가 국제 시장에서 영향력이 줄고 내수 시장 확보마저 위태로워졌는데, 이러한 현상이 외부종의 유입으로 고유종이 멸망한 갈라파고스 제도와 비슷하다고 하여 생겨난 말이다. 이 말을 처음 사용한 사람은 일본 휴대전화 인터넷망 '아이모드'[39]를 개발한 게이오대학교수 나츠노 다케시이다. 일본의 휴대전화가

---

39) I-모드(i-mode)는 NTT 도코모가 제공하는 전용 휴대 전화를 사용하여 전자 메일의

기술적으로 앞서 있지만 일본 이외의 지역에서는 팔리지 않는 현상을 가리켜 갈라파고스 신드롬이라 말한 것이다. '아이모드'는 기술 수준이나 혁신성에서 세계 최고라고 평가를 받았지만 해외 시장에서는 인기를 얻지 못했다. 일본은 1999년도에 핸드폰 이메일 서비스를 선보였고, 2000년도에는 카메라 폰, 2001년에는 3G(참고로 우리나라는 KTF에서 2007년도에 3G를 최초 도입), 2002년에는 음악 파일 다운로드, 2004년에는 전자결제, 2005년에는 디지털 서비스 등을 선보이며 시대를 앞서 나갔다. 하지만 일본은 국제표준을 기다리지 않고 각종 서비스를 몇 년씩 앞서 상용화한 것은 오히려 스스로 국제 시장에 고립을 자초한 결과를 낳았다. 이러한 현상 발생한 배경에는 1990년대와 2000년대 초반 일본 휴대전화 내수 시장이 급성장할 당시에 일본 업체들은 해외 시장에 눈을 돌릴 만한 커다란 메리트를 찾지 못하였기 때문이다 - 자국 시장에서 충분한 이득을 취했다.

하지만 일본 경제의 장기 침체와 내수 시장의 포화로 휴대전화 시장이 크게 위축되면서 최근에는 겨우 3천만 대 미만의 내수 시장을 놓고 8개 기업체가 경쟁해야 하는 상황을 맞이하게 되었다. 치열한 글로벌 경영 시대를 맞아서 시대 흐름에 능동적으로 대처하지 못하면 갈라파고스 생태계처럼 세계 시장에서 고립되고 면역력 약한 고유종이 육지의 외래종이 밀려서 멸종하는 위기에 처할 수 있다는 점이다. 이를 대처하기 위해서는 폭넓은 시야를 지녀 개방적 체질을 확보하는 것이 중요하다. 이러한 현상이 정치에 대입되면 국수주의(國粹主義, Ultra nationalism) 또는 쇄국정책(鎖國政策)의 양상을 가지게 된다. 찬반 논란이 있지만 역사적으로

송수신이나 인터넷에 포함된 웹 페이지 열람 등을 할 수 있는 서비스이다.

히틀러의 니치즘과 베니토 무솔리니의 파시즘은 인류의 재앙을 초래하였으며, 원인이 무엇이든 홍선 대원군의 쇄국정책은 문호를 개방하여 근대화를 추진할 수 있는 기회를 놓치게 되었고 이로 인해 근대화에 뒤처지게 되었다. 반면에 조선전기 시절 일본의 도쿠가와 이에야스는 에도막부[40] 시래를 수립하고 초기에는 쇄국주의 정책을 시행하였지만 국내외적인 요구에 수용하여 문호를 개방하고 서양의 선진 문물을 받아들여 아시아에서 최고의 강국이 된다.

69. 공정성 이론 [Equity theory, 公正性理論]

아담스(J. Stacy Adams)에 의해서 개발된 공정성 이론은 종업원들은 업무 시간에 대해 받는 임금이 다른 사람들이 동일한 업무 시간에 받는 임금과 비교했을 때 비슷하다고 생각하면 공정하다고 인지하지만 차이가 발생하면 불공정하다고 느끼고 불공정성을 느낀 종업원들은 불공정성을 줄이려는 방향으로 동기 부여가 된다는 이론이다. 이때, 종업원들은 다음과 같은 행동을 한다. 첫째, 자신과 타인의 업무 시간 또는 임금을 왜곡시킨다. 둘째, 타인들의 업무 시간과 임금을 변화시키도록 타인들에게 권유하는 어떤 행동을 취한다. 셋째, 자신의 업무 시간과 임금을 변화시키기

---

40) 에도는 지금의 도쿄를 뜻하며, 막부(幕府)라는 단어는 한자어로 풀이하면 '장군의 진영'이란 뜻이다. 과거 중국에서 영토 정벌 등의 이유로 왕을 대신해 외부로 나간 군대 지휘관들이 야외에 임시 천막을 치고 군사 작전을 지휘한 데서 유래된 말이다. 하지만 일본에서 막부는 무인(武人) 가문의 통치를 상징하는 좀 더 정치적인 의미를 지닌다. 처음에는 '본부' 정도의 뜻이었으나 지휘 본부가 그대로 정치적인 권력을 갖게 되면서 '정부'라는 뜻으로까지 쓰이게 된다.

위한 행동을 한다. 넷째, 다른 비교 대상을 선택한다. 다섯째, 조직을 떠난다. 공정성 이론은 자신의 노력에 대한 절대적 보상뿐만 아니라 타인들이 받는 보상과의 관계에 대하여도 관심을 갖는다. 따라서 자신의 근무 조건과 타인의 근무 조건을 비교하여 판단을 한다. 노력, 교육, 경험, 그리고 능력과 같은 배경에 근거하여 봉급 수준, 승진, 인정, 그리고 기타 요소와 같은 산출을 비교한다. 타인의 조건과 비교하여 불균형을 인지했을 때 그들은 긴장(tension)을 경험한다. 이러한 긴장이 그들이 공정하다고 인정하는 것을 위하여 노력하는 동기 부여의 기초를 제공한다.

하지만 불편한 진실은 일반적으로 기업의 종업원들은 공정한 상태에서 작업을 수행하지는 않는다. 예를 들어 4년제 대학을 졸업하고 동일한 나이의 동료는 나와 동일한 임금을 받는다면 아무런 문제가 없다. 그러나 동료가 영어 실력이 우수해서 또는 해외 연수의 경험이 있고 서울의 상위권 대학을 나와서 나보다 더 많은 급여를 받는다면 아마 대부분의 사람은 당연하게 받아들이지 않고 불공정하게 생각을 할 것이다. 그래서 일반적인 선택은 내가 생각하는 급여를 지급하는 다른 회사로 이직을 하거나 이직할 회사가 없다면 실망과 좌절감에 우울한 생활을 할 것이다. 그래서 경영자는 기업을 운영할 때 종업원들에 대한 보상의 절대적인 액수에도 관심을 가져야 하지만 항상 공정성의 원칙에 위배되지 않도록 해야 한다. 비록 많은 임금을 지불하는 경우라도 임금지급의 공정성이 결여되어 있다면 종업원들이 동기 부여하는 데 어려움이 있다. 따라서 종업원들의 성과에 대한 보상에 있어서 공정한 보상이 이루어져야 한다. 그리고 경영자들은 종업원들이 그들의 비교 대상을 어떻게 선택하는지에도 관심을 가져야 한다. 비교의 대상을 자신들보다 여러 가지 면에서 우월한 사람들을 선택한다면 종업원들은 항상 불공정성을 느끼게 되고 따라서 종업원들을 동기 유발시키기는 어려울 것이다.

70. 넛지 이론 [Nudge theory]

'넛지'(nudge)는 시카고대학교 경영대학원 교수인 리차드 탈러(Richard H. Thaler)와 캐스 선스타인(Cass R. Sunstein)의 저서『넛지 Nudge』에서 소개된 개념으로 '팔꿈치로 슬쩍 찌르다' 또는 '주의를 환기시키다'라는 뜻을 가진 동사이다. 여기에 착안한 '넛지 이론'은 경제적 주체인 개개인에게 강제적인 지시를 내리는 것보다 팔꿈치로 슬쩍 찌르듯 부드럽게 개입하거나 인센티브를 제공하는 쪽이 기업과 개인의 경제적 변화에 보다 효율적이라는 내용을 담고 있다. 즉, 사람들에게 여전히 선택의 자유는 남겨 두지만 특정 방식으로의 행동을 유도할 수 있는 효과적인 방법으로서 넛지를 제안하였다. 넛지는 사람들에게 경제적인 영향을 미치거나 특정 행위를 강요 또는 금지하지 않고도 선택의 조건을 변화시킴으로써 자연스럽게 행동이 변화되도록 하는 자유주의적 개입을 특징으로 하며, 주로 공익적인 목적을 위해 활용된다. 일례로, 아이한테 몸에 좋은 과일을 먹이고자 한다면, 햄버거 등 정크푸드의 나쁜점을 강조하기보다는 과일을 눈에 잘 띄는 식탁 위에 놓아 두는 행동이 '넛지'이다.

암스테르담 스키폴 공항에서는 이용객들이 남자화장실 소변기에 제대로 조준하지 못해서 화장실이 더러워지는 문제로 고민하던 끝에 소변기에 파리를 그려 넣었고, 그 이후로 소변기 밖으로 나가는 양을 80% 이상 줄이는 효과를 보았다. 비슷한 사례로 아프리카에서는 위생 상태가 좋지 않아 아프리카 아이들이 질병에 잘 걸리고 한다. 손만이라도 잘 씻으면 세균 감염의 발생률을 낮추어 질병을 예방할 수 있다고 한다. 그래서 한 시민단체가 자연스러운 손 씻기를 유도하기 위해 비누 속에 장난감을 넣어 배포를 하였고, 아이들이 장난감을 꺼내기 위해 손 씻기를 자주 하게 되었다. 결과적으로 아이들의 질병 발생률이 70%나 감소하는 효과를 가져왔다. 독일에선 국민들의 건강 증진을 위해 계단의 이용을 높이고자 에스컬레이터 옆에 있는 계단에 피아노 건반으로 도색을 했던 실험을 하였다. 그 결과 에스컬레이터의 이용 빈도가 확실히 줄어들었다. 그리고 국민들이 성실하게 납세하도록 권장하는 공익 캠페인에서 "국민들의 90% 이상이 이미 세금을 냈습니다."와 같은 방식으로 세금을 내도록 유도할 수 있다. 이 같은 방식들은 "소변을 옆으로 튀지 않게 주의하세요."라든지 "과일을 많이 섭취하는 것이 건강에 좋습니다.", "성실하게 납세하는 당신은 훌륭한 국민입니다."라는 일반적이고 지시적인 메시지보다 훨씬 효과적이다. 이처럼 넛지는 상대가 직접적으로 어떤 행동을 하도록 하지는 않지만 그러한 선택에 가까워질 수 있도록 한다.

71. 라론 증후군 [Laron syndrome]

성장호르몬의 생산과 분비가 정상 범위이거나 높음에도 불구하고 성장호르몬의 생물학적인 효과가 감소하거나 소실된 유전질환으로 성장이 멈춰 버린 사람들이다. 1966년 '라론'이라는 사람에 의해 최초로 보고되어 '라론 증후군'이라고 명명됐으며, 성장호르몬 불감성 증후군이라고 불리기도 한다. 일종의 유전자 돌연변이인데, 전 세계에 300여 명의 환자들이 있는 것으로 추정되며 이 중 100여 명은 에콰도르에 살고 있다. 이들은 당뇨병은 물론이고 암에도 걸리지 않는 것으로 학계에 보고되었다. 그리고 평균 수명이 무려 150세에 달하고 수명이 긴 라론 증후군 환자의 경우 190, 200살도 산다.

종교에서는 영생을 축복이라고 이야기한다. 진시황도 불로초를 찾기 위해 사방으로 사신들을 보냈고, 이집트의 파라오도 미이라를 통해 영생을 갈망한 것을 보면 불멸 또는 영생은 축복처럼 보인다. tvN에서 방영된 '도깨비'에서는 자기 혼자만 늙지도 않고 죽지 않은 채 살아가면서 사랑하는 사람들이 떠나가는 것을 보는 고통 때문에 불멸을 저주라고 말한다. 서른 여섯의 전도유망한 젊은 의사의 마지막 순간을 다룬『숨결이 바람될 때[41]』라는 책을 보면 죽는다는 것이 그다지 유쾌하지는 않다. 죽음은 필연

---

41) 신경외과 의사로서 치명적인 뇌 손상 환자들을 치료하며 죽음과 싸우던 저자가 자신도 폐암 말기 판정을 받고 죽음을 마주하게 된 마지막 2년의 기록을 담은 책이다. (저자: 폴 칼라니티, 역자 이종인, 흐름출판)

적인 것이고 피할 수 없는 죽음이 있기에 삶은 가치가 있다는 것이다. 이현수 작가의 장편소설 '사라진 요일'에 라론 증후군을 앓고 있는 인물(김경훈)이 등장한다. 그는 소설 속에서 희노애락을 골고루 느껴야 참다운 인생이라고 말한다. 몸살을 심하게 앓고 일어난 새벽, 동트는 하늘을 보며 느끼는 날아갈 듯이 개운한 기분, 통증을 못 느낀다면 이런 감정은 모를 것이라고 말한다. 오래 살고 아프지 않는다는 것은 결코 좋은 면만 있는 것은 아니다.

  1928년 미국의 쥐덫 등을 만드는 회사 '애니멀트랩'의 사장 체스터 울워스는 '리틀 챔프'라는 혁신적인 쥐덫을 시판한다. 그 당시 목재 소재로 투박하고 비위생적이던 쥐덫시장에 플라스틱을 사용하여 영구적으로 사용할 수 있는 제품을 출시하였다. 그런데 예상을 빗나간 일이 벌어졌다. '리틀챔프'는 고객들로부터 반짝 인기를 끈 후 시장에서 사라진다. 쥐덫에 잡힌 쥐를 꺼내고 세척한 뒤 다시 사용하는 반복적인 과정이 불쾌하고 귀찮아져 사람들은 구형 쥐덫을 다시 사용하였다. 경영학에서는 성능이 좋은 제품을 만들면 고객은 무조건 구매한다는, 기업들의 제품 중심적 사고의 잘못된 의사 결정 사례로 인용된다. 1999년 다우존스와 SAM이 만든 우량기업 주가지수로 '지속가능경영지수'가 있다. 기업을 단순히 재무적 정보로 파악하는 데 그치지 않고 지배 구조, 사회공헌도 등을 토대로 지속가능경영을 평가해 우량기업을 선정한다. 국내 대기업들도 2000년대 들어서 이 지수 상위에 올라가기 위해 내·외부적으로 많은 노력을 한다. 그러나 이 지수의 상위에 기록되는 것이 중요한 것이 아니라 진정으로 지속가능한 기업으로 성장해 나가는 것이 중요하다. 그러기 위해서는 기업이든 개인이든 삶은 본연의 역할에 충실하면서, 사랑하면서, 의미 있게, 후회

없이 열심히, 새로운 것에 도전하고 경험하며, 나 이외의 타인이나 사회에 도움을 주며 사는 것이 진정한 경영 철학이자 삶의 의미이다.

72. 유동성 선호 이론 [liquidity preference, 流動性選好]

경제학자 케인즈가 주장한 이론으로 자산 소유자들은 안전을 위하여 정부 공채와 같은 비유동성 자산을 현금이나 은행예금으로 바꾸려고 하는 성향으로 사람들이 화폐를 보유하려고 하는 데는 3가지 동기가 있다. ① 거래적 동기(transaction motive), ② 예비적 동기(precautionary motive), ③ 투기적 동기(speculative motive)이다. 거래적 동기에 의한 화폐수요란 일상 생활에 필요한 거래를 위하여 화폐를 보유하고자 하는 동기를 말하며, 예비적 동기에 의한 화폐수요는 불확실한 미래를 대비하기 위하여 화폐를 보유하고자 하는 욕구를 뜻한다. 이 두 가지 동기에 의한 화폐수요는 소득이 높으면 화폐를 보유하고자 하는 수요가 많아지고, 소득이 낮으면 낮아진다고 할 수 있다. 투기적 동기는 화폐도 다른 자산과 마찬가지로 가치를 보장할 수 있는 하나의 자산이므로, 다른 모든 자산과 비교하여 화폐를 보유하는 것이 더 유리하다고 생각될 때 화폐를 보유하는 것이다. 이러한 행태는 화폐를 거래의 수단뿐 아니라 가치의 저장수단인 점을 중요시한 것이다. 그러나 다른 수익자산(주식이나 사채)을 보유하는 대신 화폐를 보유하면 기회비용으로서의 이자를 희생하게 된다. 그래서 케인즈는 화폐에 대한 수요는 실제이자율에 의하여 결정되는 것이 아니라, 앞으로 예상되는 기대이자율에 의하여 결정된다고 보았다. 예를 들어, 실제이자율이 기대이자율보다 낮으면 추후 실제이자율이 상승하면 상승한 이자율만큼 수익을 얻을 것이라는 기대로 채권을 구입하는 대신 화폐를 보유할 것이다.

　유동성 선호 이론은 통화량에 관련된 이론으로 상반되는 이론으로 화폐수량설, 신화폐수량설이 있다. 화폐수량설(quantity theory of money)은 화폐는 그 상품 자체에 내재된 가치 때문에 교환의 매개로 인정되어 거래의 지불 수단으로 사용된다는 것이다. 16세기의 경제학자인 보딘(Jean Bodin)은 화폐량(금)의 증가와 동일하게 물가는 상승한다고 주장했고 피셔(Fisher, I.)와 마샬(Marshall, A.) 역시 통화량의 변화와 물가 수준의 변화 간의 비례적인 관계를 주장하였다. 프리드먼(Friedman, M.)은 고전학파의 화폐이론을 기초로, 신화폐수량설을 제창하였다. 그는 자산을 보유함으로써 용역이나 이익을 얻듯이 화폐를 보유함으로써도 일련의 용역을 얻는다고 보았다. 통화량의 중요성을 극단적으로 섬나라를 예를 들어 설명하면, 통화량이 늘어나는 요인으로 정부가 지폐를 발행하거나, 수출을 많이 해서 돈을 많이 벌어들이거나, 해외에서 돈을 빌리거나, 해외 투자자들의 돈을 가지고 들어오는 경우 등이다. 돈이 많으면 돈의 가치가 떨어진다. 이전에 1,000원으로 살 수 있었던 붕어빵은 2,000원을 주어야 살 수 있고, 1억짜리 아파트는 2억 원이 될 것이다. 붕어빵 장사와 아파트 주인의 입장에서는 1,000원의 이익이 생기고 1억의 시세 차익이 생겨 행복해할 수 있지만, 그 사람들이 또다른 붕어빵 재료를 사기 위해서는 붕어빵의 재료가 상승해 있을 것이고 다른 아파트로 이사를 가려면 이사 가고자 하는 아파트 역시 가격이 상승해 있을 것이다. 경제 성장을 기반으로하여 이러한 현상이 지속된다면 긍정적인 발전이 될 수 있지만, 성장이 없는 통화량의 증가로 인한 물가 상승은 거품경제이며, 폭탄 돌리기와 마찬가지이다. 반대로 통화량이 줄어들면, 돈의 가치는 상승하지만 돈이 없으니 소비자들은 물건을 구매하지 않게 되고 기업들도 생산이 줄어들게 되어 물가는 떨어지고 경제는 침체된다. 통화량은 한 나라의 일정 시점에 유통되고 있는 화폐(또는 통화)의 존재량을 말하는 것으로, 보통 민간이 보유하는 현금통화(currency in circulation)와 일반은행의 요구불예금(demand deposits) 또는 통화성예금(monetary deposits)의 합계로 정의된다. 그런데 사회가 발전함에 따라 화폐를 대체할 수 있는 다양한 금융자산의 등장으로 새로운 견해가 제시되고 있다. 즉, 유동성 선호이론과 화폐수량설로는 경제 현상을 설명하기에는 부족하다. 하지만 한 가지 분명한 사실은 돈의 흐름에 따라서 경제 상황이 바뀔 수 있다는 것이다. 이는 경제학의 기본 원칙인 수요와 공급의 법칙과 마찬가지로 돈이 많으면 정상 조건하의 경제는 돈의 활용을 위해 노력할 것이며, 돈이 없으면 그렇지 못하다는 의미이다.

73. 프레골리 증후군 [Fregoli syndrome]

이탈리아의 연극 배우 레오폴도 프레골리는 무대 위에서 아주 빠르게 다른 모습으로 변장하는 걸로 유명했다. 그의 이름을 따서 지어진 프레골리 증후군은 주변에 있는 모든 사람이 사실은 한 사람이 변장한 거라고 믿는 망상증이다. 이 증상에 걸린 환자는 모든 사람들의 얼굴이 전부 비슷하게 보여 기억을

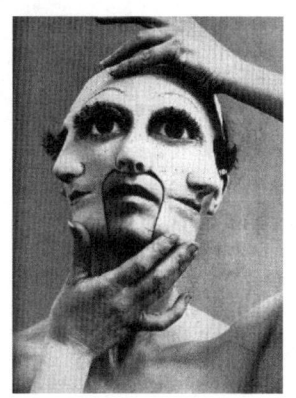

떠올릴 때 자신이 어디에 있었는지 무엇을 봤고 어떤 일이 있었는지 정확히 기억하지 못한다. 예를 들어 사랑하는 사람과 헤어진 후 또는 악연이 있는 사람이 있는 경우 주위에 지나가는 사람들이 혹시 그 사람이 아닌가 하면 뒤돌아볼 정도로 자주 비슷한 사람으로 인지하거나 실연 후 들리는 대중가요들이 모두 내 이야기인 것같이 느껴지거나, 당구를 처음 배울 때 칠판이 당구대로 보이기도 하고 골프에 입문하게 되면 모든 잔디밭이 다 골프장으로 느껴지는 현상들이다. 정상인이라면 이러한 현상은 대상에 대한 집착이 사라지거나 관심이 소멸되면 없어지게 된다. 이와 비슷한 현상으로 카르라스 증후군(Capgras syndrome, Capgras delusion)이 있다. 이 증상은 망상적 동일시(Delusional misidentification syndrome)의 하나로서 자신의 친구나 배우자 또는 주변인들이 완전히 똑같은 모습으로 분장한 전혀 다른 사람으로 바꿔치기 되었다고 믿는 증상이다. 자신이 겪은 사건에 대한 기억이 왜곡되었거나 전혀 다른 것으로 대체되었다고 믿는 경우도 보고된 바 있으며 심지어 과거의 자기 자신조차 자신과 닮은 다른 사람으로 인식하는 경우도 있다.

이러한 개념을 조금 비틀어 생활 속의 경제에 대입을 하면 공유의 경제가 된다. 2008년 미 하버드 법대 로런스 레식 교수에 의해 처음 사용된 이 개념은 '한번 생산된 제품을 여럿이 공유해 쓰는 협력 소비를 기본으로 한 경제 방식'을 말한다. 기존의 경제 관념은 소유의 개념이 지배적이었다면, 앞으로는 내 것, 네 것이 아닌 필요한 사람이, 필요한 물건을, 필요할 때, 사용하는 것이다. 현재는 물건이나 공간, 서비스를 빌리고 나눠 쓰는 인터넷과 스마트폰 기반의 사회적 경제 모델로 사용되지만, 향후 다양한 플랫폼이 생성될 수 있는 가능성을 가지고 있다는 점에서 주목할 만하다.

이와 유사한 개념으로 마스트리히트 조약에 따라 1993년에 출범한 유럽연합(EU)의 경제공동체(Economic Union)가 있다. 회원국 간 금융, 재정 등의 거의 모든 면에서 공동의 정책을 수행하는 공동체로서 공동시장보다 한 단계 발전한 협력체이다. 상품, 서비스, 생산 요소의 자유로운 이동에서 나아가 공동조세정책과 단일화폐의 단계로 발전하여 경제정책의 통합을 통한 공동의 이익을 추구한다.

그러나 국가마다 국민들의 특성과 사회 구조가 다르기 때문에, 같은 방식으로 접근을 해도 결과는 다르게 나오기도하고, 과정 중에 새로운 문제점이 발생할 수 있다. 공유경제에서의 '공유대상'의 소유자는 그 공유대상을 사용하는 '모든 사용자'이다. 모든 것은 많이 사용할수록, 막 사용할수록 고장이 빨리 나기 때문에 본인의 소유권한을 침해당하지 않기 위해서는 공유하는 자원이 아끼고 보호되어야 된다.

74. 탈리오의 법칙 [lex talionis]

'눈에는 눈, 이에는 이, 생명에는 생명'이라고 표현되는 탈리오의 법칙은 피해자가 당한 손해를 가해자도 같은 정도로 당하게 한다는 보복의 원칙이다. 중국어에서는 반좌법(反坐法) 또는 동해보복법(同害報復法)으로 표현한다. 상대방이 나의 한쪽 눈에 상해를 입혔다면, 나는 상대방의 한쪽 눈에 대해서만 복수를 할 수 있다는 뜻이고, 상대방이 우리 집단의 한 명을 살해했다면 상대 집단의 한 명만을 살해하고 거기서 복수를 그쳐야 한다는 것이다. 피해자가 입은 피해와 같은 정도의 손해를 가해자에게 가한다는 일종의 보복법칙이다. 즉, 가해와 복수의 균형으로 응보적 정의감이 만족되어 사투를 종결시키는 것이다. 탈리오 법칙에서는 피해만큼만 보복을 하게 되어 있다. 가해자 측의 재복수는 허용되지 않는다. 고대국가가 형성되면서 무차별·무제약적으로 행사되었던 집단적인 복수로부터 가해자 개인에 대한 복수라는 관념이다. 이법은 코란과 함무라비법전(Code of Hammurabi)에도 나와 있는 법문으로, 성경에는 세 곳이나 기록되어 있다. 레위기(레 24:19-20)에서는 사람이 만일 그의 이웃에게 상해를 입혔으면 그가 행한 대로 그에게 행할 것이니 상처에는 상처로, 눈에는 눈으로 이에는 이로 갚을지라 하였고, 출애굽기(출 21:24-25)에서는 눈은 눈으로, 이는 이로, 손은 손으로, 발은 발로, 덴 것은 덴 것으로, 상하게 한 것은 상함으로, 때린 것은 때림으로 갚을지니라. 신명기(신 19:21)에도 네 눈이 긍휼히 여기지 말라 생명에는 생명으로, 눈에는 눈, 이에는 이로, 손에는 손으로 발에는 발로이니라 하였다.

이와 비슷한 의미로 경제학에서는 '호혜세'가 있다. 영문으로 Reciprocal Tax[42] 또는 Reciprocal Duty로 쓴다. Tax 중에서도 주로 관세 즉 Tariff[43] 수단을 사용한다는 점에서 Reciprocal Tariff로 쓰기도 한다. 즉, 한 나라가 다른 나라와 무역을 할 때 다른 나라가 부과하는 세금만큼 그 나라에 똑같은 세금을 부과하는 것을 말한다.

삶에 있어 탈리오의 법칙처럼 결과가 귀결되지만은 않는다. 이는 사람에게는 이성이라는 감성을 지배하는 무기가 있기 때문이다. 그렇기 때문에 너무 나아가지도 너무 뒤처지지도 않는 삶의 방향성을 유지하기 위기

---

42) 호혜세(互惠稅) : 미국산 제품에 부과하는 세금만큼 해당 국가 제품에도 동일하게 부과하는 수입세를 의미.
43) 항공사에서 각종의 운임, 요금, 관세 등을 말한다.

위해 노력하는 것이다. 우리는 수학적인 해답에 있어 때론 1+1=0이 될 수도 있으며 1-1=2가 될 수도 있다는 유연한 생각을 가지고 있을 때 삶의 변화에 도전적인 자세로 대처할 수 있다.

75. 몬더그린(mondegreen) 현상

'몬더그린(mondegreen)'이라는 말은 1954년 미국의 작가 실비아 라이트(Sylvia Wright)가 쓴 에세이 〈레이디 몬더그린의 죽음(The Death of Lady Mondegreen)〉에서 비롯되었다. 그녀가 어렸을 때 어머니가 들려주었던 스코틀랜드 발라드 〈The Bonny Earl of Murray〉의 가사 중에 "and laid him on the green"이라는 부분을 "and Lady Mondegreen"으로 잘못 알아들었다는 것이다. 이 현상은 의미를 알 수 없는 외국어의 전부 또는 일부가 듣는 사람에게 자신의 모국어처럼 들리는 일종의 착각을 말한다. 말하는 사람은 해당 언어의 발음에 유창한 데 비해 듣는 사람이 해당 언어에 익숙하지 못할수록 크게 발생하며, 듣는 사람이 해당 외국어 발음에 익숙할수록 잘 느끼지 못한다. 주로 새로운 정보를 기존의 정보로 해석하려는 뇌의 무의식적인 작용에 의하여 일어나는 현상이다.

충남 서산시 해미면 조산리에 있는 '여숫골'이라 불리는 골짜기는 조선 말 천주교 박해 시기에 많은 신자들이 순교를 당한 장소이다. 당시 처형을 위해 끌려 가던 천주교인들은 '예수, 마리아'를 외치며 기도를 했는데, 이 기도 소리를 들은 마을 주민들은 '여수(여우의 방언) 머리'로 잘못 알아들은 후 그들이 '여우에게 홀려서 죽는구나' 하고 생각했다. 그래서 그곳을 '여숫골'이라고 불렀다. 캐나다(Canada)라는 명칭은 이로쿼아 부족어로 "마을"이라는 뜻의 카나타(Kanata)에서 유래되었다. 금이나 은 등의 광물이나 일확천금을 얻을 수 있는 일이나 일터 등을 뜻하는 '노다지'는 영어의 'No touch'에서 유래되었다는 설이 가장 유력하다. 노다지는 '노두(露頭)가 있는 땅'으로 해석할 수 있는 '노두지(露頭地)'와 발음이 비슷하다. '노두(露頭)'는 '광맥, 암석이나 지층, 석탄층 따위가 땅거죽에 드러난 부분'을 가리켜 '광물이 묻혀 있는 광맥'을 뜻한다. 국제 무선 재난 신호 중 하나인 메이데이(영어 mayday)는 프랑스어 'venez m'aider' 또는 'm'aidez'에서 나온 말로, "날 도우러 오시오"라는 뜻의 뒷부분이 몬더그린화되며 정착된 단어다.

'오 필승 코리아'의 원조는 레알 마드리드 등에서 사용하는 유럽의 축구 응원가였다. 이를 붉은악마가 1998년 FIFA 월드컵을 앞두고 현재 알려진 가사로 개사해서 대한민국 축구 국가대표팀의 응원가로 사용하기 시작하였다. 그런데 "오, 필승 코리아!"를 거리응원에서 한국 응원단이 외쳤는데, 이를 지켜본 영미인들의 귀에는 "Oh, peace of Korea!"(한반도의 평화)로 들렸다고 한다. 이러한 현상을 영어 단어를 외우는 데 적용하면 매우 유익하다. 예를 들어 'embark'는 '승선하다'라는 뜻인데 이를 '승선이 임박하다'라고 기억하고, Buoyancy는 부력, 부양의 뜻으로 부(Buo) 양(yanc)드로 외우면 평생 잊지 못할 것이다. 광고에도 이 현상은 많이 사용되고 있다. 2020년 야놀자는 래퍼 사이먼 도미닉을 모델로 '쌓이면 돈이니'로 광고하였고, 빙그레는 대표 상품인 '꽃게랑'의 모양을 로고화한 패션 브랜드 'Cotes Guerang(꼬뜨 게랑)'을 런칭했다. 개그맨 윤성호는 뉴진(New進)스님이라는 부캐를 이용해 향 냄새, 목탁, 정갈한 이미지의 불교를 신나고, 환호하는, 개방적인 이미지의 불교로 바꾸었다. 특히 그는 공연 중에 'Put your hands up'을 외치는데 이는 부처님은 잘생겼다는 '부처핸썸'으로 해석되어 불교계 관계자뿐만 아니라 많은 젊은이들에게도 공감을 얻고 있다.

76. 앵커링 효과 [Anchoring effect]

배가 닻(anchor)을 내리면 닻과 배를 연결한 밧줄의 범위 내에서만 움직일 수 있듯이 처음에 인상적이었던 숫자나 사물이 기준점이 되어 그 후의 판단에 왜곡 혹은 편파적인 영향을 미치는 현상이다. 심리학자이자 행동 경제학의 창시자인 대니얼 카너먼(Daniel Kahneman)과 심리학자 아모스 트버스키(Amos Tversky)가 실험을 통해 증명한 효과이다. 실험 참가자들에게 1부터 100까지 있는 행운의 바퀴를 돌려서 나온 숫자가 '유엔에 가입한 국가 중 아프리카 국가의 비율'보다 많은지 적은지 추측해 보라는 다소 생소한 질문을 하였다. 예를 들어, 숫자 30이 나왔다면 아프리카 국가의 비율이 30보다 많은지 적은지 추측해 보라는 식이다. 실험참가자들은 대부분 행운의 바퀴를 돌려 우연히 얻은 숫자와 비슷한 수치로 질문에 대답을 했다. 행운의 바퀴가 80을 가리키면 아프리카 국가의 비율은 70~90 사이라고 응답을 했고 30을 가리키면 20~40 사이라고 응답을 하였다. 이 수치는 실제 아프리카 국가의 비율과는 전혀 상관이 없고, 참가자들은 우연히 얻은 숫자에 영향을 받아 대답을 했을 뿐이다.

주위를 살펴보면 앵커링 효과는 쇼핑, 비즈니스 상황, 주식거래, 학생평가 상황 등에 이르기까지 매우 광범위하게 일어난다. 대형마트는 품목별로 다양하게 30%, 50% 등의 할인을 해 주고 '원 플러스 원' 행사와 덤 증정 같은 이벤트를 계속 진행한다. 할인 전 고정가격을 제시한 상태에서 할인된 가격 표시된 물건을 구입하면 구매자는 합리적인 소비를 했다고 생각하기 쉽기 때문에 이와 같은 방법으로 구매를 부추기는 것이다.

비즈니스 파트너와 협상을 할 때도 먼저 가격 제시를 하는 사람에게 유리한 방향으로 조율될 가능성이 높다. 먼저 제시한 협상 가격이 기준이 되기 때문에 일부러 더 높은 가격을 불러서 상대방을 자극하는 방식이다. 상대방은 손해 보지 않는 장사를 하려고 높게 책정된 가격을 깎아서 비즈니스를 진행하게 된다. 이 효과는 경제적인 상황에만 적용되지는 않고 평소 언행과 상황에서도 작용된다.

주식 투자자가 A회사 주식을 1만 원에 매수했다고 가정해 보자, 시간이 흘러 주가가 5천 원으로 하락하였다면 주식 투자자는 1만 원이라는 매수 가격에 생각이 고정되어 있어 주식을 팔 수 없을 것이다. IPO주식이 첫날 1만 원 상장되었는데 그 후 주가가 5천 원이 되었다면 주식 투자자는 1만 원이 관념이 고정 기준이 되어 주식을 매매할 없을 것이다.

한 예로 질문을 던질 때 "당신은 이곳에서 근무한지 20년이 넘었지요?"라고 20년이라는 이미지, 닻을 놓게 되면 우리는 대답하는 사람을 자연스럽게 50살 이상의 나이를 먹었을 것으로 추측하게 된다. 또한 학교에서 선생님이 학생들을 평가할 때 그 학생에 대해 알고 있는 점수가 닻으로 작용해 이후의 평가를 할 때 많은 영향을 끼치기도 한다. 이를 비롯해 앵커링 효과는 법정에서, 가정에서, 직장에서 등 기존의 이미지가 후의 평가에 상당한 영향을 미치는 형태로 나타나고 있다. 앵커링 효과는 선입견이 사람의 판단에 막대한 영향을 미친다는 이론이다. 그래서 편협한 사고로 빠져들지 않기 위해 생각을 열고 다양한 의견과 생각을 받아들여야 된다.

77. 램프 증후군 [Lamp Syndrome]

동화 '알라딘과 요술램프'에서 유래된 말로 실현 가능성이 전혀 없는 일에 대해 불안과 우려를 나타내는 불안 심리 현상으로 쓸데없는 걱정을 하는 사람들을 지칭하는 말이다. 그리스 신화에 근심의 여신 '쿠라(Cura)'가 무료함을 달래기 위해 흙으로 장난을 치다가 자신과 닮은 모형을 만들었다고 한다. 만들어 놓고 보니 그 인형이 나름 훌륭하고 괜찮아 보여 제우스에게 생명을 불어넣어 달라고 부탁했다. 제우스는 흔쾌히 쿠라 여신의 흙 인형(인간)에 생명을 불어넣어 주었다. 생명을 얻은 인형은 시키는 대로 일도 잘하고 말도 잘 들어서 쓸모가 많았다. 제우스는 그런 인형이 탐이 나기 시작했고 자신이 생명을 불어넣어 살아 움직이기 때문에 자기가 주인이라고 우겼다. 두 신이 인형의 소유권을 주장하며 옥신각신 다투자 흙의 신 호무스도 슬쩍 끼어들었다. 애당초 흙으로 인형의 모형을 만들었으니 흙의 신인 자신이 주인이라는 것이었다. 셋은 조금도 물러서지 않고 다들 인형이 자기 것이라며 바득바득 우겼다. 끝까지 결론이 나지 않아 심판의 신 사튀르에게 갔다. 까닭을 듣고 한참을 생각하던 사튀르가 판결을 내렸다. "생명이 있는 모든 것은 언젠가는 반드시 죽는다. 그때 가서 몸은 흙에서 온 것이므로 흙의 신 호무스가 갖고, 영혼은 제우스에게서 온 것이니 제우스가 가져가라. 그리고 살아 있는 동안은 인간을 빚은 쿠라가 관장하라." 그래서 살아 있는 모든 인간은 근심의 여신 쿠라의 지배를 받는다. 인간으로 태어난 이상 어쩔 수 없이 근심 걱정을 하면서 살아갈 수밖에 없다.

독일의 철학자 하이데거는 인간이란 근심 걱정 속에서 허덕이며 죽음을 향해 나아가는 존재라고 말했다. 걱정과 근심, 즉 불안감은 존재의 근저에 깔린 실존의 본질이며, 그것이 없다면 죽은 흙덩이에 불과한 존재가 바로 인간이라고 보았다.

생전에 이건희 회장은 임원회의에서 "당신들은 어젯밤에 잠을 잘 잤나? 나는 베개 홑청이 땀에 흠뻑 젖을 정도로 밤새 뒤척였다. 반도체, 휴대폰 다음에 무엇으로 직원들을 먹고살게 할지 고민하느라 한잠도 못 잤다."라는 말을 자주 하였다고 한다. 기업인들의 맘고생은 요즘 더 커 보인다. 가파른 최저임금 인상과 강제적 근로 시간 단축으로 사업 여건은 악화일로다. 미·중 무역전쟁은 믿었던 수출마저 흔든다. 상황은 나아질 기미가 안 보인다. 이미 상당수 중소기업은 동남아 등지로 공장을 옮길 계획을 세우고 있을 정도다. 기업들이 한국을 떠날 생각을 하고 있으니 경제가 돌아갈 리 없다. 기업은 국가 경제 성장의 엔진이며 일자리 창출의 주체다. 기업이 투자를 늘리지 않으면 아무리 임금을 올려도 경제는 성장하지 않는다. 당연히 일자리도 증가하지 않는다. 소득주도 성장론을 주장하는 사람들은 근로자 임금을 올려 주면 소비가 늘고, 소비가 늘면 투자는 증가할 것이라고 말한다. 기업 입장에서 인건비가 늘어나면 당장 이익이 줄고, 투자 여력이 감소한다. 이게 무서운 기업들은 사람을 더 뽑지 않는다. 혁신성장도 마찬가지다. 혁신의 주체야말로 기업이다. 벤처기업뿐 아니라 글로벌 대기업이 협력 생태계를 구축해야 혁신 성장이 가능하다. 4차 산업혁명에서 미국과 중국이 질주할 수 있는 것도 수많은 혁신 스타트업이 구글 아마존과 화웨이 바이두 같은 글로벌 대기업과 얽히고설켜 있기 때문이다. 일부 악덕 기업과 갑질 기업인이 있을 수 있다. 그런 기업과 기업인은 건전한 시장생태계에도 적이다. 공정거래법 등으로 옥석을 가려 도

려내야 한다. 다만 부분을 전체로 착각하는 일반화의 오류에 빠지지 않는다는 전제에서다.

78. 줄리의 법칙 [Jully's law]

마음속으로 간절히 원하는 것은 언젠가 반드시 이루어진다는 법칙이다. 브라질 작가 파울로 코엘료는 연금술사라는 소설에서 간절히 바라면 우주가 도와준다는 말을 피력하였다. '피그말리온 효과(Pygmalion effect)'와 비슷한 현상으로, '정신을 집중해 어떠한 것을 간절히 소망하면 불가능한 일도 실현된다는 심리적 효과'라고 정의할 수 있다. 윌리엄 리글리 주니어(William Wrigley Jr, 1861~1932. 1. 26) 126년 전에 요즘과 같은 형태의 껌 상품을 만들어 대중화한 주인공이다. 껌을 팔아 억만장자가 된 인물일 뿐 아니라 경영 혁신의 롤 모델로도 자주 거론된다. 어린 시절의 그는 가망이 없는 아이였다. 필라델피아에서 비누를 만들어 이륜 마차에 싣고 판매하는 집안의 8남매 중 장남으로 태어나 동생들을 돌보지도, 공부에 전념하지도 않았다. 장난이 심하고 자기 주장이 강해 선생님들에게 대들기도 일쑤였다. 소위 문제아였던 그에게 유일한 취미이자 재미있는 일은 비누 판매였다. 29세가 되던 해 그는 비누 판매로 성공을 하겠다는 간절한 희망을 가지고 단돈 32달러를 들고서 독립에 반대하는 부모를 떠나 아내와 어린 딸을 데리고 시카고로 이주하였다. 자본을 투자한 삼촌과 공동으로 시작한 비누 사업은 생각대로 단기간에 자리를 굳혔다. 성공의 비결은 '끼워 팔기'였다. 그는 소비자들이 비누에 덤으로 얹어 주는 베이킹파우더를 더 선호한다는 사실을 인지한 후 베이킹파우더를 풍선껌과 같이 판매를 하였고 풍선껌이 인기를 얻자 껌 사업에 투자를 하였다. 1892년에 첫 번째 상품인 '로타'와 '바사'를 출시하고 이듬해부터는 추잉껌 '주시 푸르츠'와 '스피어민트'를 내놓았다. 얇고 긴 판 모양의 껌 특유 디자인도 이때 처음 나왔다. 리글리의 세일즈 포인트 가운데 가장 획기적인 아이디어는 계산대 바로 옆에 껌을 진열하는 전략. 잡화점이나 소매점 주인을 설득해 계산기 옆에 작은 껌 진열대를 설치하였다. 껌은 동전 몇 개면 살 수 있는 저렴한 상품이었기에 소비자들은 계산을 하다가도 별다른 부담 없이 껌을 집어 들었다. 특히 부모를 따라온 어린 아이들은 껌을 그냥 지나치지 않았다. 아이들은 자라나 평생토록 리글리 껌을 찾았다. 상품은 매장 안의 진열대에 정리하고 고객을 기다리는 것이라는 고정관념을 깬 발상으로 그는 어마어마한 돈방석에 앉았다. 더욱이 수많은 기업이 도산한 1907년 대공황에서도 그는 전화번호부에 적힌 주소에 껌 4개씩을 무료로 보내는 등의 대폭적인 광고비 지출로 승승장구하였다. 1차 세계대전도 어릴 적부터 리글리의 껌을 접하며 자라난 미군 병사들이 가는 곳마다 껌 씹는 문화를 퍼트리며 해외 기반이 넓어졌다. 1916년에는 야구단도 사들였고 미국 메이저리그 프로야구팀 시카고 컵스의 홈 구장 이름이 리글리 필드인 것도 그의 이름에서 유래되었다. 1932년 오늘, 71세로 사망한 리글리의 껌 사업은 증손자까지 이어졌으나 지난 2008년 초콜릿 등을 생산하는 종합제과회사인 마즈(MARS)에 넘어갔다.

79. 귀인 이론 [Attribution theory]

자신이나 다른 사람들의 행동의 원인을 찾아내기 위해 추론하는 과정을 설명하는 이론을 말한다. 우리는 다른 사람의 행동이나 자신의 행동을 행위자의 기질이나 성격 특성과 같은 내부 요소로 귀인할 수도 있고, 상황적인 외부 요소로 귀인할 수도 있으며, 이러한 귀인 과정에서 다른 사람의 행동을 대체로 내부적인(나 자신) 원인에서 찾는 대응 추론 편향과 같은 오류를 범하기도 한다. 만약 어제 친구에게 이성을 소개받았다고 가정하자. 상대방이 마음에 들어 식사 약속을 잡기 위해 전화 연락을 했는데, 수화기 너머로 들리는 상대방의 목소리가 시큰둥하게 느껴진다면 그 이유를 찾으려고 여러 가지 추리를 할 것이다. 내가 마음에 들지 않았나? 아니면 내가 실수한 것이 있나? 오늘 몸이 좋지 않은가? 이 사람은 원래 무뚝뚝한 사람인가? 등이다. 우리는 마치 탐정이라도 된 듯 상대방의 시큰둥한 반응의 원인을 찾고 이해하려는 과정을 거친다. 이처럼 자신 또는 다른 사람의 행동의 원인을 찾기 위해 추론하는 과정을 귀인(歸因, attribution)이라고 한다. 즉, 행동의 원인에 대해 질문하고 대답을 찾아가는 과정이다.

프리츠 하이더는 1958년 그의 저서 『대인관계의 심리학(The Psychology of Interpersonal Relations)』에서 사람들은 아마추어 과학자 또는 경험 없는 심리학자와 같이 다른 사람들의 행동의 원인에 대한 납득 가능한 설명이나 해답을 얻을 때까지 추론을 한다고 설명했다. 또한 그는 추론 과정에서 다른 사람의 행동의 원인을 그 사람의 내적인 요소(예: 기질, 성격 특성, 태도 등)에 귀인하는 것을 내부 귀인(internal attribution)이라고 하고, 상황적 요소(예: 외부 압력, 사회적 규범, 우연한 기회 등)에 귀인하는 것을 외부 귀인(external attribution)이라고 이분해 설명했다. 성공하고 실패하는 기업의 요인을 분석하는 일은 어렵지 않다. 이미 결과가 도출된 이후에는 그 이전의 모든 과정이 성공 혹은 실패의 요인으로 추론할 수 있기 때문이다.

모두 알고 있는 세상의 성공 방식은 이미 정해져 있다. "소비자가 원하는 제품을 만든다.", "경쟁 기업이 모방할 수 없는 제품을 개발한다." 등등. 하지만 그것을 조직에 대입해 실현해 낼 가능성은 너무나 많은 경우의 수와 다양한 이해 관계가 작동하기 때문에 현실적으로는 굉장히 어려운 일이다. 그리고 성공 여부에 따라 과정이 다르게 해석되기도 한다. 예를 들면, CEO의 강력한 경영 철학이 다른 임직원들의 반발에도 불구하고 성공을 한다면 그에 대한 해석은 칭찬일색이겠지만 만일 실패한다면 오만한 독선으로 변한다. 그래서 수많은 경영 지침서나 자기 계발서가 참조일 뿐 나에게 적용할 수 없는 이유이다. 그러나 전문가들이 말하는 성공한 사업가의 공통분모 중 하나는 행동을 한 사람들이라는 것이다. 주인과 월급쟁이의 차이는 '실행력'에 있다. 월급쟁이는 그 많은 경우의 수와 이해관계를 변명의 수단으로 쓰지만, 주인은 끝끝내 돌파해야 할 허들쯤으로 여긴다. 신제품 전문가인 로버트 쿠퍼가 말하는 최악의 성과를 낸 기업들의 데이터를 분석해 보면 96%-고객을 위한 제품 가치를 평가하는 작업을 제대로 하지 않음, 93%-시장조사를 제대로 하지 않거나 전혀 하지 않음, 82%-시장조사를 제대로 하지 않음, 77%-프로젝트에 대한 필요한 조치나 재무 분석을 제대로 하지 않음. 특허만 강조하며 최고라고 사장 혼자 떠드는 제품은 고객을 위한 제품 아니다. 제품은 내가 팔고자 하는 제품을 판매하는 것이 아니라 고객이 원하는 제품을 판매해야 된다. 그래서 성공한 제품들은 설득력이 있고 독특한 가치가 있고, 시장(고객) 중심으로 입소문이 나기 충분하며, 충분한 사전 조사를 통해 고객의 의견이 반영된 제품이어야 한다.

80. 250명의 법칙

조 지라드[44]는 『판매에 불가능은 없다』라는 자신의 저서에서 "나를 세계 제1로 만든 법칙은 조 지라드의 250명의 법칙"이라고 밝힌 바 있다. 그가 말하는 250명의 법칙을 발견하게 된 경위는, 첫째, 친구 어머니의 장례식에 갔다가 그곳에서 장례식장 직원으로부터 장례식에 참가하는 문상객의 숫자는 약 250명이라는 이야기를 듣게 되었고, 둘째, 또 다른 장례식에 참석했다가 그곳의 장의사로부터 문상객의 숫자는 평균 250명이라는 이야기를 들었으며, 셋째, 아내와 함께 결혼식장에 갔다가 결혼식장 사장을 만나서 하객들의 평균 숫자를 물어보니 신부측에서 약 250명, 신랑측에서 약 250명 정도가 참석한다는 대답을 듣게 되었다. 그 후 애경사에 참석할 때마다 관계자들에게 참석자의 숫자에 대하여 질문해 본 결과 평균 250명이라는 대답을 들었다.

그 후 그는 어느 한 사람이 서로 도움을 주고, 받으면서 인적 그물망을 맺고 살아가는 인적 범위는 평균 250명이라고 깨달았다. 결론적으로 이 법칙에 의하면 한 사람에게 잘못 보이면 250명에게 잘못 보이는 것이고, 한 사람에게 잘 보이면 250명에게 잘 보인다는 것이다.

조 지라드는 이 사실을 알고부터 차량을 구입한 고객에게 더 열정적으

---

44) 가난한 집안에서 주정뱅이의 아들로 태어난 그는 아버지의 구타에 못 이겨 고교를 중퇴하고 구두닦이로 첫 직업을 갖게 된다. 그 후 35세까지 40여 가지의 직업을 전전했다.그러다가 자동차 판매에 뛰어 들어 미국 시보레 자동차 대리점의 세일즈맨으로서 12년 동안 총 13,001대라는 경이적인 판매 기록을 세운 후 현재는 '세일즈 트레이닝 스쿨'을 운영 중.

로 연락을 하고 관계를 유지하기 위해 노력하였다. 그 결과 차량을 한번 구매한 고객은 감동을 받게 되고 주변 사람에게 그를 소개시켜 주게 되었다. 사실 대부분의 영업사원들은 물건을 팔고 나면 전화를 걸어도 통화하기가 힘들지만, 조 지라드는 A/S는 기본이고 B/S(before service)를 철저히 함으로써 고객은 주변 사람 즉 준거집단(reference group)의 인물들에게 조 지라드를 소개하는 버드 독(bird dog) 역할로 전환되었던 것이다. 그의 입장에서는 많은 고객들이 그를 위해 대가 없이 영업을 해 준 것이다. 영국 인류학자 로빈 던바(Robin Dunbar)는 인류학적인 문헌을 통해 면밀하게 조사한 결과 150이라는 숫자가 진정으로 사회적인 관계를 가질 수 있는 최대한의 개인적인 숫자를 나타낸다고 하였다. 그래서 150이라는 수를 가리켜 '던바의 수(Dunbar's number)'라고 한다. 하지만 최근에는 이 숫자는 무의미한 것 같다. SNS라는 개방형 도구를 이용하여 잠재적인 고객 및 이미 고객이 된 사람들과 접속할 수 있는 기회가 많다. 특별히 돈을 들이지 않는 고객과 소통할 수 있는 기회라고 생각을 한다면, 조금만 신경을 써서 자신의 계정을 정리한다면 수많은 고객들에게 자신의 상품과 재능을 선전하고 마케팅 할 수 있는 훌륭한 도구이다. 물론 가장 중요한 부분은 고객이 된 사람들에게 감동을 줄 수 있는 사후 관리이다.

81. 스탕달 증후군 [Stendhal syndrome]

감수성이 예민한 사람이 뛰어난 예술품을 보고 순간적으로 느끼는 정신적 충격이나 흥분을 말한다. '적과 흑', '파르마의 수도원'의 저자인 프랑스 작가 스탕달(Stendhal)이 1817년 이탈리아 피렌체의 산타크로체 성당에서 레니(Guido Reni)의 작품인 '베아트리 체첸치'를 감상하고 계단을 내려오면서 심장박동이 빨라지고 무릎에 힘이 빠지면서 황홀함을 체험했던 것을 자신의 일기에 기록하였던 것에서 유래한 용어다. 감수성이 뛰어난 사람이 뛰어난 미술품이나 예술품을 보고 순간적으로 느끼는 정신적 충동이나  흥분을 느끼는 것을 의미한다. 스탕달 증후군에는 자아상실, 정서혼란, 의기소침, 피해망상 등의 증상이 수반되지만 대부분 증상이 오래 지속되지는 않으며, 본래의 환경으로 돌아오면 금방 회복된다.

　로이터통신에 따르면 이탈리아 정신과 의사이자 미술사가인 그라지엘라 마게리니 박사팀이 플로렌스의 아카데미아 갤러리에서 미켈란젤로의 유명한 조각상인 '다비드' 상을 보러 온 관람객을 관찰한 결과 10명 중 2명은 때때로 억누를 수 없는 충동을 보였다고 한다. 연구팀에 따르면 대부분의 사람들은 이러한 감정을 스스로 억제했으나 몇몇은 폭언을 퍼붓는 등 맹렬한 공격 행태를 보였다고 밝혔다. 마게리니 박사는 위대한 예술작품은 사람들의 파괴 충동을 불러 일으키며, 이런 감정은 작품을 직접 만드는 예술가에게도 나타나 과거 미켈란젤로도 자신의 작품의 일부를 파괴하곤 했다고 설명했다. 그는 그러나 파괴 욕구는 창조와 파괴 사이에 존재하는 잠재 의식뿐만 아니라 성(性)이나 죽음과 같은 내면의 깊은 두려움과 욕망에 의해서도 나타난다고 덧붙였다. 연구팀은 이어 다비드상에 대해 강한 성적인 충동을 느끼는 것은 비단 여성만이 아니며 35~40세의 남성들도 다비드상의 근육미에 매력을 느끼는 동시에 흥분했다고 말했다. 그는 이 증후군은 미국인들에게 많이 나타나며 이를 적절히 통제할 수 있을 때 사람들은 내면적으로 한층 성숙해진다고 강조했다.

비단, 예술품을 봤을 때만 이런 현상을 느끼는 것은 아니라고 본다. 가고 싶은 대학을 탐방했을 때, 입사하고 싶은 회사를 견학했을 때, 여행하고 싶은 장소를 방문했을 때 우리는 비슷한 경험을 했을 것이다. 하지만 앞서 언급한 바와 같이 이런 흥분된 기분은 그리 오래가지 않는다. 수많은 취준생들은 직장을 구하기 위해 최선을 다하며 취직이 되었을 때 세상을 가진 듯한 기쁨을 누리지만 한국경영자총협회에 따르면 2016년 기준으로 입사 후 3년 이내 퇴사율이 80%에 달하고 30~50대의 경우에도 3년 내 퇴사율이 60%가 넘는다고 한다. 퇴사의 사유에는 여러 가지가 있을 수 있다. 하지만 어렵게 구한 직장을 비교적 쉽게 포기하는 것보다는 퇴사 전에 준비와 생각을 한 후 실행을 하는 것이 바람직하다. 입사를 위해 무작정 자신이 좋아하지 않은 일을 선택했다면, 퇴직을 위해서는 자신이 좋아하면서 잘하는 일을 찾은 후 퇴사를 해야 된다. 그리고 독서와 외부 전문가 또는 주변의 지인들을 통해서 퇴사 후 진로에 대한 구체적인 실행방안을 설계해야 된다. 최소한 이 두 가지만 고려한다면 반복적인 입사와 퇴사를 하지 않을 것이다.

VI. 고희(古稀) 종심(從心) 칠순(七旬)

고희(古稀)는 두보(杜甫)가 지은 '곡강시(曲江詩)'에 나오는 "인생칠십 고래희(人生七十古來稀)"에서 온 말로서, 사람은 예로부터 70세까지 살기가 드문 일이라는 뜻이다. 종심(從心)은 공자(孔子)의 '논어', '위정편(爲政篇)'에서 '나이 70이 되니 마음이 하고자 하는 바를 좇아도 도(道)에 어그러지지 않았다(從心所欲不踰矩)'라는 말에서 유래되었다.

공자가 천하를 떠돌아 다닐때, 하루는 채(蔡)나라 국경을 지나다 뽕을 따는 두 여인을 보았다. 그런데 동쪽에서 뽕 따는 여인은 얼굴이 구슬처럼 예뻤고, 서쪽에서 뽕 따는 여인은 곰보처럼 얽었고 못생겨 공자가 농(弄) 하기를 "동지박서지박(東枝璞西枝縛)이로고…(즉, 동쪽 가지는 구슬박이고 서쪽 가지는 얽을 박이라는 뜻이다)." 이를 들은 서쪽 여인이 공자에게 대꾸하길, "건순노치 칠일절양지상 이백어면 천하명문지상(乾脣露齒 七日絶糧之相 耳白於面 天下名文之相)이군…(즉, 입술이 바짝 마르고 이빨이 톡 튀어나온 게 7일간 굶을 상인데, 귀가 얼굴색보다 흰 걸 보니 문장만은 천하에 알려질 만하겠다는 뜻)." 하였다. 무안을 당한 공자가 서둘러 길을 떠나는데 채나라 국경에서 병사에게 도적으로 붙잡히게 된다. 병사는 만일 도적이 아니고 천하의 석학 공자라면 쉽게 풀 수 있는 문제라면 시험을 한다. "구멍이 9개 뚫린 구슬들을 명주실로 한 번에 꿰어 보라"고 한다. 하지만 공자는 명주실을 잡고 구슬을 꿰는 데 연 나흘을 끙끙댔지만 실패의 연속이었다. 할 수 없이 자신을 '건순노치 칠

일절양지상'이라 했던 여인에게 제자를 보냈으나 여인은 간데없고 짚신만이 거꾸로 뽕나무에 걸려 있었다. 이 소식을 접한 공자가 무릎을 탁 치며 제자에게 이르되 "계혜촌(繫鞋村)을 찾아가 보아라."라고 명을 한다. 제자가 우여곡절 끝에 계혜촌에서 그 여인을 찾아 구슬 꿰는 가르침을 청하자 여인은 말없이 양피지에 '밀의사(蜜蟻絲)'라는 글을 적어 준다. 글귀를 받은 공자가 탄복하며 꿀과 실과 개미 한 마리를 잡아오게 하여, 개미 뒷다리에 명주실을 묶어 놓고 구슬 구멍에 꿀을 발라 뒀더니 하룻밤새 개미가 구슬을 다 꿰어 놓았다. 그날이 바로 공자가 밥 한 끼 못 먹고 굶은 지 바로 칠 일째 되는 날이었다. 옥문(獄門)을 나서는 공자는 "격물치지(格物致知 - 사물의 이치를 연구하여 참 지식에 통달된다는 뜻)"를 깨닫고 자신의 오만방자함과 어리석음을 깊이 뉘우치며 또 다른 의문을 가진다. "왜? 구멍이 다섯도 일곱도 아닌, 아홉 개 뚫린 구슬을 나에게 주었을까?" 공자는 70이 되어서야 비로소 그 이치를 깨달았다고 한다. '인생이란 아홉 개의 구멍을 가지고 태어나서 두 눈으로 바로 보고, 두 귀로 바로 듣고, 두 코로 향내를 감지하고, 입으로는 정갈하게 먹고 진실되게 말하며, 두 구멍으로는 배설하는 데 막힘이 없다면 그것은 바로 사람이 무리 없이 삶을 이어 가는 기본이요, 하늘의 도리(道理)가 아닐까 하는 즉, 나 자신을 제대로 아는 것이 천하를 아는 것보다 더 중요하다'는 깨달음이었다.

82. 리마 증후군 [Lima Syndrome]

인질범이 자신의 인질에게 정신적으로 동화되어 폭력성이 저하되는 이 상현상을 일컫는 심리학 용어로서 1996년에 리마에서 일어난 일본 대사관저 점거 인질 사건에서 비롯되었다. 1996년 12월, 페루의 반정부 조직 '투팍아마루 혁명운동(MRTA)'의 요원들은 일본 대사관을 검거하였다. 그들은 페루 정부군이 기습한 1997년 4월 22일까지 400여 명의 인질들과 함께 지냈으며, 그들은 127일의 시간 동안 점차 인질들에게 동화되는 모습을 보였다. 그들은 인질들이 가족들에게 편지를 보내는 것을 허용해 주었으며 그 외 인질들이 미사 의식을 개최하거나 의약품, 또는 의류를 반입하는 것 역시 허락했다. 시간이 지날수록 요원들은 인질들에게 자신들의 신상을 털어놓기도 하였다. 이 사건에서 발생한 현상을 심리학자들은 나중에 '리마 증후군'이라 칭하였다.

특정한 환경 속에 사람들이 동일한 공간 속에서 지속적으로 관계를 유지한다면 충분히 일어날 수 있는 현상으로 부부가 오랫동안 같은 곳을 바라보면 살다보면 얼굴까지 비슷해지는 것을 확인할 수 있다. 기업의 환경도 이러한 영향을 받는다. 돈이 모이고 이익이 창출되는 사업이라면 공산주의 체제이든 자본주의 체제이든 기업은 동질화되는 경향을 보인다.

중국의 '경제참고보'에 따르면 중국 테마파크 시장이 눈부신 성장을 거듭하면서 세계 최대 테마파크 시장이 될 준비를 갖추고 있다고 보도했다. 현재 2500여 개의 테마파크가 성공적으로 운영되고 있으며 이 중 투자금 5000만 위안을 웃도는 대형 테마파크는 300여 곳이 넘는 것으로 집계됐다. 그리고 업계에서는 머지않아 중국이 세계 최대 테마파크 시장으로 우뚝 설 것이라는 전망이 나오고 있다. 글로벌 시장조사기관 유로모니터는 '세계 관광시장 국가 동향'을 통해 오는 2020년 중국 테마파크 시장 매출이 120억 위안, 하루 평균 방문객 3억 3000만 명에 달할 것으로 보면서 일본·미국을 제치고 세계 최대 테마파크 시장이 될 것이라는 전망을 내놓았다. 세계테마파크 엔터테인먼트협회(TEA)에 따르면 방문객이 가장 많은 아시아 테마파크 20곳 중 13곳이 중국에 있다. 상하이 디즈니랜드에 버금가는 60여 개의 새로운 테마파크가 신설되면 이 숫자는 크게 늘어날 전망이다. 테마파크는 중국 경제 발전에 중요한 역할을 하고 있으며 이러한 현상은 다른 비지니스 전반에 펴져 있다.

예를 하나 더 들자면 공유택시 우버는 아시아 시장에서 철수를 검토하고 있고 중국 시장을 디디추싱에게 매각했지만 디디추싱은 알리바바와 텐센트의 자금을 등에 업고 소프트뱅크와 손을 잡고 해외 시장 개척에 박차를 가하고 있다. 공산주의는 사유재산 제도의 부정과 공유재산제도의 실현으로 빈부의 차를 없애려는 사상으로 이익 추구는 상상을 할 수 없었다. 이윤 추구를 목적으로 하는 자본이 지배하는 경제체제는 자본주의 개념이기 때문이다. 하지만 세계 시장이 특성이 급속도로 변화하고 자본의 쟁탈전이 심화되는 환경에서 죽은 사상가의 이념을 고수하기에는 우리의 환경은 녹록지 않다.

83. 침묵의 나선 이론 [Die Theorie der Schweigespirale / Spiral of Silence Theory]

1966년 독일의 사회과학자 엘리자베스 노엘레-노이만(Elisabeth Noelle-Neumann)이 발표한 'Öffentliche Meinung und Soziale Kontrolle, 여론과 사회 통제'에서 제시된 이론으로 어떠한 의견이 다수의 사람들에게 인정되고 있다면, 반대되는 의견을 가지고 있는 소수의 사람들은 다수의 사람들에 의해서 공격당하고 고립될 것이라는 공포로 인해 침묵하려 하는 경향이 크다는 이론이다. 이 이론에 따르면 사람들은 사회 내에서 자신의 견해가 우세한 다수 의견에 포함되면 공개적인 의견 표명을 하지만 소수에 속할 경우 침묵을 지킨다. 그래서 사회적으로 다수에게 지지를 받는 의견은 더욱더 힘을 얻게 되고, 소수 의견은 점차 힘을 잃게 된다. 사회적으로 고립에 대한 두려움의 발생 원인으로 사람들은 자신이 속한 공동체나 사회로부터 거부당하거나 소외되는 것에 대한 두려움을 가지고 있고 이를 회피하기 위해서이다. 아마도 과거에서부터 씨족생활 또는 공동체 생활을 통해서 인간은 조직에서 밀려나거나 배척을 당하면 외부의 공격이나 식량조달에 어려움이 있어 고사할 가능성이 높았기 때문에 이런 공포를 내재적으로 가지고 있을 것이다.

'100%의 거짓말보다는 99%의 거짓말에 1%의 진실을 섞는 것이 훨씬 효과적이다'라고 생각한 20세기 초 나치 독일의 선전장관 괴벨스는 대중을 손쉽게 선동하기 위해 이 방법을 사용했다. 작은 진실은 커다란 거짓을 감출 수 있고 하나의 진실은 특정 목적을 가진 사람과 단체로부터 가공되면서 거짓된 선동이 시작될 수 있기 때문이다. 예를 들면, 부하 여직원과의 스캔들로 탄핵 위기에 처한 미국 대통령을 구하기 위해 백악관 참모들이 극비리에 할리우드 최고 연출가를 섭외해 핵 가방을 들고 국경을 침투하는 알바니아 출신 테러리스트와 미국 특공대의 전투 장면을 연출하여 국민들의 관심은 온통 그쪽에 집중되게 한다. 그러는 사이 대통령의 스캔들은 대중들의 관심에서 멀어지게 된다. 이 줄거리는 〈왝더독(Wag the Dog, · 1997)〉이라는 영화의 줄거리이다. 개가 꼬리를 흔드는 것이 아니라 꼬리가 개를 흔든다는 의미를 가진 '왝더독'은 대중 매체(꼬리)에 의해 대중(몸통)이 조작당하는 현실을 꼬집은 영화이다. 프랑스 황제 나폴레옹 역시 '여론을 따르면 모든 일이 쉽다. 여론이 세상의 지배자'라고 하였다.

그래서 '침묵의 나선' 이론을 조작된 SNS와 결합되면 의도된 방향으로 사람들의 생각을 이끌어 갈 수 있다. 여론조사기관 퓨리서치센터가 발표한 보고서에 따르면, '페이스북' 사용자 중 '페이스북 친구'들과 대체로 견해가 비슷하다는 사람이 스노든 폭로 사건[45]에 대한 온라인 대화에 참여할 확률은 견해가 다른 사람보다 1.91배 높았다. 온라인상에서 논쟁을 피하려는 사람은 직장에서나 친구들과의 모임에서도 논쟁이 되는 대화에 참여하지 않으려는 성향을 보였다는 분석도 있었다. 페이스북 사용자 중 '페이스북 친구'들과 의견이 비슷하다고 생각하는 사람이 실제 논쟁에 참여할 확률은 페이스북을 사용하지 않는 사람보다 0.74배 낮았다. 하지만 '페이스북 친구'들과 의견이 다르다고 생각하는 페이스북 사용자의 경우 논쟁 참여 확률은 비사용자 대비 0.53배로 더 낮아졌다. 1987년 대선부터 선거 여

---

45) 전직 미국 정보요원 에드워드 스노든이 미 국가안보국(NSA)의 무차별 개인정보수집 행태를 폭로한 사건은 미국에서 찬반이 엇갈리는 대표적인 논쟁 대상 중 하나이다.

론조사가 도입됐고 2002년 새천년민주당은 대통령 후보를 여론조사로 결정했다. 정당의 대선 후보를 여론조사 결과로 정하는 나라는 거의 없다. 또 여론조사에 국회 입법도, 정부 정책도 뒤집히기 일쑤다. 그만큼 막강한 영향력을 갖고 있다. 영화 〈목격자〉(조규장 감독)에는 현재의 이러한 현상을 소름 끼치게 잘 반영하였다. 새벽 2시에 산자락과 인접한 대단지 아파트에서 젊은 여자 한 명이 살해당하는 것을 40대 가장이 집 베란다에서 목격한다. 그러나 아무도 목격자로 나오지 않고 주인공 역시 함구하거나 모르쇠로 일관한다. 아파트 시세가 떨어질 것을 우려한 부녀회원들은 경찰과 언론에 절대 협조하지 말자고 담합을 하고 그 와중에 주민 중 한 주부가 행방불명이 되자 그 남편이 전단지를 돌리는 것을 부녀회장은 방해를 한다. 자신들도 피해자가 될 수 있음에도 불구하고 작은 이익에 눈이 멀어 사건을 축소하거나 은폐하려는 잔인한 이기심이 적나라하게 표출된다. 2차 세계대전의 나치 전범 대다수가 '그저 윗사람의 명령에 따랐을 뿐이고 내가 해야 될 일을 사무적으로 했을 뿐이다'라고 진술하였다.

최근에는 인터넷과 소셜미디어를 이용한 여론 조작이 심각한 사회문제로 떠오르고 있다. 대표적으로 '드루킹 사건'이 있었고 국정원 댓글 조작 사건이 있었다. 인터넷 포털사이트에 올라온 뉴스 댓글을 조작해 여론에 영향을 미친 사건으로 수백 개의 타인 아이디를 도용하여 '매크로'라고 하는 프로그램을 통해 '공감' 수를 빠르게 늘리는 방식으로 여론을 조작하였다. 이 사안이 심각한 이유는 분명하다. 민주정치는 대의정치이고 여론 조작은 민주주의를 좀먹는 행위이기 때문이다.

84. 팻 핑거 [Fat Finger]

사전적 의미로는 '굵은 손가락'을 뜻한다. 그러나 금융권에서는 금융 상품 트레이더들이 주문을 잘못 입력해 발생하는 실수를 가리킨다. 대표적인 사건으로는 2010년 5월 6일 미국의 '플래시 크래시(Flash Crash)'가 있는데, 한 투자은행의 직원이 거래 단위로 M(Million) 대신 B(Billion)를 눌러 15분 만에 다우지수가 998.5포인트(9.2%) 떨어진 바 있다. 그래서 증권을 매매하는 사람의 손가락이 자판보다 굵어 가격 또는 주문량을 실수로 입력한다는 의미도 가지고 있다. 우리나라의 경우 2013년에 한맥투자증권 직원이 금융 상품 중의 하나인 옵션의 가격 계산 프로그램 만기일을 365일이 아닌 0일로 잘못 입력하면서 옵션 가격이 급격하게 하락하는 사건이 발생하였다. 이날 한맥투자증권이 거래한 3만여 거래 중 100여 건이 이로 인한 주문 사고였으며, 금액으로는 약 460억 원에 달하였다. 이 중 국내 증권사와 거래한 일부 금액은 합의에 성공하여 돌려받았으나, 나머지는 외국인 투자자와의 거래금액으로 돌려받지 못해 파산하였다. 삼성증권은 2018년 우리사주 조합원 직원 2018명에 대해 현금배당을 지급하는 과정에서 담당 직원의 전산 입력 실수로 현금 1,000원이 아닌 1,000주를 입고하였다. 이 때문에 원래 지급돼야 할 28억 1000만 원이 아니라 28억 1000주가 우리사주 직원들에게 입고되었고, 현금으로는 따지면 112조 원에 달하는 큰 금액이 지급되었다. 문제는 삼성증권의 직원 16명 가량이 배당사고 당일 오전에 잘못 입고된 주식 중 501만 주를 주식 시장에서 매도하면서 사건은 일파만파로 커졌고, 이 때문에 삼성증권의 주가는 한때 전일 종가 대비 약 12%가량 급락했다.

그래서 금융당국은 대량매매 주문 한도를 줄였으며, 수작업 업무도 전산시스템으로 대체하였다. 팻 핑거 실수가 대형 사고로 번지는 데는 3가지 법칙이 있다. 첫 번째, 실무자가 벌인 실수를 이중삼중으로 막아 낼 상사의 부재, 의무 태만이다. 2015년 독일의 도이체방크 사고가 대표적이다. 상사가 휴가를 간 사이 외환거래 업무를 맡은 젊은 직원이 고객사인 미국 헤지펀드에 60억 달러(약 6조 4000억 원)를 잘못 송금해 버렸고, 233년 역사의 영국 베어링은행도 신참 딜러가 파생상품을 거래하면서 '사자' 주문을 '팔자'로 입력하는 실수를 직속 책임자가 숨기고 주문 착오로 인한 손실을 만회하려 무리한 투자를 벌이다 대규모 손실을 내면서 결국 베어링은행의 파산(1995년)으로 이어졌다. 두 번째, 한맥증권과 삼성증권의 사례와 같은 시장의 탐욕이며, 마지막으로 제도적 장치의 부재이다. 금융감독원 조사에 따르면 주먹구구식 배당 업무 시스템이 삼성증권 말고도 다른 4개 증권사에서도 운용되고 있었으며, 이를 금지할 금융 당국 차원의 사전 규제가 없었다고 한다. 컴퓨터도 바이러스를 먹으면 오류가 발생하고 사람도 신이 아닌 이상 실수는 할 수 있다. 그러나 문제는 그 후다. 수습할 수 없는 실수는 문제가 되고 수습된 실수는 아무 흔적이 없다. 경력을 쌓아 가고 자신의 분야에서 명장이 되어 간다는 것은 수습할 수 없는 실수를 수습할 수 있는 실수로 만들 수 있는 능력이 향상되어 가는 의미라고 생각한다. 시스템을 갖추고 매뉴얼이 있다 할지라도 인간이 예측할 수 없는 사고가 발생하면 그 사고를 최소한으로 수습할 수 있도록 하는 것이 삶의 노하우일 것이다.

85. 스마일 커브의 법칙 [Smile curve]

기업이 운용되는 절차는 '제품개발(R&D)→디자인→제조→마케팅→영업→서비스' 순으로 규정할 수 있다. 이 중에서 가치 창출의 핵심 단계가 과거에는 제조였지만 산업이 소프트화되고 지식경제 체제로 이행되면서 가치 창출의 핵심은 기업 운용 절차의 앞부분인 제품개발, 디자인, 원천기술, 핵심부품, 소프트웨어, 콘텐츠 부문과 운용 절차 뒷부분에 해당되는 마케팅, 영업, 서비스 등으로 옮겨 가게 된다. 그리하여 중간에 있는 제조 부분이 가장 가치 창출이 낮아지게 된다.

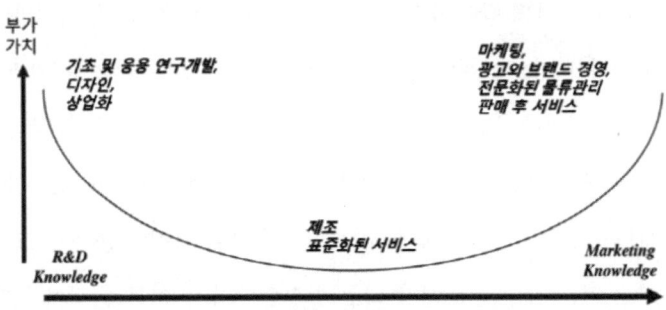

이의 형태가 알파벳 U자를 닮았다고 하여 'U자' 이론으로 부르기도 하고, 미소 짓는 모습과 같다 하여 '스마일 커브(Smile Curve)' 이론으로 불리기도 한다. 그래서 초기 제조업 중심으로 일어선 기업이라도 시대의 변화에 맞추어 가치 창출의 무게중심을 앞부분과 뒷부분으로 옮겨 가지 않으면 위기에 처할 수 있다. 그래서 선진국과 다국적 기업은 스마일 커브의 양단에 존재하는 연구개발 지식과 마케팅 지식 영역을 고부가 가치화

함으로써 주요 생산 기지를 개도국에 이전하더라도 부를 창출할 또 다른 절대적 수단을 유지한다. 이미 1990년대부터 글로벌화와 함께 강화된 신자유주의의 기저에서 선진국은 지식재산권을 자신들이 가지고 있는 기술 패권 또는 지적재산을 중심으로 글로벌 표준을 정착시키면서 물리적 생산 공장 없이도 영속적인 발전을 이룰 경제 전략을 제도화했다. 이를 통해 글로벌 생산 절차에서 선진국일수록 고품질, 디자인, 지식재산 영역을 담당하고 개도국일수록 원료, 단순부품, 완제품 조립을 맡는 분업 구도가 고착화된다. 결국 생산 절차의 분업에 따른 교역이 증가할수록 개도국과 선진국의 경제 격차, 즉 글로벌 양극화가 벌어지고 장기화되는 것이다. 더욱이 선진국과 다국적 기업은 글로벌 생산 체제에서 개도국 역할을 언제나 대체가능한 상태로 유지한다. 이들은 사실상 시장 경쟁을 통해 여러 개발 도상국들이 서로 경합하게 만들고 있다. 대표적으로 나이키의 제품 생산은 제조원가가 저렴한 국가로 계속해서 이전하고 있다. 우리나라도 아직까지 예외는 아니다. 2012년부터 우리나라에서 생산되는 김도 일본에 로열티를 지불한다. 김 종자에 대한 특허를 일본에서 가지고 있기 때문이다. 딸기나 장미 등 원예 작물에 대한 로열티만도 일 년에 200억 가까이 해외로 지급되고 있는 것이 현실이다.

86. 빈 둥지 증후군 [Empty nest syndrome]

자녀가 독립하여 집을 떠난 뒤에 부모나 양육자가 경험하는 슬픔, 외로움과 상실감으로 빈 둥지 증후군은 자녀들이 독립을 하는 시기에 부모가 느끼는 슬픔을 의미한다. 이러한 빈 둥지 증후군은 주 양육자의 역할을 맡는 여성에게서 주로 나타난다. 심리학자의 연구 결과에 따르면, 심각한 빈 둥지 증후군을 경험하는 부모들에게는 다섯 가지 유형이 있다고 한다.

첫째, 변화를 새로운 도전이나 전환점으로 받아들이기보다는 스트레스성 사건으로 인식한다.

둘째, 집을 떠나는 것에 대해 감정적으로 힘든 경험이라고 느낀다.

셋째, 배우자와의 결혼 생활이 불안정하거나 불만족스럽다.

넷째, 육아와 직장 생활을 병행하는 부모보다는 육아에만 전념한 경우에 빈 둥지 증후군을 경험할 가능성이 더 높다.

다섯, 자녀가 성인으로서 책임감을 다할 준비가 되어 있지 않다고 생각하는 경우 더 깊은 슬픔을 경험한다.

이러 증상은 집단 생활에서도 발생한다. 종교단체에서 물심양면으로 봉사를 하고 그 집단의 리더에게 인정을 받는다고 생각하였지만 갑자기 내 주변에 있던 사람들과 리더가 새로 봉사를 시작하는 사람에게 더 관심을 가지고 애정을 쏟는 모습을 보면 상실감과 허무함을 느낀다.

최근에는 일찍 아이들을 아내와 함께 외국으로 유학을 보낸 기러기 아빠들에게서 자주 나타난다.

개 사료 회사인 페디그리[46]는 이 현상을 광고로 활용하였다. 제목은 '자식의 빈 자리를 채워 주는 유기견'이다. "부모는 아이들이 태어나면 깊은 유대감을 갖고, 아이들의 유년기에 오랫동안 집중합니다. 그렇기에 아이들이 성장해서 떠나면 공허감이 큽니다." "애들이 나가면 데리고 오세요. 개를 입양하세요!" 이 광고는 2분 정도의 영상으로 제작되었으며 사료에 대한 이야기는 일절 없다. 외로운 부모와 버려진 개를 연결시키는 캠페인이 마치 공익 광고처럼 보인다. 그리고 회사 웹사이트를 통해 아이들의 성격과 비슷한 개를 선택해 입양할 수 있게 했다. 직접적인 제품 광고 대신 애견 산업의 파이를 키우자는 취지의 스토리텔링을 재밌게 한 것이 참신한 광고였다.

87. 구축 효과 [Crowding-out effect, 驅逐效果]

내수 진작을 위해 정부 지출을 확대하면 민간 부분의 소비 및 투자가 위축되는 현상을 말한다. 경기불황 시 정부는 스스로의 지출을 늘려 침체된 경기를 살리고자 한다. 다름 아닌, 확장적 재정 정책이다. 이러한 목적을 위한 정부 지출은 크게 민간에 대한 세금 부과 또는 민간으로부터의 차입에 의한다. 늘어난 세금은 민간소비를 위축시킬 것이므로 정부 지출 증대는 민간소비 감소에 의해 상쇄된다. 한편, 정부의 차입은 민간으로 하여금 국채를 사들이게 하는 방법으로 시행한다. 이는 민간의 주머니에서 투

---

[46] M&M'S, 스니커즈, 트윅스, 도브 등의 초콜릿 브랜드를 보유한 다국적 식품 기업 마즈(MARS)의 애견식품 브랜드로 약 70년 정도 되었으며, 전 세계에 유통되는 유명 사료 및 간식 브랜드다.

자 자금을 거두어들이는 것이므로 정부의 차입은 민간투자를 떨어뜨리게 된다. 이는 이자율의 변화가 중요한 역할을 담당하기 때문이다. 예를 들어 국가 경제의 자금 줄인 돈이라는 저수지에서 정부가 물의 역할을 하는 돈을 빼 가면 귀해진 물값은 오를 수밖에 없다. 그 물값인 돈의 이자율이 상승하는 것이다. 결과적으로 높아진 이자율이 민간투자 위축으로 이어지게 된다. 즉, 구축 효과는 정해진 자원의 투자 주체가 민간에서 정부로 바뀌는 것과 같다. 민간이 정부보다 더 효율적인 투자 주체라는 점에서, 구축 효과로 인해 자원 배분의 효율성은 악화될 개연성이 높다.

구축 효과는 경제 상황 여하에 따라 달라질 수도 있다. 케인즈(John Maynard Keynes)는 유동성 함정(liquidity trap)이 존재할 경우 구축 효과가 발생하지 않는다고 주장한 바 있다. 유동성 함정은 통화당국의 화폐공급량 증대가 이자율 하락을 가져오지 못하는 상황, 즉 극도로 악화된 경제 상황을 말한다. 따라서 유동성 함정에 빠진 상태에서는 이자율 상승을 매개로 발생하는 구축 효과는 정의될 수 없다. 반대로 국가의 부가 막대하지만 투자처를 찾지 못해 돈이 남아도는 상황일 경우 정부가 차입한다고 해서 이자율이 상승하지도 않을 뿐 더러 민간투자를 위축시킬 가능성도 희박하다. 규모의 경제[47] 속에 구축 효과는 위력을 발휘하지 못할 것이다. 정부 지출을 확대하면 이에 따른 민간 부분의 소비, 투자가 당연히 감소해야 되지만 민간 부분의 위축 현상이 발생하지 않을 것이기 때문이다. 극단적인 예를 들어 정부 지출을 늘리기 위해 민간 부분에 세금 징수를

---

47) 일반적으로 기업이 생산량을 늘리면 생산비용은 늘어난다. 그런데, 일부 재화 및 서비스 생산의 경우에는 달리 생산량을 늘릴수록 비용이 하락하는 현상이 나타난다. 이와 같은 현상을 규모의 경제라고 한다.

늘리다고 가정하자, 일반적으로 국민들은 세금을 납부하게 되면 실질 소득이 줄어 들게 되고 줄어든 소득으로 인하여 소비가 위축될 것이다. 그러나 기업에서 종업원들에게 증가된 세금 만큼 납부할 수 있게 소득을 높여 주거나, 정부의 세금공제 정책이 소비에 따른 소득공제 정책을 사용한다면 케인즈가 언급한 유동성 함정과 동일한 효과가 나타날 것이기 때문이다. 씀씀이가 큰 아이에게 절약하는 인식을 재고하기 위해 구축효과를 시행한다면 할아버지, 할머니 등 친인척의 용돈 유입을 차단하고 넛지 이론에서 주장한 간접적 자율 규제 행동을 할 수 있는 동기 유발 정책을 제공하는 방법이 효율적이라고 할 수 있다.

88. 메디치 효과 [Medici effect]

스웨덴 출신 벤처 사업가인 프란스 요한슨(Frans Johanson)이 2004년 펴낸 『The Medici Effect : breakthrough insights of ideas, concepts and cultures』 책에서 처음으로 소개했다.

프란스 요한슨은 '이질적인 역량을 능숙하고 유연하게 융합했던 메디치 가문으로부터 창조적 경영을 배워야 한다'는 분명한 메시지를 전하고자 하였다. 요한슨이 말하는 메디치 효과는 분야의 경계가 허물어지는 교차 아이디어에서 나온다. 교차 아이디어란 이질적 지식이나 기술이 하나로 모아지는 교차점(intersection)에서 창출되며, 이 지점에서 창조와 혁신의 폭발, 즉 메디치 효과가 나타나는 것이다. 즉, 메디치 효과는 서로 다른 분야의 요소들이 결합할 때 각 요소들이 갖는 에너지의 합보다 더 큰 에너지를 분출하게 되는 효과를 말한다. 예를 들어 사회·경제적 현상들에서 1+1=2가 아닌 1+1=5 또는 2+2=7이 될 때를 의미한다. 이 효과는 서로 다른 분야의 전문가들이 함께 소통할 수 있도록 지원을 아끼지 않았던 메디치 가문에서 유래되었다. 14세기부터 17세기까지 이탈리아 피렌체에서 강력한 영향력이 있었던 메디치 가문은 학문과 예술에 대한 후원을 아끼지 않았다.

그래서 메디치 가문에 의해 모인 예술가, 철학자, 과학자들은 각자 전문 분야의 벽을 허물고 서로의 재능을 융합하여 큰 시너지를 내게 되었다. 이 전문가들의 집단 교류가 르네상스 시대의 큰 원동력이 되었고 레오나르도 다빈치, 미켈란젤로, 단테와 같은 세계적인 예술가들을 배출하게 되었다.

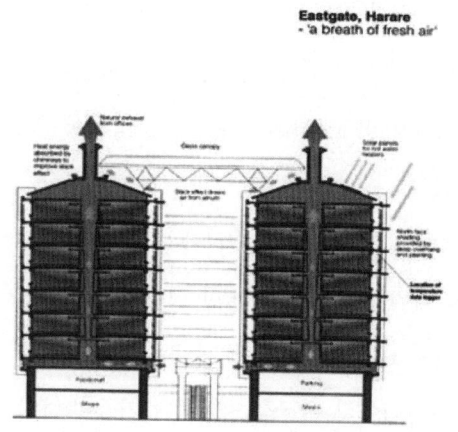 

(출처: http://bizion.com/)

건축가 피어스(Mick Pierce)는 우연히 흰 개미집의 공기의 순환구조를 발견하게 되었고 이에 영감을 얻어 전기가 부족한 아프리카 짐바브웨의 수도 하라레에 에어컨이 없는 건물을 짓게 되었다. 흰 개미집은 바닥에 있는 구멍으로 신선한 공기가 들어오고, 더운 공기는 위로 빠져나가는 구조로 되어 있다. 이를 이용하여 섭씨 40도가 넘는 지역에서 서늘한 실내 온도를 유지할 수 있는 이스트게이트 쇼핑센터를 완공하게 되었다. 서로 이질적으로 느껴지는 학문인 생물학과 건축학의 융합으로 에너지 절약에 혁신적인 건축물이 탄생할 수 있게 되었다.

21세기의 융합과학[48]은 더 이상 이질적인 학문이 아니다. 예를 들어 지구온난화를 줄이기 위한 연구는 여러 학문 분야에서 독자적으로 진행되었다. 자연과학 분야에서는 온실가스 저감기술을 개발하기 위한 기술적인 연구가, 사회과학 분야에서는 온실가스를 저감하기 위한 정책개발과 관련된 연구가 이루어지고 있고 경제학계에서도 지구 온난화에 따른 각종 영향 분석, 지구온난화를 막기 위해 제시되고 있는 여러 기술들에 대한 비용-편익분석 등 그 가치와 비용에 대한 연구가 진행되고 있다. 이와 같이 지구온난화의 문제를 서로 다른 분야가 각각 연구하고 각각의 분야를 유지하여 결과를 내는 것이 융합과학기술의 예시라고 할 수 있다. 스마트폰 역시 여러 가지 과학적 원리와 그 원리들을 담

---

[48] 과학, 기술 및 인문사회과학 등의 세분화된 학문들의 결합, 통합 및 응용을 통하여 만들어진 새로운 과학 분야를 말한다. 20세기 중엽부터 21세기에 이르러 학문과 기술의 수렴 및 융합의 흐름이 전개되었다. 융합과학은 인문학, 사회과학, 예술, 공학, 과학 및 문화의 여러 영역들을 동일한 창조와 융합의 정신, 원리로 탐구하여 인간의 삶뿐만 아니라 인간성의 향상을 목적으로 한다. 융합과학은 나뉘어 있던 자연의 지식 영역들의 경계에 따라 각 학문을 개별적으로 연구하지 않는다. 자연이라는 하나의 대상을 각 학문이 개별적인 특성은 유지하되 각각의 요소를 모두 고려하여 통합적인 탐구를 이루어 낸다. 융합과학은 융합과학기술, 학제 간 과학, 통섭 등으로 나눌 수 있다.

아낼 기술, 사람들이 쓰기 편하도록 만들어진 디자인 등이 융합되어 만들어진 결과물이다.

89. 사회적 비교이론 [Social comparison theory, 社會的比較理論]

사람들 사이의 커뮤니케이션이 개인의 태도 및 의견의 변화에 영향을 미친다는 것으로 미국 사회 심리학자 레온 페스팅거(Leon Festinger 1919-1989)가 1945년 최초로 제시했다. 그는 인간에겐 자신을 다른 사람과 비교하는 본성이 있다며, "자신의 생각, 믿음, 태도가 옳고, 타당하고, 적절하다는 것은 비슷한 생각과 믿음, 태도를 지닌 사람들이 판단할 때 그렇다"라고 말했다. 이 이론에 따르면 사람은 객관적인 기준이 결여된 상황에서 다른 사람을 비교 척도로 삼아 자신을 평가한다고 한다. 하지만 무턱대고 자신을 아무나 비교하는 건 아니다. 이른바 '유사성에 대한 욕구(the need for similarity)'에 따라 자신과 유사한 측면을 많이 공유하고 있는 사람들과 자기 자신을 비교하려고 한다. 그래서 하향 비교와 상향 비교로 구분되는데 하향 비교는 자신보다 열등한 대상을 기준으로 하기 때문에 자아 만족과 자신감이 향상된다. 반대로 상향 비교는 자신보다 우월한 대상을 기준으로 삼기 때문에 일종의 '상대적 박탈감[49]'을 느끼게 된다.

19세기 영국 철학자 존 스튜어트 밀(John Stuart Mill, 1806~1873)은 "사

---

49) 개인의 처지에는 변화가 없는데도 상대와 비교해서 개인의 처지가 실제보다 못하다고 느끼는 것.

람들은 부자가 되기를 바라는 것이 아니라, 다른 사람들보다 부유해지기를 소망할 뿐이다"라고 했다. 아일랜드 작가 C. S. 루이스(C. S. Lewis, 1898~1963)는 "자만은 본래 경쟁적이다. 자만이란 어떤 것을 소유함으로써 기쁨을 얻는 것이 아니라, 옆 사람보다 더 많이 가져야만 기쁨을 느낀다. 자만을 느끼게 하는 것은 바로 비교이다. 다른 사람보다 더 높아지는 데에서 기쁨을 얻기 때문이다. 따라서 경쟁이 사라지면, 자만도 사라진다"라고 했다. 이처럼 그 어떤 절대적 기준이 아니라 옆 사람과의 비교를 통해 자신을 평가함으로써 발생하는 효과를 '이웃 효과(neighbor effect)'라고 하는데, 그 이론적 기반은 '사회 비교 이론(social comparison theory)'이다. 이 이론은 그간 '동조(conformity)'나 '집단 극화(group polarization)[50]'처럼 집단 내에서 벌어지는 현상을 설명하는 주제로 사용되어 왔다. 예컨대, 집단 극화가 일어나는 것 중의 하나는 사람들이 끊임없이 '사회적 비교'에 의존하기 때문이다. 이와 관련, 제임스 서로위키(James Surowiecki)는 "이 말은 단순히 자신을 타인과 비교하는 차원을 넘어(물론 항상 비교하며 살지만) 비교를 통해 소속 집단에서 자신이 처한 상대적인 위치를 유지하려고 애쓴다는 의미이다. 달리 말해 처음에 집단의 중간에 서 있던 사람은 집단이 (예를 들어 오른쪽으로) 옮겨 가면 중간 위치를 유지하기 위해 그쪽으로 따라 옮겨 간다는 뜻이다. 이렇게 우측으로 옮겨 가면 당연히 그 집단의 평균도 동시에 그만큼 우측으로 옮겨가게 된다. 그러니 마치 예언이 맞아 들어가는 것처럼 사실이라고 생각한 것이 결국 사실로 굳어지는 것이다."라고 하였다.

---

50) 집단의 의사 결정이 개인의 의사 결정보다 더 극단적인 방향으로 이행하는 현상

기업들은 광고를 통해 소비자들이 끊임없이 상향 비교를 하게끔 부추긴다. 예를 들어 근육질의 스포츠 스타가 매끄러운 유니폼에 어울리는 스포츠화를 신고 나온다면 그 광고를 본 소비자들은 그 제품을 구매하고자 하는 소비심리가 발생할 것이다. 한국개발연구원(KDI)에서 전국 성인 남녀 3,000명을 대상으로 조사한「비교 성향과 행복(Status Race and Happiness)」이란 보고서에 따르면, 남성보다 여성이, 중장년보다 젊은 층이, 자녀가 없는 사람보다 있는 사람이, 소득이 적은 사람보다 많은 사람이 매사 남들과 견줘 보는 비교 성향이 강했다. 지역별로는 서울 강남 3구 거주자가 다른 지역 사람들보다 이 비교 성향이 높게 나타났다. 이는 "강남 고소득층 젊은 엄마들이 주도하는 열띤 자녀 교육 경쟁이 비교 성향과 맥을 같이하는 것으로 보인다"라고 평가했다. 흥미로운 대목은 한국인들의 강한 비교 성향을 사회 공익을 위해 활용하는 방안에 대한 부분이다. 비교 성향이 강한 사람들은 대체로 높은 경제력에 비해 이타적 행동에 소극적인데, 기부와 같은 선행도 남들이 알아볼수록 많이 하는 것으로 나타났다. 선행도 성취의 일부로 간주하는 경향이 있다는 뜻이다. 이 점에 주목해 "(그들의) 비교 성향을 이용해 공익 기여도를 높일 수 있는 방안을 정책 입안자들이 찾아야 한다"라고 주장했다. 가령 에어컨 대신 선풍기를 쓰자는 캠페인이 성공하려면 지구 환경 보존 등 거창한 명분에 호소할 게 아니라 이웃과 직접 비교해 볼 수 있는 전기료 절감 정보를 제공하는 방식이 더 효과적이라는 것이다.

90. 무드셀라 증후군 [Methuselah syndrome]

무드셀라[51]는 구약성서에 등장하는 인물로 969세까지 살아 성경에 기록된 최장수 인물이다. 정확하지는 않지만 그가 죽은 후 노아의 홍수가 발생했다고 하며 그는 나이가 들수록 과거를 회상할 때 좋은 기억만 떠올리고, 좋았던 과거로 돌아가고 싶어 했다고 한다. 그래서 므두셀라 증후군은 지나간 추억은 항상 아름답고, 좋은 기억만 남겨 두려는 심리를 뜻한다. 또한 무드셀라 증후군이 있는 사람은 과거의 일을 회상할 때 나쁜 기억은 지워 버리고, 좋은 기억만을 남기려는 기억 왜곡현상을 보인다. 이를 경영학의 마케팅에 대입하면 레트로 마케팅(Retrospective marketing)이라고 한다. 과거를 회상하는 것으로 기업의 제품을 홍보하거나 이미지를 선전한다. 중년의 세대들에게는 과거를 아름답게 회상하는 계기가 되고, 젊은 세대들에게는 전혀 겪어 보지 않은 시기를 간접 경험하게 함으로써 오히려 새로움을 느끼게 한다.

단편적인 예로 TV드라마로 '응답하라' 시리즈가 있으며, 제품으로는 30년 전의 포장지를 그대로 사용 출시하는 라면, 아이스크림, 과자 등이 있다. 그러면 사람들은 왜 과거의 기억을 왜곡하면서 긍정적으로 회상을 하고자 하는 것일까? 현실의 괴로움을 잊기 위한 일종의 도피심리일까? 그러나 심리 전문가들은 반드시 그런 것만은 아니라고 주장한다. 하루 종일 과거의 행복했던 기억만을 떠올리며 지내는 것은 문제이지만, 때로는

---

51) 구약성경 창세기(創世記)는 최초의 인간이었던 아담의 8대손으로 노아의 할아버지이다. 참고로 아담은 930세를 살았다고 성경에 기록되어 있다.

이런 심리가 뜻하지 않은 어려움이 닥쳤을 때 도움을 주는 희망적 요인이 될 수도 있다는 의견을 제시하고 있다.

실제로 지난 2006년에 영국의 사우샘프턴대 심리학과 연구진이 진행했던 무드셀라 증후군 관련 실험 내용을 살펴보면 이런 주장이 상당한 근거가 있음을 보여 주고 있다. 특히, 순간의 선택에 의해 승패를 결정하는 스포츠 선수들의 경우 극심한 슬럼프의 원인은 과거의 뼈저린 패배의 추억 등에서 기인한다고 한다. 이러한 고통의 시간을 극복하기 위해서 미래의 긍정적인 결과를 상상하는 것도 의미가 있지만 과거에 자신이 어려움을 이겨 낸 기억이 더 도움이 될 수 있다. 자신의 실패의 기억에서 빠져나오지 못한다면 그 늪에 빠져 영원히 허우적거릴 수밖에 없다. 그 늪을 빠져 나오기 위해서는 희망이라는 밧줄을 잡고 내가 할 수 있다는 신념을 가져야 할 것이다. 그러기 위해서라도 우리는 가끔이라도 아름다운 추억, 성공했던 추억, 행복했던 추억을 기억할 필요가 있다. 우리는 기억이라는 아름답고 훌륭한 도구를 가지고 있다. 이것은 완벽하지 않아 모든 것을 기억할 수도 가지고 있을 수도 없다. 시간이 되면 자동적으로 버려지고 다시 또 채워진다. 그렇기 때문에 우리의 기억은 가끔은 동물의 변처럼 삭히고 묵혀져서 거름과 같은 유용한 비료가 되고 때로는 하얀 도화지처럼 새로운 그림을 그려 넣을 수 있다. 과거의 추억에 빠져 현실을 도피하는 것도 문제이지만 과거의 추억과 단절된 채 살아가는 것도 문제가 될 수 있다. 우리의 미래는 현재가 되고 그 현재는 과거가 되며 준비되지 않은 과거는 후회가 되기 때문이다. 그래서 늘 삶의 균형을 맞추어 미래를 준비하여 낭비되지 않는 지금을 살아야 될 것이다.

91. 순교자 증후군 [Martyr syndrome]

무드셀라 증후군과는 정반대의 의미로, 과거의 기억에 대해 부정적으로 생각하고 나쁜 감정만 떠올리는 증상을 말한다. 모든 박해를 뒤로하고 자기가 믿는 신앙을 지켜 내기 위해 목숨까지 바친 순교자들의 삶에서 유래하였다. 순교자 증후군이 있는 사람은 자신이 늘 희생자이고 피해자라고 생각한다. 그래서 자꾸 나쁜 기억만 하게 되며 무엇이든지 부정적으로 생각하고, 자기가 희생자라고 생각하며, 심하면 병적으로 자기학대까지 하게 된다. 가족 관계에서 보면, 첫째와 셋째 중간에 끼어 있는 둘째에게서 이런 현상을 볼 수 있다. 첫째는 맏이라서 부모님의 관심을 듬뿍 받는다고 생각을 할 것이며, 셋째는 막내라 부모님의 사랑을 흡족하게 받는다고 추정할 것이다. 그렇기 때문에 첫째도, 셋째도 아닌 둘째는 항상, 있는 듯 없는 듯 중간에 끼어 관심도 사랑도 받지 못하는 피해자라는 생각을 많이 하게 된다. 사회에서 이러한 증상을 가지고 있는 사람들의 대부분은 불우한 가정환경이나 평탄치 못한 학교생활이 배경이 된다. 성장기에 받아야 될 관심과 사랑이 부족하거나 동급생들 간의 교우관계에서 필요한 요소들이 불충분하게 된다면 상대적으로 피해를 입고 희생을 강요당했다고 생각한다. 정도의 차이에 따라서 극복할 수 있는 부분과 그렇지 못할 부분으로 나눌 수 있겠지만 유명한 영화의 대사처럼 '지나간 과거에 새로운 눈물을 낭비하지 말자' 다가올 미래를 위해 새로운 현재를 준비할 필요가 있다. 오락게임처럼 껐다가 다시 켜면 모든 게 다시 Reset되지 않은 인생처럼 어차피 지나간 과거라면 새로운 과거를 나에게 유리하게 만들어 나가는 것이 바람직하다. 미래를 행복한 현재로 바꾸는 가장 좋은 방법은 성경의 말처럼 '무엇이든지 남에게 대접을 받고자 하는 대로 너희도 남을 대접하라'(마태복음 7장 12절)와 같이 상대에게 대가를 바라지 않고 내가 먼저 대접하면 상대도 대가를 바라지 않고 나에게 대접을 할 것이다. 하지만 불신이 가득한 21세기에 또다시 나 먼저 희생을 강요하는 말을 한다면 또다른 불운한 과거를 쌓을 가능성도 적지 않다. 그렇지만 나의 노력과 희생에 대한 대가를 바라지 않는다면 실망도 후회도 들지 않을 것이다. 우리가 무언가에 대해 희생과 피해를 입었다고 생각하는 이유는 이해득실의 관계에서 내가 손해를 보았다고 생각하기 때문이다. 손익 관계가 아닌 나 자신의 삶에 대한 기쁨이라 생각한다면 그 기쁨의 나의 보람이 되어 돌아올 것이다.

92. 리셋 증후군 [Reset syndrome]

컴퓨터를 리셋(reset)하는 것처럼 현실도 리셋이 가능할 것이라 착각하는 사회적 병리현상을 말한다. 즉, 컴퓨터가 오류를 일으켰을 때 시스템을 초기화 상태로 되돌리는 일을 뜻하는 '리셋(reset)'과 증후군을 뜻하는 '신드롬(syndrome)'의 합성어이다. 컴퓨터를 초기화시키듯 현실세계에서도 잘못되거나 실수한 부분이 있으면 얼마든지 리셋이 가능할 것으로 착각하는 현상으로 최근에는 스마트폰이 무언가 문제가 있으면 무조건 turn off - turn on하는 것을 말한다. 드웨인 존슨 주연의 〈스카이스크래퍼(Skyscraper)[52]〉라는 영화에서는 리셋이 위기를 탈출할 수 있게 해 주

---

52) 최첨단 최고층 빌딩에 테러리스트들에 의해 화재가 발생하였으나 방화 시스템이 테

는 아주 큰 역할로 작용한다. 주로 컴퓨터에 친숙한 세대에서 나타나며, 일부는 심각한 범죄로 이어지기도 한다. 이 용어는 1990년 일본에서 처음 생겨났고, 1997년 5월 일본 고베시에서 발생한 초등학생 토막살인 사건의 범인인 중학생(14세)이 컴퓨터 게임광으로 밝혀지면서 널리 알려졌다. 한국에서도 1990년대 말부터 경찰백서에 이 용어가 등장하였는데 현재 서울지방경찰청 사이버 수사대는 리셋 증후군을 인터넷중독의 한 유형으로 규정하고 있다.

리셋 증후군의 대표적 특징은 현실세계와 가상세계를 구분하지 못한다는 점이다. 리셋 증후군을 가진 사람은 자신의 마음에 들지 않는 일이나 인간관계를 쉽게 버리고 다시 시작하려는 사회 부적응 현상을 보인다. 심할 경우 범죄를 저지르면서도 그것이 범죄 행위라는 것을 인식하지 못하게 된다. 절도나 폭행 심지어 살인을 저질러도 그것을 단지 게임의 일종으로 여기고, 자신의 죄책감을 리셋하면 자신의 행위도 없던 일이 될 것이라 생각하는 것이다. 심리학적인 관점에서 리셋 증후군은 심각한 범죄 행위일 수 있지만 경영학적인 관점에서 본다면 리셋이란 신규 사업을 런칭 한다거나 기울어져 가는 사업을 다시 살릴 수 있는 발판이 될 수 있다. 동일본여객철도는 초고속 열차로 연간 이용 인원은 60억 명을 웃돈다. 시간당 320㎞로 달리는 초고속 열차들은 열차와 비행기의 시장점유율이 99 대 1로 압도적인 우위를 보였다. 이 회사가 철로 확장을 위해 도쿄에서 북서쪽으로 190㎞ 떨어진 다니가와 산에 터널을 뚫을 때 터널에 물이 들어

러리스트들에 의해 고장을 일으켜 건물은 순식간에 불바다가 된다. 그러나 위기절명의 순간에 시스템을 리셋시킴으로써 건물 방화시스템이 재작동을 하여 주인공이 목숨을 구하는 영화이다.

와 공사를 진행할 수 없었다. 그래서 터널을 방수 상태로 만들었지만 그래도 물이 새어 들어왔다. 어쩔 수 없이 물을 터널 밖으로 빼내기 위한 배수관 및 송수관을 놓았지만 비용이 많이 들고 시간도 오래 걸렸다. 그래서 공사 관계자들은 물을 전혀 다른 관점에서 보았다. 어느 날 목이 말랐던 정비공은 물을 한입 가득 삼켰다. 지금껏 마셔 본 물 중에서 가장 맛있는 물이었다. 그는 다시 물을 한 마신 뒤 동료들을 불렀다. "이 물은 정말 맛있어. 병에 담아서 팔아야겠어." 정비공은 상사에게 그 이야기를 했고, 상사는 또 그의 상사에게 이야기를 전했다. 그런 식으로 이야기는 회사 고위층까지 전달되었다. 그 결과 동일본여객철도의 자회사인 '오시미즈(大淸水) 워터'가 탄생했다.

일명 뽁뽁이라고 하는 버블랩은 물건을 싸서 보호하기에 가장 좋은 소재고 가지고 놀아도 정말 재미있다. 하지만 물건 포장과 터뜨리기 놀이로 유명해지기 전의 버블랩은 원래는 실패한 가정 데코레이션 실험이었다. 알프레드 필딩과 마크 차바네스라는 발명가들이 특별한 질감을 가진 벽지를 만들어 보겠다고 1957년에 시도했다가 실패했던 제품이었다. 이들은 샤워 커튼 두 장을 눌러 붙여 질감이 있는 벽지를 만들려 했다. 그런은 허핑턴 포스트에 이들이 '뒤에 종이를 댄 플라스틱 벽지를 만드는 기계를 개발하려 했다. 그러나 그 기계에서 나온 것은 공기 방울이 들어간 플라스틱이었다.'고 설명했다. 버블랩을 만드는 회사인 실드 에어의 대변인도 같은 이야기를 전한다. "그들은 패배를 인정하지 않았다. 그들은 이 물건을 전혀 다른 업계에 적용하는 방법을 찾아냈다. 감싸고 완충 작용을 하는 포장재로 만든 것이다." 누구나 실수를 한다. 그 실수를 되돌리기 위해 후회를 하기도 한다. 하지만 지나간 과거는 다시 돌이킬 수 없다. 돌이킬 수 없는 과거를 후회하기보다는 교훈 삼아 새로운 미래를 만들어 가는 것이 바람직하다.

93. 쿨리지 효과 [Coolidge effect]

쿨리지 효과란 암컷이 바뀔수록 성적으로 새로운 자극을 얻는 효과를 뜻하는 용어로, 미국의 30대 대통령인 캘빈 쿨리지(John Calvin Coolidge)의 이름에서 유래되었다. 쿨리지 부부가 양계장을 방문했을 때, 쿨리지 부인은 한마리 수탉이 암탉과 짝짓기를 하는 것을 보았다. 그때 영부인을 안내하던 관리인은 영부인에게 수탉이 하루에 12번 정도 짝짓기를 한다는 사실을 알려 주었다. 그러자 영부인은 관리인에게 이같은 사실을 대통령에게도 알려 줄 것을 요청하였고 이 이야기를 전해 들은 쿨리지 대통령은 관리인에게 수탉이 매일 같은 암탉과 짝짓기를 하는지 물어 보았다. 그런데 관리인이 수탉은 매번 다른 암탉과 짝짓기를 한다고 답변을 하자 대통령은 자기 아내에게도 이 같은 사실을 전해 줄 것을 요청 하였다고 한다. 미국의 생물학자 프랭크 비치 교수는 쿨리지 부부의 농담을 인용해 쿨리지 효과라는 이름을 사용고 쥐를 이용하여 실험을 하였다. 수컷 쥐 한 마리를 가임기에 있는 암컷 네 마리 쥐와 함께 우리에 가두었다. 수컷 쥐는 네 마리의 암컷 쥐들과 짝짓기를 한 후 더 이상 할 수 없을 만큼 지친 상태가 되었지만 새로운 암컷 쥐를 우리에 넣었을 때 수컷 쥐는 다시 성 기능을 회복하고 새로운 암컷 쥐와 짝짓기를 하였다. 황소의 경우 성질이 사납고, 암소 욕심이 많아서 한 우리 안에 두 마리 이상의 황소를 둘 수가 없다. 결국 한 울타리 안에 한 마리의 황소와 여러 마리의 암소가 지내게 되는데, 황소는 새로운 암소가 지속적으로 등장하면 한번 관계를 맺은 암소와는 다시 짝짓기를 하지 않는다. 이러한 현상을 일컬어 '황소이론' 또는 '황소법칙'이라고 한다. 진화 심리학은 이런 현상을 새로운 파트너와 성관계를 최대한 많은 유전자(자손)를 남기려는 번식 본능에 의한 것으로 보고 있다. 하지만 이에 반박하는 또 다른 진화론적 설명은 애착이론에 바탕을 두고 있다. 파트너와 정서적인 애착을 형성하며 관계를 촉진시키는 행위는 옥시토신과 관련되고 이 옥시토신은 쾌락을 추구하고자 하는 도파민과는 달리 눈맞춤, 격려와 위로, 애정 어린 손길 등에서 분비된다고 추정한다. 애착이론에 의해 신뢰와 헌신을 쌓는 행동 또한 인간의 본능적인 행위로써 상대방과 정서적인 애착을 형성해서 가정을 이루고 자손이 안정적이고 건강한 발달을 이룰 수 있도록 하는 현상이라고 보고 있다.

직장생활을 빗대어 보면 한 직장에 지속적으로 근무하는 사람은 새로운 자극을 받을 수 없다. 그리고 매너리즘에 빠져 효율성과 효과성은 저하된다. 이를 방지하기 위해 조직이 큰 경우 Rotation제도를 운영하거나 Relocation을 하기도 한다. 반면에 이직이 자유롭고 구직이 용이한 서구권의 문화를 보면 새로운 관리자, 직원들은 조직에 새로운 변화를 가지고 온다. 종신 고용제도를 선호하는 문화와 자유로운 이직문화를 선호하는 조직 문화 어느 곳이 더 우월한 경쟁우위를 가지고 있다고 단언할 수는 없지만 분명한 것은 변화는 필요하다는 것이다. 물도 한곳에 오래 두면 썩고 바람이 들어오지 않는 방은 곰팡이가 피기 마련이다. 조직도 지속 가능한 경영을 하기 위해서라면 반드시 일정 비율의 물갈이 새로운 바람이 필요하다.

94. 마차 바퀴 현상, 역마차 바퀴 현상, 스트로브 효과 [Strobe effect]

빠르게 회전하는 물체가 반대 방향으로 회전하는 것처럼 보이는 현상을 말한다. 선풍기 날개나 주행 중인 자동차의 바퀴, 헬리콥터의 프로펠러 등이 매우 빠른 속도록 회전할 때 관찰할 수 있다. 우리 눈은 움직이는 물체의 특정한 정지 순간을 기억한다. 그런데 그 물체가 더 빠르게 움직이거나 느리게 움직이면 때에 따라서 느려 보이기도 하고 역회전하는 것처럼 보이기도 하고 정지해 보이기도 한다. 예를 들어, 플립북[53]에 조금씩 움직이는 그림을 그려 넣었을 경우 우리는 사물이 움직이는 것처럼 보인다. 이러한 현상을 이용하여 애니메이션 또는 마술을 하는데 사용되기도 한다.

영화 〈나우유씨미 2(Now You See Me 2)〉를 보면 비를 멈춘 것처럼 보이는 마술 장면이 나온다. 사람이 반응하는 속도에 맞추어 빗방울을 보여준다면 비가 멈춘 것처럼, 다시 하늘로 올라가는 것처럼 보일 수 있다. 과거에는 공장에서 이러한 착시현상으로 회전하는 회전체가 정지한 것처럼 인식하여 잦은 사고를 유발하였다. 그래서 지금은 거의 모든 회전체에 덮개를 만들어 부착하였다. 상식적으로 주식 시장에 상장된 회사는 이익을 내면 주가가 오르고 손실을 내면 주가가 떨어지는 것이 정상이다. 그렇지만 고도의 기술을 가지고 미래 산업을 운영하는 회사들은 이러한 상식적

---

53) Flip book : 움직임의 한 장면 한 장면을 연속적으로 공통된 규격의 종이에 그리고 그것을 연속적으로 넘겼을 때 그림이 움직이는 것처럼 보이게 하는 애니메이션 기구. 책이나 공책의 한 귀퉁이에 조금씩 변해 가는 그림을 한 장 한 장 그려 놓고 그것을 빠르게 넘기면 그림이 마치 움직이는 것처럼 보이는데 이것이 플립 북의 원리이다.

인 주식매매 형태에서 예외인 것 같다. 미국 자동차 제조업체 테슬라는 2018년 2분기 사상 최대 적자액을 기록했다. 그럼에도 새로운 모델의 생산 재개가 정상궤도에 오를 것이란 기대감에 주가는 시간외거래에서 5%까지 오르는 모습을 보였다. 일론 머스크 테슬라 CEO(최고경영자)는 새로운 모델이 나올 때마다 내기 시작할 것이라고 공언하고 있다. 우리나라에서도 테슬라와 비슷하게 이익이 나지 않는 기업을 주식 시장에 상장하는 시도를 하고 있다. 2021년 툴젠이 '테슬라 요건[54]'을 적용해 거래소 상장예비심사를 통과했다. 바이오 기업 중에서는 첫 사례로 중요한 전환점이 될 전망이다. 성장 잠재력이 높은 기업의 증시 입성을 원활하게 해 주는 대신 주가가 공모가를 밑돌면 주관사에 책임이 부여돼 있다. 하지만 상장한 회사의 퇴출규정상 관리종목 지정과 상장 폐지요건 적용이 5년간 영업 적자는 유예된다. 하지만 상장한 바이오 기업 대다수가 장기간 적자 상태이다. 툴젠 역시 최근 해외 특허 보유 건수를 늘리고 있지만 지난 3년간 영업적자가 확대되고 있다. 미국의 테슬라와 같은 현상을 툴젠에게도 주식 시장 참여자들이 보여 줄지는 아직 미지수이지만 주식은 미래의 기대를 먹고 자라는 가격이라는 측면에서 보면 고도 기술과 미래 집약적 기업의 증시상장은 결코 부정적인 면만 있는 것은 아니다.

---

54) 이익이 없더라도 일정 수준의 시가총액과 성장성을 갖춘 기업은 상장이 가능하도록 한 제도다. 기존의 기술특례 상장 방식과 기술성 평가가 의무 사항이 아니란 점에서 차이가 있다.

95. 베스테르마르크 효과 [Westermarck-ilmiö 베스테르마르크일미외]

인생 초기에 물리적으로 가까운 거리에서 함께 생활한 사람에게는 성적 매력을 느끼기 어려워진다는 가설상의 심리적 효과다. 영어식으로 웨스터마크 효과라고 읽기도 한다. 스웨덴계 핀란드 인류학자 에드바르드 베스테르마르크가 1891년 책 『인간 결혼의 역사』에서 근친상간 금기시에 대한 해설로서 처음 제시했다. 베스테르마르크 효과에 따르면 생물학적 혈연이 없어도 어릴 때부터 알고 지낸 사이라면 성적 대상으로 여기려는 경향이 감소하며, 이스라엘의 키부츠나 중국의 식부아 문화가 그 증거로 제시되었다. 이스라엘 키부츠는 일종의 집단농장으로, 생물학적 근친관계가 아닌 아동들이 나이에 따라 또래집단을 형성한다. 이후 이 아동들이 성장한 뒤의 결혼 패턴을 분석한 결과 키부츠 내에서 있었던 3천여 결혼 사례 중 동일 또래집단 내에서 결혼 상대를 찾은 경우는 14차례에 불과했다. 그리고 그 14건 중에서도 여섯 살 이전부터 또래집단을 형성한 사례는 단 하나도 없었다. 이런 결과는 베스테르마르크 효과가 출생 이후 여섯 살 무렵 때까지 발휘된다는 추측을 가능케 한다. 6살이라는 임계 시기[55]에 물리적 접근성이 없었다면, 예컨대 친남매가 태어나자마자 떨어져서 따로이 자라 어른이 될 때까지 한 번도 만난 적이 없을 경우, 성인기 또는 사춘기에 처음 만났을 때, 서로 간에 함께 자랐다면 느

---

55) Critical period, critical stage : 특정한 형질의 발현이 방사선 및 화학약품 등 처리에 대하여 매우 영향을 받기 쉬운 시기가 일정한 발생 단계에 존재하게 되는데, 이 시기를 임계시기라고 말함.

끼지 않았을 성적 매력을 느끼게 될 수 있다.

베스테르마르크 효과는 정신분석학에서 이야기하는 오이디푸스 컴플렉스나 엘렉트라 컴플렉스가 존재하지 않는다는 반박으로 주로 인용된다. 재미있는 것은 이러한 현상이 동종기업(업체)의 집단화 현상에서 볼 수 있다. 우리는 기업들은 주로 치열한 경쟁관계 속에서 '남을 죽이지 않으면 내가 죽는다'라고 인식하고 있다. 하지만 향토산업은 지역성과 전통성을 가지고 그 지방의 자원이나 생산 과정상의 산출물을 기초로 상품화 혹은 산업화하여 부가 가치를 창조하기 때문에 동종업체들이 집단화되는 특징을 지닌다. 특히 특정 상품의 제조에 있어 오랜 시간 생산 기술을 가지고 있는 장인은 지역의 정체성과 지역성, 전통성을 가진 문화자원으로 제조업과 융합을 통해 세계적인 명품을 탄생시켰다. 스위스 롤렉스시계, 독일 헹켈 쌍둥이 칼, 영국 파커 만년필, 체코 스와로브스키 등의 세계적인 명품은 튼튼한 향토산업에서 시작됐다. 이와 함께 장인들의 독보적 기능은 이천 도자기, 순창 고추장, 안동 소주, 전주 한지, 통영 나전칠기 등 지역 산업 브랜드 역할도 한다. 그래서 전 세계적으로 전통 장인은 미래의 문화자산이란 인식의 확대와 더불어 새로운 지역 성장 동력으로서 가치를 인정받고 있다. 비단 향토산업만이 아니다. 서울의 용산 하면 전자상가 업체들이 모여 있으며, 부산의 남천동 하면 빵집들이 모여 있다. 중국의 경우 각 지역(성)별로 전자, 의류, 중공업 등 제품 생산 지역을 특화시켰다. 사실 선진국에서는 이미 오래 전부터 생산 단지에 R&D기능을 결합한 혁신주도형 클러스터를 조성해 왔으며, 미국의 실리콘밸리, 스웨덴의 시스타 사이언스파크, 일본의 도요타시티 등이 대표적인 사례로 꼽힌다.

96. 펫로스 증후군 [Pet Loss Syndrome]

오랫동안 같이 지내 온 반려동물이 사고, 노환 등으로 죽었을 때 느끼는 우울감이나 상실감을 의미한다. 보통 2~3개월 정도의 애도 기간이 소요되며, 1년 이상 증상이 지속될 경우 치료가 필요할 수 있다. 증상이 심할 경우 복합 비애 또는 외상후 스트레스장애로 악화될 수 있다.

2012년 기준 반려동물을 키우는 가구 수는 17.9%로, 1,000만 명 이상이 반려동물을 키우고 있다. 이 같은 반려동물 문화의 확산에 대한 이유로는 핵가족화와 1인 가구의 증가에 따른 정서적 외로움, 경쟁적이고 치열한 사회적 상황 속에서 반려동물을 통한 애정의 대리 만족, 주위 사람들의 장려, 반려동물에 대한 인식 개선 등을 꼽을 수 있다. 사실 새로운 사회 현상은 새로운 사업을 창출하는 원동력이 되기도 한다. 우리나라의 현행 동물보호법에 따르면 동물의 사체는 '폐기물'로 처리되어 쓰레기봉투에 담아 버리는 게 기본이다. 또는 정식 등록된 동물 장묘업체나 동물병원에서 화장해야 한다. 현재 정식으로 등록된 전국의 동물 장묘업체는 25곳 정도지만, 늘어나는 동물 장례 수요에 비하면 턱없이 모자란 수준이다. 반려동물 장례는 사람과 거의 비슷한 절차로 진행된다. 비용은 수의와 관, 유골함 등의 종류에 따라 20만 원대부터 수백만 원까지 다양하다. 롯데마트는 반려인이 반려동물의 '요람에서 무덤까지' 함께할 수 있도록 생애 맞춤 서비스를 시작하면서 업계 최초로 반려동물 장례 서비스를 시작했고 CJ몰도 올해 반려동물 전문 쇼핑몰 '올펫클럽'을 개시하면서 향후 반려동물 전용 보험과 장례 상품을 출시하였다. 벤처기업이나 스타트업의 시장 진출도 늘고 있다. 국내 반려동물 장례식장 업체 '펫포레스트'와 '우바스' 등은 사람을 추모하는 납골당과 흡사한 반려동물 납골당을 조성, 단순 화장터 이상의 추모 공간을 원하는 반려인들을 대상으로 고급화 전략을 꾀했다. 우리나라의 반려동물 시장 규모는 2017년 2조 원대에서 2020년 6조 원을 돌파할 것으로 추정되고 있다. 시장 규모 6조 원은 지난해 국내 아웃도어 시장이나 커피 시장과 맞먹는 규모다. 이에 관련 업계는 우리 사회에 반려동물 장례가 점차 보편화되면서 다양한 파생산업들이 활기를 띨 것으로 보고 있다. 최근 한국직업능력개발원은 '반려동물 장례지도사' 자격증을 신설, 해당 직업을 미래 유망 직종으로 꼽기도 했다. 최근 '반려동물 대국'으로 성장한 중국 시장은 또 다른 블루오션이다. 지난해 기준 중국 내 등록된 반려동물 수는 무려 1억 마리에 달한다. 최근 반려동물 전용 묘지가 조성된 수도 베이징의 경우 매년 30만 마리 반려동물의 사후 사체 처리가 필요한 상황이지만 우리나라와 마찬가지로 공식적인 반려동물 장묘시설이 절대적으로 부족한 상황이다. 슬픔을 상업화해서 금전적 이득을 취하는 행동은 지탄받을 행동일 수 있지만 갈수록 사업 영역이 변화하고 빠르게 수명이 달라지는 현실에서 결코 간과할 수 없는 사회적 현상이다.

97. 갓 콤플렉스 [God Complex]

조직 내 리더들이 갖는 잘못된 신념 가운데 '나는 남들보다 우월한 존재이며, 나의 판단이나 의견이 항상 옳고, 다른 사람의 생각은 틀렸다'고 믿는 현상이다. 이 증상은 가진 리더는 자신이 마치 신이라도 된듯이 자신이 무지몽매한 구성원들을 구원해 주는 구세주라고 착각한다. 이런 리더들은 4가지 특징이 있는데, 거만하고 비판적이며 비판을 용납하지 않고 영향력을 행사하려고 한다. 심리학자 대처 켈트너는 세 명의 학생으로 구성된 팀에게 짧은 정책 보고서를 작성하도록 하였다. 먼저 두 사람을 임의로 뽑아 보고서를 작성하도록 하고 나머지 한 사람은 그 보고서를 검토하고 두 사람에게 부여한 보고서의 점수를 결정하도록 하였다. 그리고 30분쯤 후에 진행자가 쿠키 다섯개가 담긴 접시를 주었더니 보고서를 검토하는 한 사람이 쿠키 2개를 거리낌 없이 먹었고, 매우 거만하게 먹는 자세까지 보여 줬다. 이는 사람들 위에 군림할 수 있다는 모습으로 지위로 인해 나의 욕구에 더 많은 신경을 쓰고, 타인의 욕구나 필요 행동에는 소홀해지며, 모든 사람이 지켜야 될 규칙은 나에게는 적용되지 않는 것처럼 행동하는 것이다.

성공했다고 믿는 대부분의 사람들에게 이러한 특징이 보인다. 특히 그 성공이 물질적으로 상당하다고 생각하면 더욱더 심각하게 나타난다. 소위 말하는 갑질도 이 콤플렉스에 기인하여 발생된 현상으로 자신만 우월하고 다른 사람은 사람이 아닌 그 이하의 유기체로 생각하는 데서 문제가 발생한다. 하지만 더 큰 문제는 이러한 증상을 가진 사람이 특정 조직의 리더이고 오너라면 권위주의적이고 독단적인 태도로 직원들을 대하기 때문에 직원들의 자존심이 상하기 쉽다는 것이다. 그래서 능력 있고 유능한 직원은 그 사람, 그 조직을 탈퇴하게 되며, 결국 그 리더, 오너에게는 그를 맹목적으로 숭배하거나 어쩔 수 없이 남아 있어야 하는 직원들만 남게 된다는 것이다. 그렇게 되면 그 조직의 발전은 장담을 할 수 없다. 뿌리가 튼튼하지 못한 집단이라면 쉽게 무너져 버릴 것이다. 많은 학자들이 이 콤플렉스의 해결 방안으로 리더는 부하의 말을 경청하고 모두 동일한 인간이라는 믿음을 가져야 된다고 말을 하지만, 이 증상을 치유하기에는 이 증상이 가지고 있는 환상이 너무 강해서 절대 깨지지 않는다. 본인이 심한 상처를 입고 깨닫기까지는 쉽게 정리되지 않는 경향이 있으며, 깨지지 않는 가장 큰 이유 중 하나는 대부분이 이 증상을 가지고 있는 사람들 중 일부는 어릴 때부터 부모나 주위 사람들이 그렇게 행동하고 말하는 것을 무의식적으로 학습하며 자랐기 때문에 당연시 여기는 경향이 있다. 밥이 없으면 빵을 먹으면 되는 사람과 밥이 없으면 굶어야 되는 사람과는 근본적으로 같을 수 없기 때문이다. 하지만 정말 알아야 되는 부분은 하인들이 있어야 주인이 있고 주인들이 있어야 군주가 있으며 군주들이 있어야 국가 있는 것이다. 물론 과거에는 조직 구성원 중에서 어느 한 부분만 있다면 그 조직은 무력을 통해서든 또다시 내부에서 하인과 주인의 관계를 다시 형성하겠지만 지금은 중세시대처럼 무력으로 서열을 정할 수 없기 때문에 금전적인 관계로 상하를 정한다. 그래서 이 증상을 가지고 있는 리더의 집단은 쉽게 와해되고 퇴보할 수밖에 없다.

98. 대수의 법칙 [Law of large numbers, 大數 法則]

통계용어로 대수관찰(大數觀察, 대량관찰) 결과 나온 통계는 동일한 사정에 있는 다른 경우에도 거의 적용된다는 것이다. 라플라스의 정리는 큰 모집단에서 무작위로 뽑은 표본의 평균이 전체 모집단의 평균과 가까울 가능성이 높다는 통계와 확률 분야의 기본 개념이다. 즉, 경험적 확률과 수학적 확률과의 관계를 나타내는 정리(定

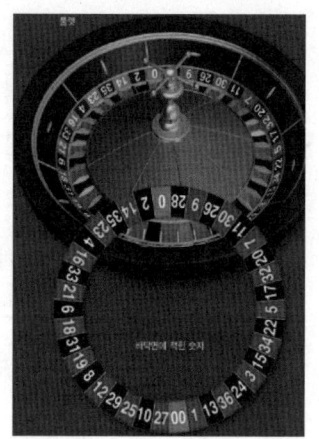

理)로서 표본의 관측대상의 수가 많으면 통계적 추정의 정밀도가 향상된다는 것을 수학적으로 증명한 것이다

예를 들어 사람의 사망에 관해서도 어떤 특정인이 언제 사망할 것인지는 예측할 수 없으나 많은 사람들을 대상으로 관찰해 보면 매년 일정한 비율로 사망자들이 발생하는 것을 관찰할 수 있다. 이러한 경우 사망률의 대수의 법칙이라고 부른다. 이와 같은 대수의 법칙은 자연현상뿐만 아니라 사회 현상을 관찰하는 데도 중요한 원칙이다. 이 법칙을 이용하여 사업을 하는 분야가 보험업이다. 보험금액 산정을 위해서는 특정한 사고가 일어날 확률을 계산하여야 한다. 확률의 정확성을 높이기 위해 성별, 나이, 경력 등의 조건을 바탕으로 교통사고, 질병, 사망의 가능성을 누적적으로 수집하다 보면 정확한 예측을 기반으로 보험사의 이익이 증가할 것이다.

이 법칙을 적용하여 많은 돈을 벌고 있는 대표적인 곳이 도박장이다. 미국식 룰렛의 바닥면에는 1~36의 숫자와 0과 00을 합쳐서 38개의 숫자가 있다. 1~36 중에서 18개는 빨강색, 18개는 검정색이다. 0과 00은 빨강도 검정도 아니다. 룰렛은 공이 빨강과 검정 중 어느 곳에 멈출 것인지를 맞추는 게임이다. 그리고 빨강인지 검정인지 맞추면 걸었던 돈이 2배가 되어 돌아온다. 이때의 맞출 확률은 50%가 아닌 47.3684(18/38)%이다. 그리고 맞추었을 때 돈이 되돌아오는 기대값은2배 보상이 정해져 있으니, 2*(18/38) = 94.7%이다. 결국 이 게임은 시작하면 반드시 손해를 본다는 계산이다. 이 외에도 모든 게임에는 기대값이 100%가 되지 않도록 설정되어 있다. 그런데 가끔 도박에서 연승을 하는 고객이 있다. 하지만 도박에는 많은 고객이 무수히 많이 참석을 한다. 결국 전체를 평균해 보면 설

정된 기대값에 가까운 금액의 수입이 카지노 측으로 들어간다. 결론적으로 정상적인 생각을 가진 사람이라면 도박을 하지 않는 것이 정상이다. 하지만 인간의 욕심이 이 불공정한 게임에 빠져들게 한다.

99. 도플러 효과 [Doppler effect]

소방차가 지나갈 때 사이렌 소리가 높아지다가 낮아지는 현상으로 관측자가 소방차를 향하여 운동해 가거나 소방차가 관측자에게 접근할 경우에는 소리가 높게 들리고 그 반대인 경우에는 소리가 작게 들리는 현상을 도플러 효과라고 한다. 다시 말해, 소리가 발생하는 곳과 관찰자 사이가 가까워질수록 파동의 진동수가 커져서 소리가 크게 들리고, 소리가 발생하는 곳과 관찰자 사이가 멀어질수록 파동의 진동수가 작아서 소리가 작게 들리게 된다. 이러한 현상을 천체 관측에 사용하면 빛이 관찰자에게 가까워지면 파장이 짧아져 스펙트럼이 푸른색 쪽으로 이동하는데 이를 청색편이 혹은 청색이동(blue shift)이라고 한다. 빛이 관찰자로부터 멀어지고 있을 때 파장이 길어지므로 스펙트럼이 빨간색 쪽으로 이동하는데 이를 적색편이 혹은 적색이동(red shift)라고 한다. 또는 파동의 발생원과 관측자의 운동에 따라 진동수나 파장 등이 다르게 측정되는 점을 이용하여 도로에서 과속 단속을 하거나 야구에서 투수가 던진 공의 속력을 구할 수 있다. 그리고 초음파로 복강, 팔, 다리, 목의 주요 동맥 및 정맥의 혈류량을 측정하는 혈액 측정 방법이다. 이는 혈관의 협착 정도를 알 수 있고, 혈관 성형 수술이나 하지정맥류 수술의 대상을 결정하는 데 큰 도움이 된다. 특히, 밤하늘에 보는 별에서 오는 빛의 스펙트럼을 관찰하면 수소(H)

와 헬륨(He)을 포함하고 있기 때문에 특정 원자들의 고유한 흡수 선스펙트럼을 볼 수 있다. 지구에서 측정한 수소 원자와 헬륨 원자의 스펙트럼과 비교하여 별이 다가오고 있는지 멀어지고 있는지를 알아볼 수 있다.

엄이도종(掩耳盜鐘)이라는 말이 있다. 춘추전국시대 말기 진(晉)나라의 지백(知伯)이란 자가 범씨(范氏) 일가를 공격해 멸문시켰을 때의 일화다. 한 어리석은 자는 멸망한 범 씨의 저택(邸宅)에 값비싼 재물이 남아 있을 것 같아 한밤중에 몰래 잠입했는데 가장 먼저 눈에 띈 것은 회랑 입구에 놓여 있는 종이었다. 그 어리석은 자는 아주 크고 아름다운 종은 큰돈이 되겠다는 생각에서 가져가려고 했지만 종이 너무 무거워 끌어당겨도 꿈쩍도 하지 않았다. 난감해진 그는 종을 조각내서 가져가기로 하고 큰 망치로 사정없이 종을 두들겼다. 그러자 굉장한 종소리에 그는 깜짝 놀라 손바닥으로 양쪽 귀를 막았다. 자기의 귀에 들리지 않으면 다른 사람의 귀에도 들리지 않으리라고 판단한 것이다. 이 말은 자기의 귀를 막고 남의 종을 훔친다는 뜻으로 나쁜 일을 하고도 남의 비난은 듣지 않으려고 귀를 막는 어리석음을 일컫는 말이다.

비슷한 말로 '내로남불'이라는 말이 있다. 1990년대 정치권에서 만들어진 말로 '내가 하면 로맨스 남이 하면 불륜'을 줄여 말하는 것이다. 대부분의 사람들은 나에게 관련되거나 밀접한 이야기는 많은 관심과 흥미를 느끼지만 나에게 멀리 떨어진 상관없는 일에는 아무런 반응이 없는 게 현실이다. 취업이 절실한 사람에게 절망적인 소식일지 모르겠지만 현대자동차와 금호타이어, 현대로템 등 13개 사업장에서 단체협약 내용에 고용세습 관련 조항을 포함하고 있는 것으로 드러났다. 공공기관 특혜채용 논란이 불거진 가운데 민간기업에서도 '노사 합의'로 직원의 자녀를 우선 채용하는 관행이 만연하다는 비판이 나온다. 금호타이어, S&T대우, 태평양밸브공업, 현대자동차, 현대로템, S&T중공업, 두산건설, 성동조선해양, TCC동양, 현대종합금속, 삼영전자, 롯데정밀화학, 두산모트롤 등의 사업장 단체협약에는 신규 채용을 할 때 장기근속자나 정년퇴직자의 자녀를 우선 채용한다는 내용이 포함돼 있다. 사실상 고용을 대물림하는 것이다. 예를 들어 현대차의 경우 '회사는 인력수급계획에 의거 신규 채용 시 정년퇴직자 및 25년 이상 장기근속자의 직계자녀 1인을 우선 채용'하도록 하고 있다. 이 조항은 2011년 추진할 때부터 큰 논란이 일었고 지역 사회에서도 "정규직 이기주의"라는 비판이 나왔으나 여전히 유지되고 있다. 금호타이어 단협에도 '정년 조합원의 요청이 있을 때 입사 결격 사유가 없는 한 그 직계가족을 우선 채용한다'고 규정돼 있다.

 비단 고용에서만의 문제는 아니다. 사업에 있어서 최소한의 도덕적 양심이 있어야 하지만 현실은 그렇지 못하다. 시장 규모 1조 원인 공구 유통 시장에 대기업인 유진그룹이 뛰어들었다. 이 때문에 국내 공구시장의 핵심인 청계천과 시흥유통 상가의 영세 공구상가들이 아무런 대책 없이 무너졌다. 자산 4조에 계열사 68개를 거느린 거대 기업인 유진기업이 공구, 철물을 판매하는 대형 매장을 오픈하여 영업을 하면 중소, 영세상인들은 자본력에서 밀리기 때문에 경쟁력에서 밀릴 수밖에 없다.

맺음말

미국의 16대 대통령이자 노예해방의 아버지였던 에이브러햄 링컨(Abraham Lincoin)은 '성공하려는 본인의 의지가 다른 어떤 것보다 중요하다.'고 강조하였고 월트 디즈니(Walt Disney)는 '꿈꿀 수 있다면 실현도 가능하다.'는 말을 남겼다.

본인의 의지만 있다면, 또 하고자 하는 분명한 방향과 목표가 있다면, 성공은 멀리 있지 않다. 성공이란 꼭 돈을 많이 벌고 높은 지위에 올라가는 것은 아니다. 성공은 작고 소소하지만 내가 계획하고 실행하여 성취한 결과물들이라 할 수 있다. 누구나 실패할 수도 좌절할 수도 있다. 세상에는 평탄한 길만 있는 곳은 없다. 때론 방지 턱에 덜컹댈 수 있으며, 떨어진 낙석을 피해야 될 상황도 있다. 그렇지만 인생이라는 마라톤에서 넘어졌다고 해서 그대로 누워 있거나 그 자리에서 포기할 수는 없다.

그래서 우리는 실패에서 성공을 배워야 된다. 2016년에 개봉한 이병헌 주연의 영화 〈싱글라이더〉의 주인공 강제훈은 계속하여 성공을 하였지만, 단 한번의 실패에 자신을 이겨 내지 못하고 자살을 한다. 성공만이 인생의 전부라고 생각하였기에 잠시 머묾을 여유로 받아들이지 못하였다. 실패는 끝이 아니다 성공을 향해 가는 아주 작은 하나의 과정일 뿐이다.

카카오톡도 3번의 실패와 유사한 3가지 플랫폼으로 도전한 끝에 성공했으며, 메이저리그 불멸의 홈런왕 베이브 루스(Babe Ruth)는 통산 851개의 홈런을 쳤지만 1,330번의 스트라이크 아웃을 당했고, 알리바바 그룹의 창업주 마윈(馬雲) 역시 초등학교 시험에 2번 낙제했고, 중학교는 3번, 대학도 3수, 취업에 30번 떨어지고, 5명 중 4명이 붙는 경찰 시험에 떨어지고 24명 중 23명을 뽑는 입사에서도 떨어졌으며 하버드에도 10번이나 지원했으나 모두 떨어졌다. KFC의 창업주 커넬 샌더스(Harland David Sanders) 역시 66세에 1,008번의 실패 끝에 다시 일어설 수 있었다.

알버트 아인슈타인(Albert Einstein)은 '성공한 사람이 되려 하기보다 가치 있는 사람이 되려고 노력하라'고 강조하였다. 저 멀리 드라마 속에 있는 높은 지위, 멋진 집, 비싼 차, 명품 악세사리를 가지는 보여 주기 식 성공이라는 그림을 그리기보다는 하루, 하루 내 안의 승리를 통하여 내 마음의 풍요로움을 짓고, 내 주변의 행복과 기쁨을 통하여 빛나는 웃음꽃을 얼굴에 달고 사는 밝고 아름다운 삶을 이어 나가는 높은 이상을 가지길 바란다.

끝으로 긴 글을 끝까지 읽어 주신 독자 여러분들에게 다시 한번 고개 숙여 깊은 감사를 드리며, 모든 기쁨, 행복, 영광이 항상 함께 하시길 기도하겠습니다.

마음을 움직이는 99가지 원리

ⓒ 김수욱, 2025

초판 1쇄 발행 2025년 7월 5일

지은이	김수욱
펴낸이	이기봉
편집	좋은땅 편집팀
펴낸곳	도서출판 좋은땅
주소	서울특별시 마포구 양화로12길 26 지월드빌딩 (서교동 395-7)
전화	02)374-8616~7
팩스	02)374-8614
이메일	gworldbook@naver.com
홈페이지	www.g-world.co.kr

ISBN 979-11-388-4421-5 (03320)

- 가격은 뒤표지에 있습니다.
- 이 책은 저작권법에 의하여 보호를 받는 저작물이므로 무단 전재와 복제를 금합니다.
- 파본은 구입하신 서점에서 교환해 드립니다.